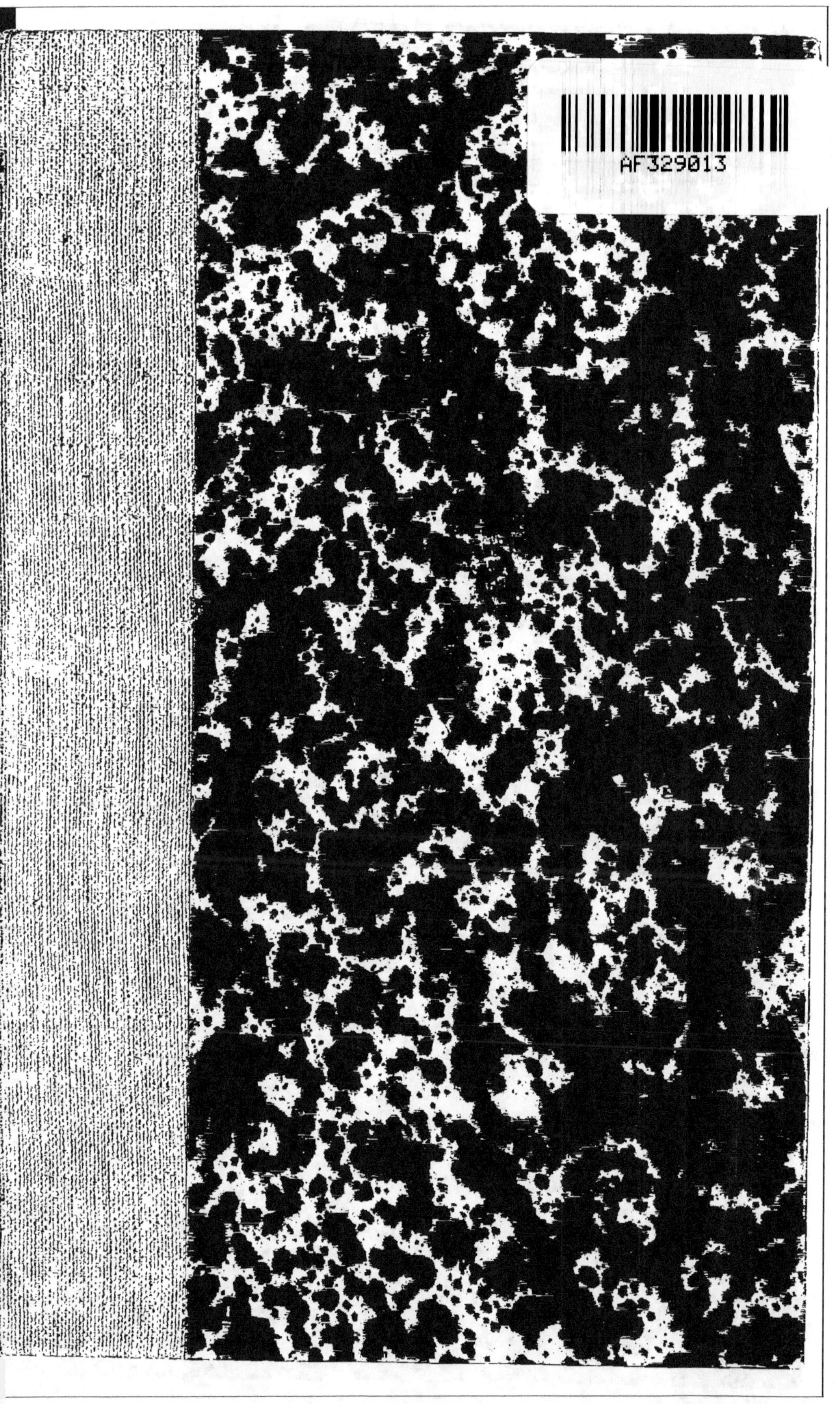
AF329013

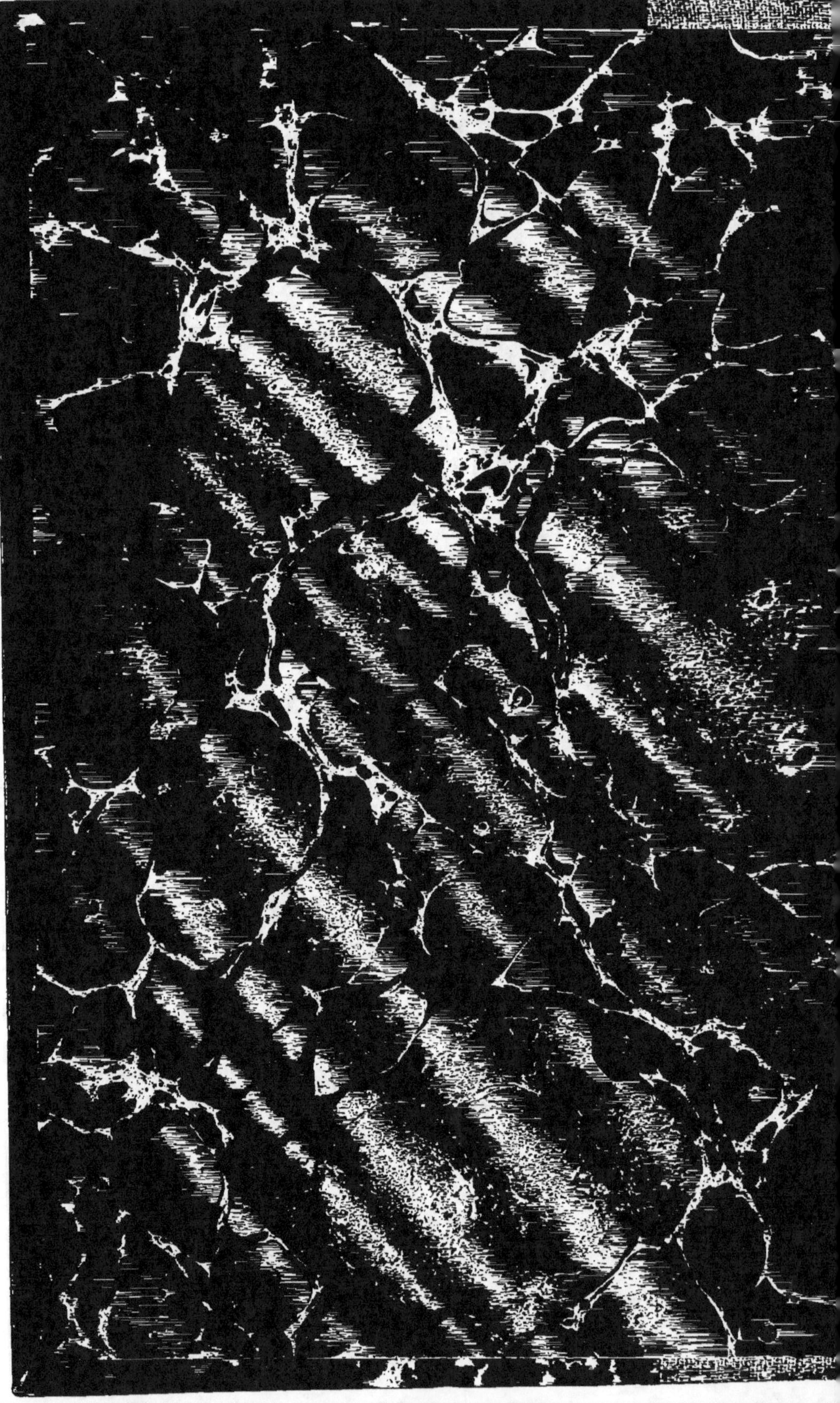

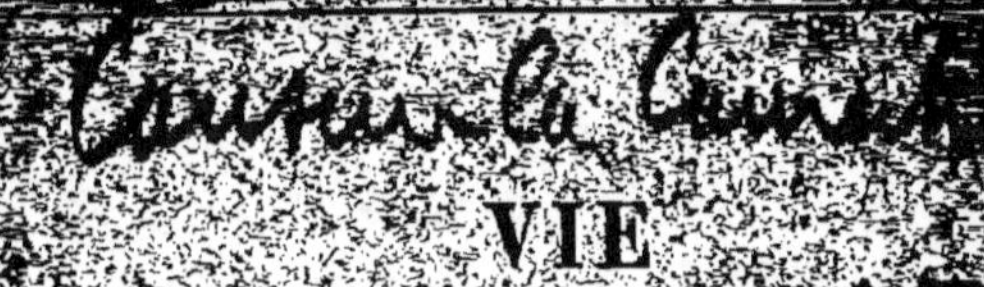

VIE

DU

BIENHEUREUX DE LA SALLE

FONDATEUR DE L'INSTITUT

DES FRÈRES DES ÉCOLES CHRÉTIENNES

PAR

M. ABEL GAVEAU

PRÊTRE

TROISIÈME ÉDITION CORRIGÉE

PARIS

PROCURE GÉNÉRALE DES FRÈRES
RUE OUDINOT, 27

CH. POUSSIELGUE, 15, RUE CASSETTE

1889

VIE

DU

BIENHEUREUX DE LA SALLE

348?
B

VIE

DU

BIENHEUREUX DE LA SALLE

FONDATEUR DE L'INSTITUT

DES FRÈRES DES ÉCOLES CHRÉTIENNES

PAR

M. ABEL GAVEAU

PRÊTRE

TROISIÈME ÉDITION CORRIGÉE

PARIS

PROCURE GÉNÉRALE DES FRÈRES

RUE OUDINOT, 27

—

1889

PRÉFACE

Dieu, par les mains augustes de Léon XIII,
son vicaire sur la terre, vient de placer la
couronne des Bienheureux sur le front de
Jean-Baptiste de la Salle. Le peuple chrétien
tout entier en a ressenti une grande joie. Les
acclamations qui ont éclaté à cette occasion,
dans les cinq parties du monde, vibrent encore.

C'est au milieu de ce concert d'actions de
grâces à Dieu et d'invocations au nouveau

Saint, que nous publions une troisième édition de la Vie du fondateur de l'Institut des Frères des Écoles chrétiennes.

Auprès de la très précieuse histoire du Bienheureux composée par le pieux et savant chanoine Blain, et à côté de celle que M. Armand Ravelet a écrite avec tant de netteté, de précision, de clarté, cet humble livre trouvera encore sa place.

Il est écrit plus spécialement pour la jeunesse.

Ce qui éveille l'intérêt, appelle la sympathie, ouvre la source de l'émotion et des larmes, excite l'admiration : voilà ce que la jeunesse aime. Le Bienheureux de la Salle produit cet effet à un degré supérieur. Durant sa jeunesse, c'est l'innocence, la fraîcheur de l'âme, la vaillance dans les combats pour la vertu, l'aimable gaieté ; dans son âge mûr, ce sont les sacrifices héroïques qui se succèdent sans interruption ; dans sa vieillesse, c'est le calvaire éclairé par les premiers rayons d'une gloire douce et pure, s'il en fut jamais, pour un homme : celle de laisser à son pays, en faveur des jeunes gens, une incomparable institution.

Par là, il est véritablement pour la jeunesse une figure séduisante.

Pour mettre ce côté en lumière, sans dérober aux yeux de nos jeunes lecteurs le fond austère de cette grande vie, le travail âpre, l'abnégation nue, l'immolation héroïque qui est son propre caractère, nous avons fait ressortir dans le Bienheureux de la Salle l'homme délicat, plein de sensibilité, l'homme aimable, doux, qui aimait tant Dieu, et nous avons retracé les ineffables joies qu'il puisait dans le sacrifice de lui-même au bonheur des autres et à la gloire divine. C'est que chez les saints, il ne faut jamais l'oublier, l'allégresse, l'amabilité sont la céleste parure du sacrifice; et ce qu'ils donnent à Dieu et aux hommes, au prix de leurs larmes et de leur sang, ils le leur donnent la fête dans le cœur. De cette façon, les jeunes gens aborderont cette vie avec la satisfaction de savoir à l'avance qu'ils vont se trouver en présence d'une physionomie souriante, heureuse, dont toutes les austérités possibles ne parviendront jamais à atténuer l'éclat joyeux.

Dans cette histoire du Bienheureux de la Salle, nous avons fait volontiers parler les biographes, en particulier le chanoine Blain, le meilleur ami du Bienheureux, celui qui pénétra le plus avant dans son âme, et qui en a su rendre admirablement la beauté avec des expressions souvent d'un charme inexprimable, par le relief qu'elles ont, l'onction dont elles sont remplies, l'élévation, la naïveté, le pittoresque qui les distingue. Un récit ainsi émaillé de belles citations intéresse davantage.

O Bienheureux de la Salle, tandis que les jeunes gens vous regarderont à travers ces pages, et en vous regardant seront émus, oh! vous, regardez-les, et laissez-vous aussi émouvoir à leur vue! Mais pourquoi cette prière? Est-il besoin de vous demander sympathie pour sympathie? Est-il besoin de vous supplier d'aimer au ciel ceux que vous avez tant aimés ici-bas?

VIE

DU

BIENHEUREUX DE LA SALLE

⸎

CHAPITRE I

Antique famille du bienheureux de la Salle. — Son baptême. —
L'hôtel où il est né. — Soins remarquablement chrétiens dont
fut entouré son berceau. — Ses larmes et le crucifix de sa mère.
— Le premier mot qu'il prononce. — Sa pieuse grand'mère,
Mme Lancelot de la Salle, née Coquebert, meurt comblée de
consolations.

Le 30 avril 1651, dans l'église Saint-Hilaire, à
Reims, on apportait sur les fonts sacrés un enfant
né le même jour.

L'enfant n'était pas d'une famille obscure. Sa maison, depuis une époque fort reculée, ne cessait de
fournir à l'armée, à la magistrature, des hommes distingués. Voici d'ailleurs ses armoiries : un écu portant « d'azur à trois étaies d'or posées deux et une et
brisées ». A travers plus de sept siècles, ce blason
avait passé de main en main, et arrivait enfin dans ce
petit berceau avec la qualité bien autrement auguste

d'enfant de Dieu, dont voici également les titres authentiques extraits du registre des baptêmes :

« Paroisse de Saint-Hilaire. — Année 1651. — Du 30 avril. Jean-Baptiste, fils de messire Louis de la Salle, conseiller du roi au présidial, et de damoiselle Nicole Moët. — Nommé par Jean Moët, escuyer, seigneur du Brouillet et conseiller audit siège, et Mlle Perrette Lespaignol. »

Le baptistère a disparu avec l'église Saint-Hilaire, et nous ne trouvons debout à l'heure présente que l'hôtel où cet enfant vint au monde. C'est une vaste maison qui a conservé les traces d'une certaine splendeur. Aux angles de la porte d'entrée se tient d'un côté un homme à longue barbe, et de l'autre une femme ayant en sautoir une large chaîne. Tous les deux, taillés dans la pierre, sont de grandeur naturelle et se terminent en gaine, c'est-à-dire que la partie inférieure de leur corps n'est autre chose qu'une sorte de pyramide quadrangulaire très allongée, tronquée et renversée. Dans le pays on prétend que ces sculptures représentent Adam et Ève. Un célèbre marchand de lin, Adam, surnommé le *Limier* par les Rémois, ayant résidé dans ces quartiers au XIVe siècle, le constructeur de l'hôtel aurait, dit-on, placé ces personnages pour conserver le souvenir du marchand.

Au-dessus du rez-de-chaussée, entre deux fenêtres, est une niche profonde avec console; un dais en pierre la couronne, mais la statue qui était dedans a disparu. Le premier étage est séparé du second par une large frise où sont brodés dans la pierre des trophées militaires et un écusson mutilé. Quant au reste de la façade, une simplicité élégante en fait tout l'ornement. Il y a derrière cet édifice une cour, puis au fond un autre corps de bâtiment parallèle; et enfin, à droite, une tourelle qui, sans être un bijou d'architecture, ne manque pas d'élégance. La jolie tourelle forme trois étages, et on y monte par un escalier tournant. Au dehors, elle est flanquée de contreforts en pierre, et çà et là percée d'ouvertures. Cette maison, connue sous le nom d'hôtel de la Cloche, est située à peu de distance de la cathédrale, dans la rue de l'Arbalète, autrefois rue de la Chanvrerie.

La famille de la Salle n'habitait cet hôtel que depuis une quarantaine d'années. M. François de la Salle, qui l'acheta et le fit restaurer, l'avait transmis à son fils aîné Lancelot, marié à Mlle Barbe Coquebert. M. Lancelot de la Salle l'habita avec ses enfants, Simon, Marie et Louis. Simon, en embrassant la carrière des armes, et Marie, en épousant M. Fremyn, quittèrent la résidence de leurs parents. Louis de la Salle y demeura constamment. Ce jeune homme pensait à entrer dans la magistrature. Doué des qualités aimables et douces qui font le charme d'un intérieur de famille, il entourait la vieillesse de M. et de Mme Lancelot de la Salle des attentions les plus délicates. Il ferma les yeux à ce père chéri, et se dévoua avec tendresse à la consolation de sa pieuse mère. Devenu conseiller du roi au présidial et marié en 1650 à Mlle Nicole Moët, c'est à lui et à sa noble femme que Dieu venait de donner le petit garçon que nous voyions tout à l'heure sur les fonts baptismaux.

Les biographes nous disent que le respect de ce père et de cette mère fut grand quand ils replacèrent dans son berceau leur enfant au sortir de l'église. « L'enfant, raconte l'un d'eux, ne brilla pas seulement à » leurs « regards comme le plus précieux joyau de la famille [1] »; ils virent en lui une âme belle de la beauté de Jésus-Christ et rachetée de son sang divin. Le conserver toute sa vie avec la fraîcheur de l'innocence qu'ils lui voyaient à cette heure fut, ajoute notre biographe, « l'idéal de leur tendresse. »

Mme de la Salle, plus encore que son mari, sentait ces choses. La piété de cette femme, à ce qu'il paraît, était un parfum qui embaumait toute la maison. Jean-Baptiste allait s'en ressentir, d'autant plus que la jeune mère, bonne et douce, était capable d'exercer sur lui une action puissante par la sagesse et l'énergie innées en elle et vivifiées par un haut sentiment de ses devoirs. M. Blain, le plus ancien des biographes, nous peint ainsi la vie sérieuse qui va la distinguer : elle se mit à « cultiver dans une édifiante retraite des vertus qui craignent le grand monde et

____

[1] Fr. Lucard.

qui n'y sont jamais sans danger ». Il est certain que la mère qui élève son enfant comme la nature le veut et comme Dieu le demande, a des vertus du premier ordre à pratiquer pour exercer dignement ce ministère sacré, dont la vie trop à l'extérieur ne peut que la distraire, quand elle ne l'en dégoûte pas.

Mme de la Salle, de concert avec son mari, se mit donc aussitôt à l'œuvre auprès du berceau de son fils. Elle y épuisait les sollicitudes si multipliées et si délicates que cet âge tendre exige. C'est là aussi qu'elle priait volontiers. On raconte que si la souffrance arrachait des cris à son petit Jean-Baptiste, vite elle lui apportait le crucifix. Dans sa foi naïve et pure, la pieuse femme se figurait que le divin crucifié réussirait mieux à le consoler que ses meilleures caresses maternelles. Probablement son regard ému disait à l'enfant qu'il y avait plus dans cette adorable objet que dans le cœur de sa mère. Ce qui est certain, c'est qu'à la vue du bon Dieu couronné d'épines, les mains et les pieds percés de clous, Jean-Baptiste cessait aussitôt ses sanglots, et un frais et calme sourire s'épanouissait sous ses larmes.

Mme de la Salle lui mettait aussi quelquefois dans ces circonstances son chapelet de corail entre ses petites mains, ou encore l'image de la sainte Vierge. L'enfant en ressentait une joie visible, et prenait tout à coup son parti de souffrir sans pleurer si la douleur persistait, ce qui arrivait souvent, car Jean-Baptiste était une petite créature très frêle.

Un enfant premier-né, surtout quand il a un tempérament chétif, expose les meilleurs parents à une délicate tentation, celle d'aller un peu trop loin dans les soins matériels qu'ils lui prodiguent. On voyait bien que Mme de la Salle combattait cette tentation sans arriver toujours à la vaincre : linge fin, couche moelleuse, chaudes couvertures, enfin un luxe d'attentions de tous les instants; elle voulait avec raison que rien ne lui manquât. Mais parfois le superflu lui était prodigué. Aussi comme elle rachetait cette faiblesse à demi volontaire par son énergique persistance à éveiller en lui, de toutes les manières, le plus tôt possible, les suaves émotions de l'amour de Dieu !

Inutile de faire remarquer que, d'accord avec M. de la Salle, elle ne voulut qu'aucun nom, même celui qui dit les plus douces choses de la terre, ne frappât son oreille avant le nom de Jésus, qui fut murmuré autour de ce berceau avec tous les accents de la tendresse maternelle. Jean-Baptiste essaya de le prononcer avant toute autre parole, et la première fois qu'il articula distinctement Jésus, il le dit, à ce que tous ses historiens assurent, plus du cœur encore que de la bouche. Le père et la mère pouvaient-ils attendre une plus chère récompense que celle-là ? Alors ce fut leur tour ; l'enfant apprit à les appeler, et au nom sacré de Dieu vint se mêler sur ses lèvres celui de son père et de sa mère.

Mme Lancelot de la Salle, aïeule de Jean-Baptiste, fut témoin de ses premières années sur la terre. Tout ce qu'elle voyait causait à sa vieillesse une émotion ineffable. Chérie de son angélique bru, et toujours réjouie par l'affection si vraie de son fils Louis, elle cherchait par quel moyen, avant de s'en aller à Dieu, elle pourrait témoigner combien ces trois êtres l'avaient rendue heureuse.

A sa mort, l'hôtel appartenait à Simon de la Salle, son fils aîné. Mais elle régla qu'après son décès M. Louis de la Salle continuerait d'y habiter neuf ans

encore, moyennant le loyer que celui-ci payerait à son
frère. Cette transaction ingénieuse, qu'elle avait trou-
vée dans son cœur, permettait à la vénérable dame

de donner une marque de bienveillance à l'un de ses
enfants, sans porter atteinte aux droits sacrés de
l'autre.

Elle vécut un an après avoir fait cette disposition
testamentaire, et mourut pieusement dans les bras de

ses enfants bien-aimés. C'était le 12 février 1653;
Jean-Baptiste avait deux ans.

D'après le peu qui vient d'être dit, on sent combien son historien avait raison d'écrire ces graves
paroles : « Dès le berceau il parut que la grâce le
distinguait, et qu'elle en voulait faire un de ses chefs-
d'œuvre. »

CHAPITRE II

On conduit Jean-Baptiste à l'église pour la première fois. — Ses impressions naïves. — Leçons de sa mère. — L'adorable sacrifice de la messe. — Avec quelle charmante amabilité l'enfant se soustrait aux jeux de son âge. — Ses petits oratoires. — Jean-Baptiste dans le salon de ses parents. — Il apprend à lire. — Comment s'annonce son caractère.

Quand la raison commença à s'éveiller dans l'enfant, Mme de la Salle eut hâte de le conduire à l'église. Le pieux Blain nous dit que là « son cœur fut aussitôt charmé ». On vit, en effet, tout de suite ses regards attirés et enchaînés par l'autel, les fleurs, l'encens, le prêtre en prière, les enfants qui l'aidaient dans son ministère sacré. Mais en même temps au fond de son âme s'éveillait un monde d'impressions religieuses. Le bon Dieu, dont sa mère lui avait tant parlé, était là, et lui, tout petit, à genoux à ses pieds !

De retour, il n'eut que de cela à parler. Cette ouverture mit ses parents à même de lui expliquer avec plus de détails nos saints mystères. Il voulait tout savoir de ces choses, dont l'irrésistible attrait se faisait sentir à son âme. Avec ces jolis *pourquoi* dont

l'enfance est une source intarissable, il charmait son
grave père et attendrissait sa pieuse mère. Si des
enfants ordinaires ravissent par leur gracieux babil
sur des riens, comme Jean-Baptiste était touchant en
bégayant devant ses parents ce qu'il pensait de Jésus-
Christ, de la sainte Vierge, de la messe, de la prière!
Véritablement émerveillé chaque jour davantage de
ce que Dieu a fait pour nous, l'enfant y songeait sans
cesse. A mesure que sa raison précoce se développa,
il demanda de lui-même sur les choses saintes des
notions plus précises; car déjà apparaissait en lui le
germe d'un esprit solide et net. Les mémoires nous
le représentent alors « faisant sur tout des questions
sensées, et exigeant des réponses instructives; si on
refusait ou si l'on tardait à les lui rendre, ses manières
gracieuses engageaient et faisaient une si douce violence, qu'on avait peine à s'en défendre ».

Il s'imaginait que personne ne devait mieux savoir
tout cela que le prêtre, et quand il en venait un à
l'hôtel de son père, toujours ouvert avec empressement aux ministres de Dieu, le petit Jean-Baptiste
était curieux à observer. Du plus loin qu'il l'apercevait, il courait au-devant de lui avec cette confiance
qui rapproche instinctivement l'innocence du sacerdoce, et devine dans l'homme qui en est honoré un
ami avec lequel on est tout de suite à l'aise, et à qui,
bien qu'inconnu, le cœur est disposé à tout dire.
Jean-Baptiste lui faisait mille questions sur le divin
sacrifice, sur la sainte Vierge; il écoutait avidement
ses réponses d'un air heureux; puis il l'interrogeait
encore, lui demandant une foule de détails sur les
enfants de chœur, et le priant avec sa candeur naïve
et caressante de ne pas se lasser de l'instruire. Quand
le prêtre était parti, il témoignait sa satisfaction

d'avoir pu s'entretenir de Dieu avec celui qui faisait à la messe les grandes choses objet de son ravissement.

On raconte qu'à cette époque, quand l'enfant se voyait seul, déjà avec un immense respect il pliait les genoux et joignait ses petites mains, récitant ce qu'il avait appris des prières de sa mère, et fixant, s'il n'avait plus rien à réciter, ses yeux sur le crucifix, comme pour dire à Dieu : « Rien autre que toi ne m'occupe. »

L'église lui devint plus chère à mesure qu'il y alla. La petite étoile qui ne s'éteint jamais devant le tabernacle, les chants suaves mêlés à la mélodie des grandes orgues, les joyeux accents des cloches en volée, le ravissaient. Mais pour son cœur rien de tout cela ne valait le saint sacrifice de la messe. Réellement la mystérieuse immolation du Fils de Dieu le mettait hors de lui. Il en était sensiblement ému, et c'est avec une attention vive et une douce activité qu'il suivait les mouvements du prêtre. Parfois, absorbé tout entier dans cet acte, il s'oubliait, et n'étai sur la terre que par son corps. En cet état, nous disent les mémoires, il portait à la piété ceux qui le regardaient. On ne peut être surpris de voir les biographes assurer qu'un si jeune enfant, abîmé dans le respect, le recueillement, tout occupé de Dieu, à un âge où la légèreté, la curiosité est si naturelle, « attirait les yeux de tous, » et qu'il était considéré comme « un petit saint ».

L'attrait que Jean-Baptiste ressentait pour la maison de Dieu lui faisait désirer d'y aller souvent. Et comme, par discrétion, il ne voulait pas demander à sa mère de l'y conduire chaque fois qu'il en avait le désir, dans la crainte de lui être à charge, l'enfant savait gentiment solliciter ce service de différentes personnes ; et on dit, ce qui est facilement croyable, que ces personnes-là étaient bien avant dans ses bonnes grâces. Sa joie ne fut pas petite quand il lui fut possible de s'y rendre tout seul. On eût pu alors mettre au prix de tous les sacrifices imaginables la bienheureuse permission de visiter le bon Dieu : Jean-Baptiste n'eût jamais trouvé que c'était trop cher. Tout ceci est loin d'être ordinaire ; et le grave Blain a soin de nous en avertir : « Ces dispositions furent l'effet avancé d'une grâce prévenante qui le remplit de respect, de crainte et d'attrait pour tout ce qui est des choses sacrées. »

On se demande où était l'enfant dans cette petite créature de cinq ou six ans, l'enfant avec ses étourderies, ses jeux, ses caprices, ses défauts. Ici, mémoires et historiens nous disent : « Rien de puéril en lui ; » « enfant sans avoir les inclinations des enfants. » Dieu a le pouvoir de former de ces créatures-là.

Voici d'ailleurs quels étaient ses jeux de prédilection. On le voyait cueillir des fleurs, prendre avec ces fleurs la divine image de Notre-Seigneur crucifié et différents petits objets précieux à son usage, puis emporter tout cela dans une chambre éloignée du bruit. Là il faisait un petit autel, s'inclinait profondément, — c'était la pensée de la messe qui le suivait partout, — et priait naïvement comme le prêtre qu'il avait vu à l'église. Voilà ses récréations, dont le pieux Blain nous dit que « c'étaient plus des essais de vertu que des jeux ». Quelqu'un qui ne l'eût vu que devant son mystérieux autel, si sérieux, si retiré, eût-il pensé que Jean-Baptiste était le petit garçon le plus gai, le plus ouvert, le plus aimable du monde ? Voici un pro-

cédé bien simple de l'enfant qui démontre cela jusqu'à l'évidence : Jean-Baptiste avait grand soin de
ne s'échapper d'auprès de ses amis ou de ses parents
pour cette occupation si chère, que quand il savait
n'être par son absence désagréable à personne, et ne
point contrister même légèrement ceux qui l'aimaient.
La vraie piété a toujours sous ce rapport un sens
extrêmement délicat. Personne, au reste, autour de
lui n'ignorait que, s'il recherchait la solitude et les
passe-temps sérieux, ce n'était aucunement pour
obéir à une nature morose et sauvage : enjouement,
vivacité, bonté exquise de cœur, tout en lui protestait
contre cette imputation. Quand il le fallait, Jean-Baptiste se mêlait aux ébats de ses petits camarades, et il
y mettait la meilleure grâce ; mais il n'aimait réellement, on doit le reconnaître, les jeux de son âge que
pour les autres. Jean-Baptiste atteignit ainsi l'âge de
six ans.

On voit à cette époque ses parents, doués en vérité
d'une rare intelligence pour élever leur enfant, s'appliquer à le prémunir contre le mal, contre l'amour
du monde, qui avilit tant d'âmes ; à éloigner avec soin
de lui tout ce qui peut blesser l'oreille ou les yeux.
La virilité du caractère, le sentiment du devoir, la
pureté indélébile de la conscience : voilà ce que M. de
la Salle ambitionne pour son fils, et ce qu'il veut
développer en lui à tout prix. Mme de la Salle, elle,
d'une main toujours douce, s'applique à le détacher
de la terre et à lui indiquer, sans se lasser jamais, le
ciel. Elle lui inspire le goût du travail, de la modestie, l'horreur du luxe efféminé et de la mollesse.
Blain nous la montre « s'étudiant à jeter à toute heure
les semences de la vertu » en cette jeune âme, et « les
voyant germer au delà de toute espérance ».

Parmi les choses qui ont le plus de fraîcheur et de suavité pour les âmes que le mal n'a pas touchées, il faut mettre les récits de la vie des saints. Les mystérieux et si réels rapports des saints avec le ciel; les charmantes attentions de Dieu pour eux, qui se traduisent en de délicieux miracles; leur courage, leurs sacrifices; cette immolation infiniment touchante de leur vie pour son amour; leur sang versé, tout cela va droit aux cœurs dans lesquels l'innocence rend si sensible la fibre de la générosité. Mme de la Salle lisait la vie des saints à son petit garçon attentif. Cette leçon si éloquente que sa mère lui donnait par là de l'amour de Dieu, il la dévorait. Rien n'était curieux comme de voir se refléter dans sa physionomie mobile les divers sentiments dont son âme était alors saisie. Sa pieuse mère avait toujours fini la lecture trop tôt. Aussi n'était-il pas rare d'entendre dans la journée Jean-Baptiste supplier d'autres personnes de reprendre le livre bien-aimé et de lui en lire encore quelques pages. On était sûr de devenir aussitôt de ses amis en lui faisant cette grâce.

Tout cela enchantait M. de la Salle, qui, tout en cultivant les heureuses dispositions naturelles de son fils, aimait particulièrement à encourager sa piété. Le dimanche, le grave magistrat se rendait avec lui aux offices; et, dans la ville de Reims, cet enfant lui faisait déjà honneur.

Cependant Jean-Baptiste, en grandissant, persistait à garder son tempérament faible, quoiqu'il fût vif et plein d'activité. C'était une inquiétude pour son père et sa mère, une excuse aussi de la continuation des petits soins dont ils l'entouraient.

Ce n'est pas, au reste, que les distractions utiles

pour la santé manquassent à l'enfant. Dans la maison de ses parents régnait toujours la plus douce paix. Là point de plaisirs bruyants, mais des habitudes sérieuses, et de cet ensemble résultait un bonheur pur et une aimable sérénité. Toutefois des fêtes intimes venaient de temps en temps animer les salons de l'hôtel de la Cloche; et, à certains jours, les tapis soyeux étaient foulés par des invités d'élite qui venaient s'y récréer. Parmi les habitués distingués de l'élégant hôtel, tous appartenaient aux plus honorables familles de Reims et de la province. Il y avait les de Moët et les Lespaignol. On y voyait M. André Coquebert, dont les chroniques disent qu'il « était fort honnête homme et d'esprit », et qu'il « avait mérité du public parce qu'il avait fait remettre l'échevinage en sa splendeur ». La sœur de M. de la Salle y venait aussi avec son mari, M. Fremyn, dont les mémoires racontent également que lorsqu'il prit possession de sa charge de conseiller du roi au présidial, « les habitants l'avaient trouvé fort affable à leur parler et à leur faire raison. » Nous ne parlons pas du père de Mᵐᵉ de la Salle, un magistrat vénérable qui récitait chaque jour son bréviaire; ni de sa mère, une des dames les plus charitables de Reims. Ces saintes gens étaient naturellement les plus assidus de tous aux réunions des jours de fêtes, et ils n'avaient pas assez d'yeux pour voir leur petit Jean-Baptiste.

La gaieté la plus aimable ne manquait jamais à ces soirées, et elle en était le brillant côté. M. de la Salle y faisait souvent exécuter de la belle musique : il avait pour cet art un goût très vif. De sorte que, conversations animées, mélodies et tout ce qui les accompagne dans la mesure acceptée par un monde bien élevé et profondément religieux, tout tendait à rendre

ces réunions attrayantes, en laissant dans l'âme de
chacun le doux trésor de la paix. Mais que faisait alors
le pauvre petit Jean-Baptiste? Il mettait une bonne
volonté extrême à trouver du plaisir là où ses parents
lui disaient qu'il en fallait prendre; mais c'était avec
un touchant insuccès : il était là dépaysé.

Une fois il arriva que, insuffisamment maître de
lui-même, il laissa percer sur son front toujours si
riant un peu du nuage qu'il avait dans le cœur. Tout
le monde, qui l'aimait, cherchait à dissiper sa tristesse. C'était peut-être le bon moyen de faire couler
ses pleurs, parce qu'il comprenait qu'on le remarquait, et, déjà très modeste, il goûtait fort de passer
inaperçu. Il pleura; sa vie des saints lui revenait au
cœur; et, apercevant dans un groupe sa grand'mère,

nous disent quelques historiens, d'autres disent une personne qu'il aimait pour sa piété, il alla à elle, se jeta dans ses bras et lui dit : « Oh! venez donc me lire une page de la vie des saints! »

Jean-Baptiste n'eut bientôt plus besoin qu'on lût pour lui; il apprit lui-même l'aimable science, et se montra vraiment studieux. Le prix du temps déjà se révélait à lui, et il partageait tous ses instants, sous la direction de sa mère, entre la prière, l'étude et ses devoirs de frère; car il en avait déjà plusieurs, et il se plaisait à les combler des attentions de son amitié.

Voici, d'après tous les mémoires, sous quels traits se présentait le caractère de Jean-Baptiste, âgé de huit ans : un grand fonds de candeur et de franchise; ni détour ni déguisement dans sa conduite et dans ses paroles; souplesse merveilleuse à l'obéissance, mais fermeté à faire ce qui lui était commandé : humeur douce, vive, gaie. Blain ajoute ce mot : « Dans la prière, un ange. » Était-il plus pieux qu'aimable, ou plus aimable encore que pieux, c'est ce que nous ne trouvons décidé par aucun auteur.

CHAPITRE III

M. de la Salle, au milieu de ses fonctions austères
de magistrat, savait se ménager de charmants loisirs
en cultivant la musique. Son fils avait été, pour ainsi
dire, bercé dans l'harmonie; et, maintenant que l'enfant avait l'âge d'apprendre, l'excellent père songeait
à lui enseigner cet art, source de plaisirs délicats.
Il faut le dire, Jean-Baptiste n'avait retenu qu'une
seule chose des brillants concerts de l'hôtel de la
Cloche, c'est qu'ils ne répondaient en aucune manière
à l'idée qu'il avait lui-même instinctivement d'un art
fait essentiellement pour élever à Dieu, et non pour
satisfaire les sens. A ce compte, la musique sacrée
qu'il entendait avec un pieux recueillement à l'église
allait infiniment mieux à son âme, lui faisant penser,
par ses mélancoliques et suaves accents, aux cieux,
où la joie est éternelle. Il s'était essayé à moduler,
tout petit, les mélodies faciles de nos psaumes, et une

foule de ces gracieux cantiques que la piété catholique
offre dans tous les rythmes à la sainte Vierge. Sa
voix, d'ailleurs, était fraîche et pure, juste et pleine
de sentiment. Toute son enfance donc il n'avait cessé
d'égayer la maison paternelle en chantant naïvement
les choses du ciel; mais ce que son père voulait
maintenant lui apprendre était tout différent; il s'a-
gissait de musique profane, et Jean-Baptiste y trouvait un insurmontable dégoût. « Était-ce crainte?
nous dit son premier biographe; était-ce une grâce de
l'Esprit-Saint qui le prévenait? » L'enfant hésitait. Et
le biographe ajoute: « Il n'était pas d'humeur à remplir sa mémoire de tant de cantates qu'il vaut mieux
ignorer que savoir, de tant d'airs de cour qu'on a plus
d'intérêt et de peine à oublier qu'à apprendre. » Il
parvint à faire comprendre sa peine à M. de la Salle.
Le tendre père fut touché de voir souffrir son enfant;
et, contraint par là à respecter des répugnances dont
le motif pieux n'échappait point à son cœur, il renonça
à l'espérance tant caressée de voir revivre en lui son
goût pour un art qui, tout innocent qu'il paraît, n'est
pas toutefois sans danger.

Jean-Baptiste depuis longtemps entretenait dans
son âme un doux rêve : celui de devenir enfant de
chœur. Il savait ce qu'il y avait d'angélique dans cette
fonction; il s'en était fait minutieusement expliquer
tous les devoirs; et les paroles sacrées qu'il faut
répondre au prêtre, il avait eu grand soin de les
apprendre, espérant qu'à la fin à lui aussi, comme
aux autres petits garçons qu'il voyait, on lui ouvri-
rait le sanctuaire. C'était pour lui une joie indicible de se voir à l'avance au milieu d'eux, si près
de Dieu. Le petit gentilhomme « brigua cet honneur plus d'une année », nous dit le pieux Blain.

Enfin il y fut admis, et parut à l'autel avec sa ravissante modestie et ses jolis vêtements de lin et de soie. C'est un des plus délicieux souvenirs que Jean-Baptiste ait laissés. Ses historiens consignent ce souvenir dans des termes comme ceux-ci : Quand il servait à l'autel, un sentiment « de crainte respectueuse le pénétrait, et passait, à sa seule vue, aux assistants. On croyait voir un séraphin sous les traits d'un enfant. Dans tout son maintien respirait une foi vive et un tendre amour pour Jésus-Christ. Il attirait sur lui les regards émus de la foule par sa piété ». Simple, ignorant l'impression qu'il produisait, il allait et venait autour de l'autel, comme l'eût fait un ange, avec un sérieux tout aimable, une aisance qui annonçait combien il était fait pour la beauté de ces fonctions. Il répondait aux prières du prêtre d'un ton de voix doucement accentué et très pieux.

Le jeune enfant de chœur profita de ses entrées plus libres dans l'église pour satisfaire sa dévotion. On l'apercevait souvent, en dehors des offices, à genoux près de l'autel de la sainte Vierge. Il paraît que la divine Mère l'attirait; et, en tous cas, lui avait toujours beaucoup à dire à la divine Mère; il contracta dès lors, jusqu'à son dernier soupir, la touchante habitude de ne se retirer qu'avec grand'peine de ses pieds sacrés. C'était une effusion de sentiments naïfs de son côté, et de grâces du côté de la sainte Vierge; toutes choses d'une grande beauté, que l'humilité obstinée du vénérable serviteur de Dieu a tenues constamment cachées dans un impénétrable secret. Mais la confiance qu'on lui vit toujours dans ses rapports avec Marie, sa fidélité assidue auprès d'elle, et les saintes émotions éprouvées dans ces confidences intimes, faveurs qu'il ne réussissait pas toujours à dérober au dehors, tout cela indique quels doux liens les attachaient l'un à l'autre.

Tout ce qui, au reste, charme, console et soutient la piété catholique : les anges, les saints, les âmes du purgatoire, avait une grande place dans la vie de Jean-Baptiste ; et on assure, à ce propos, que dès l'époque où nous sommes il visitait souvent le tombeau de saint Remi.

Le temps était venu pour Jean-Baptiste de commencer ses études. On était en 1660 : l'enfant avait neuf ans. M. et Mme de la Salle se décidèrent à le mettre à l'université de Reims. Il y entra donc comme externe, et demeura de la sorte dans sa famille sans que rien fût changé à ses habitudes. Toutefois il fut nécessairement mêlé aux autres enfants qui étudiaient avec lui. Or la vie auprès d'un essaim de camarades de caractères si différents n'est pas sans épines ; et les froissements, dans ce milieu turbulent et si mobile, sont choses fréquentes. Jean-Baptiste supporta tout très bravement, selon que le racontent plusieurs biographes, qu'on aime à voir relever naïvement ce détail. Il est certain que, bon, affectueux, d'une humeur toujours égale, plein de prévenance, il eut bientôt fait de conquérir tous les cœurs. Quant aux études, l'enfant y apportait la docilité, l'intelligence, l'application qui le caractérisaient. Il s'agissait surtout pour lui en cela de plaire à Dieu. Ce motif donne un ressort infini aux actes. Les succès qu'il obtint frappèrent ses maîtres ; mais son caractère, qui déjà s'annonçait si ferme et si doux à la fois, les toucha bien davantage ; et le nom de Jean-Baptiste fut bientôt agréablement connu de M. Dozet et de M. Mercier, l'un chancelier, l'autre recteur de l'université.

2*

Plusieurs années s'écoulèrent ainsi ; et c'est durant ce laps de temps qu'il faut placer sa première communion. Un seul de ses biographes nous en parle et nous dit qu'il y fut comblé de bénédictions. Quoi qu'il en soit de cette indication trop brève, la sainte Vierge, on peut le croire, prit part avec un vif et tendre intérêt à la fête où, pour la première fois, son enfant privilégié recevait la divine Eucharistie ; et comme, d'un autre côté, l'effet de ce grand acte est l'union de l'âme avec Dieu, il dut être énergiquement stipulé par Jean-Baptiste que cette union était pour jamais ; et ce mot du pieux Blain : « il ne connaissait pas d'autre mal que celui de déplaire au Seigneur, » fut consacré alors pour caractériser avec vérité dans toute la suite de sa vie son attachement si délicat à Dieu. Jean-Baptiste apporta à la table des anges l'innocence de son baptême.

La première communion a un écho : c'est la vocation. A quoi Dieu allait-il appeler ce jeune enfant ? Il faut dire que, après la naissance de Jean-Baptiste, M. et Mme de la Salle avaient vu avec joie leur foyer se peupler peu à peu ; Louis, Pierre, et deux charmantes filles grandissaient autour d'eux, et le ciel leur en destinait encore d'autres. De cette façon, le place de Jean-Baptiste semblait naturellement marquée par la Providence. En sa qualité d'aîné, il devait être le chef de cette famille, en soutenir l'honneur et embrasser la carrière de son père. C'est sur quoi comptaient M. et Mme de la Salle, et les espérances que donnait cet enfant à son père et à sa mère étaient bien faites pour les entretenir dans leurs agréables prévisions. Cependant Jésus, à ses heures, parlait doucement à Jean-Baptiste, et lui faisait sentir qu'il le voulait intimement à lui. Il est bien probable que l'enfant trouvait naturelles les sollicitations divines, et il ne lui vint sans doute jamais l'idée de penser qu'il était pour d'autres que pour le Seigneur. On peut être assuré que, quand il vit clairement sa place marquée par le ciel dans le sanctuaire, son émotion fut ineffable, et que jamais plus loyal et joyeux accueil ne fut fait à l'appel divin.

Il ne restait plus à Jean-Baptiste que de déclarer à sa famille la volonté de Dieu. Sachant bien que par là les plans de son père et de sa mère allaient être renversés, il demanda à la sainte Vierge d'arranger toute chose, et, avec une délicatesse de cœur exquise et une attendrissante humilité, il fit savoir à ses chers parents que Dieu leur accordait une grâce immense et leur demandait un grand sacrifice. M. et Mme de la Salle comprirent aussitôt. Par leurs soins attentifs à développer dans son âme l'amour divin, ils avaient à leur insu préparé ce dénouement. Ce n'étaient pas eux qui eussent voulu disputer à Dieu leur fils bien-aimé. Aussi, quoiqu'ils fussent brisés, leur premier mouvement fut de dire spontanément l'un et l'autre : Dieu le veut à lui, nous le lui cédons. Ils considéraient, au reste, que sa vocation, comme le dit le pieux Blain, « était écrite sur son front dès le berceau, et devenue si sensible dans toute sa conduite, qu'ils ne pouvaient le contredire sans s'opposer aux ordres du ciel. »

L'assentiment de ses parents rendit Jean-Baptiste bien heureux ; « sa joie éclata, nous dit le P. Garreau, et jamais on ne l'avait vu si content. »

A cette époque, ceux qui se destinaient au service du saint autel recevaient de bonne heure la tonsure. Jean-Baptiste demanda avec empressement la couronne cléricale. Le 11 mars 1662, dans la chapelle de l'archevêché de Reims, ses cheveux tombaient sous les ciseaux sacrés, et il recevait en même temps le blanc surplis, symbole de la vie innocente qu'il faut mener dans l'Église de Dieu. Mgr Jean de Maleveau, évêque d'Aulone et coadjuteur de l'évêque de Clermont, fit la sainte cérémonie.

« La piété, dit son biographe, la modestie, l'innocence des mœurs parurent alors en lui avec plus d'éclat qu'auparavant. On vit en lui un zèle plus ardent pour les fonctions sacrées, un attrait plus sensible pour le service des autels, un amour plus constant pour la prière, une assiduité de plus en plus édifiante à l'office divin. Et son attrait pour chanter les louanges de Dieu prit chaque jour de nouveaux accroissements. » Tous les autres historiens s'expriment à ce sujet comme M. Blain.

Il en fut de même pour ses études, qui prirent dès lors un essor nouveau ; il redoubla d'application ; ses progrès s'accentuèrent davantage. C'était pour ses maîtres un plaisir de le voir mettre en œuvre avec une étonnante énergie de volonté toutes les ressources naturelles de son esprit : vivacité d'intelligence, bon sens supérieur, raison solide. Des certificats, dont on a conservé les originaux, attestent qu'il devint en peu d'années un des élèves les plus distingués de l'université de Reims. L'amabilité qu'on avait remarquée à son entrée au collège ne le quitta pas un seul instant, et ses succès ne lui attirèrent aucune jalousie.

Cependant Jean-Baptiste atteignait l'âge de l'adolescence. C'est un des grands moments où Dieu attend l'homme. Dans son enfance il l'orne de grâces plus ou moins privilégiées ; ces grâces, il les développe lui-même doucement, faisant alors presque tout, en attendant que l'heure vienne où l'enfant, assez fort, puisse prendre la suite de cette adorable culture et la conduire à son compte et à ses frais. Jean-Baptiste entendit sonner pour lui cette heure, et Dieu lui fit aussitôt la grâce de comprendre vivement que tous les dons qu'il avait mis en lui n'y pourraient désormais demeurer, et ne pourraient s'accroître qu'au prix de l'effort, et en payant chèrement de sa personne. Le vaillant jeune homme se mit de tout cœur à l'œuvre. La sérénité angélique de son enfance va demeurer à la surface; mais au fond c'est la lutte courageuse qu'il livrera sans trêve, n'attendant pas même de se voir attaquer par le mal, mais prenant une vigoureuse offensive. Il inaugura le saint combat par « une vigilance exacte à examiner tous les mouvements de son cœur, nous dit le pieux Blain, par une force supérieure à étouffer dans leur naissance jusqu'aux moindres saillies de l'humeur, par une fidélité constante à ne finir un combat si long et si rude qu'après une entière victoire ». Et cette lutte magnifique, il la soutint au moyen de l'amour de Dieu, de la prière, de l'humilité.

Un point surtout attira l'attention du vertueux Jean-Baptiste, et le souvenir de ce qu'il fit était trop beau pour qu'on ne l'ait pas conservé. Voici ce qui est raconté à ce sujet.

Jusqu'ici l'innocence avait fleuri dans son âme sans lui demander, en échange des joies ineffables qu'elle procure, aucune culture laborieuse. Jean-Baptiste avait-il même eu jusqu'à ce moment conscience de son angélique pureté? Ceux qui voyaient ce regard limpide, cette sérénité de traits, cet air de joie calme invariablement répandu sur sa physionomie à quelque heure que ce fût, jusqu'à cette fraîcheur du teint, et cette démarche où perçait, en dépit de l'enfance, une dignité imposante, ceux qui avaient tout cela sous les yeux savaient à quoi s'en tenir. Mais l'enfant, en vérité, jouissait de son trésor sans le connaître; et s'il avait évité ce qui était de nature à porter l'atteinte la plus légère à son innocence, mettant à ce soin une délicatesse exquise, ce n'avait été que par cette sorte d'instinct céleste que possèdent tous ceux à qui Dieu accorde dans un degré insigne la vertu angélique.

Mais pour ces privilégiés, ainsi que pour tout le monde, vient un moment où, comme dit le grave Blain, « il est plus aisé de mourir pour la chasteté que de vivre toujours avec elle. » La vigilance et la lutte deviennent donc absolument nécessaires. Jean-Baptiste, arrivé à ce moment, comprit cela à merveille, et sentit en même temps qu'il ne pouvait rien défendre de plus précieux ici-bas; et, la résistance inflexible ne le rassurant pas, il eut recours aux pénitences. Nous le voyons avec des fouets sanglants commencer à déchirer sa chair. Son biographe prend nettement son parti contre ceux que cette admirable cruauté révolterait, et dit qu'en effet « il faut mettre entre la chasteté et ce qui peut l'altérer la plus grande distance possible, et semer dans le chemin qui conduit à la sensualité les épines de la pénitence ». Si le lecteur aime mieux qu'on voile, pour le moment du moins, ses instruments de flagellation, rien n'est plus facile à faire, d'autant mieux que le courageux jeune homme a pris un soin extrême de tenir cela sous le secret. Mais tout le monde au moins lui pardonnera ses sollicitude et ses larmes, et n'y trouvera pas à redire; car, comme le dit l'historien cité tout à l'heure, « il faut qu'il en coûte du sang à l'âme..., et que le cœur se déchire souvent pour réussir à éteindre les instincts des sens. »

Tant d'innocence, dont il attribua toujours la conservation à la sainte Vierge, donnait à ses seize ans une fraîcheur et une beauté singulières, et relevait son air déjà si noble et si gracieux par lui-même. « Parce qu'il participait à la pureté des esprits célestes, son biographe nous l'assure, il semblait en avoir tous les charmes. » Il en avait, au dire de tout le monde, l'exquise amabilité. La précieuse vertu mettait aussi des clartés dans son intelligence. Il saisissait merveilleusement les beautés scientifiques et littéraires, et appréciait les faits de l'histoire avec une hauteur de vue et un bon sens pratique qu'on ne trouve guère à cet âge. Son admiration était d'ailleurs facilement émue en présence des grands hommes et des nobles actions dont le souvenir nous a été conservé.

Enfin tout son caractère se ressent de l'influence de la vertu angélique, et prend une virilité précoce, une suave fermeté, une générosité, une élévation qui annoncent un grand homme.

M. Dozet, chancelier de l'université et en même temps chanoine de la métropole, avait depuis sept ans Jean-Baptiste sous les yeux. Par lui-même, dans le collège, il avait pu constater la vérité de tout le bien qu'on disait du jeune de la Salle. En fait, le chanoine concevait de lui de grandes espérances. Sentant la mort approcher, ce bon vieillard, qui portait l'aumusse depuis cinquante et un ans, se disait : Je mettrai cet enfant à ma place ; c'est lui qui me succédera au chœur. Et cette pensée le consolait. En sa qualité de parent, il s'ouvrit à la famille de son dessein de se démettre du canonicat en faveur de Jean-Baptiste. Le moins satisfait de cette combinaison, pourtant flatteuse, fut celui qui en était l'objet ; car déjà l'humilité et le détachement des honneurs avaient profondément

touché son cœur. Mais la défiance de lui-même et la
pente prononcée qu'il avait à l'obéissance le portèrent
à accepter.

A propos de cette circonstance, il faut signaler un
travail profond qui commence à se faire dans l'âme
du jeune de la Salle. De bonne heure il comprit que,
parmi toutes les choses qu'il est beau d'immoler
à Dieu, la volonté propre tient le premier rang.
Tous les dépouillements possibles passent après
celui-là. Son attention se portait donc sur ce point.
Il pensait en lui-même qu'il ne ferait que peu de
chose tant qu'il n'aurait pas détruit cette volonté
propre, pour établir sur ses ruines l'adorable volonté
de Dieu. Ne vouloir rien de lui-même, pour être plus
souple à embrasser la divine volonté, voilà ce qui lui
souriait avant toute chose; et quand il trouvait l'occasion d'appliquer ce principe si cher et si doux à son
cœur, il ne manquait pas de la saisir. C'est pourquoi,
croyant voir pour ce canonicat la volonté de Dieu, et
ses supérieurs lui ayant dit que réellement il en était
ainsi, le 9 juillet 1666, Jean-Baptiste se laissa nommer
à la vingt et unième prébende, en remplacement de
M. Dozet.

Le chapitre de Reims était un des plus illustres de
cette époque. Ce corps vénérable se composait de cin-
quante-six chanoines, de soixante et un chapelains
chargés de l'acquit des fondations, de quatre prêtres
et de quatre sacristains. A sa tête on voyait huit digni-
taires : un grand archidiacre, l'archidiacre de Champagne, un prévôt, un doyen, un chantre, un trésorier,
un vidame et un écolâtre. A la date de 1789, de ses
rangs étaient sortis trente et un évêques, dont vingt
occupèrent le siège de Reims; vingt et un portèrent
la pourpre cardinalice; quatre furent couronnés de la

tiare. Personne n'a oublié que saint Bruno fut aussi chanoine de Reims.

Le 17 janvier 1667 eut lieu l'installation de M. de la Salle au milieu de ses collègues. On le vit s'avancer dans le chœur avec le grand camail violet bordé d'hermine ; c'était le costume d'hiver. Sa modestie, sa

piété l'y accompagnèrent, et donnèrent à sa vive jeunesse un air de gravité et je ne sais quelle dignité qui fut très remarquée. M. Dozet lui dit : « Mon petit cousin, souvenez-vous qu'un chanoine doit être comme un chartreux, et passer sa vie dans la solitude et la retraite. » Nulles paroles ne pouvaient être mieux du goût du pieux jeune homme que celles-là. M. Dozet, persuadé qu'il avait donné au chapitre de Reims une perle de grand prix, mourut tranquille l'année d'après.

CHAPITRE IV

Dans un âge si peu avancé, Jean-Baptiste, par sa
position de chanoine, se voyait complètement maître
de sa personne. Pour vivre et tenir son rang, il pouvait se passer en quelque sorte de sa famille; l'existence lui devenait, s'il l'eût voulu, plus aisée; les
durs travaux de la science, qu'il faut entreprendre
pour arriver à un poste honorable, n'étaient plus
si nécessaires, puisqu'il se voyait fort bien établi
désormais, et que, à l'ombre d'un riche béné-
fice, rien ne l'empêchait de couler d'assez heureux
jours.

Il est clair qu'avec son noble caractère Jean-Baptiste
de la Salle ne s'était pas fait un pareil idéal de félicité.
S'il n'avait plus besoin de ses parents pour vivre, il

lui fallait, pour être heureux, en être aimé et leur obéir. M. et Mme de la Salle le virent donc plus soumis que jamais à leur douce autorité, et le brillant chanoine de la métropole continuait d'être à leur égard simple et candide comme un enfant. C'était avec un respect infini qu'il entendait son père lui parler de ses devoirs ; et il donnait toujours à sa mère le droit de disposer de ses démarches, lui rendant compte, comme par le passé, de toutes ses actions. Ainsi le premier usage qu'il fit de son indépendance fut de resserrer les liens sacrés d'étroite et filiale soumission qui l'attachaient à ses parents.

Par un mot on comprendra ce que les fonctions de chanoine eurent pour lui d'attrait, et avec quels sentiments de foi il les remplit : au chœur, M. de la Salle trouvait Dieu. Quand on se rappelle avec quel goût, depuis sa toute petite enfance jusqu'ici, il l'avait recherché, souriant à son nom dans son berceau, caressant sa sainte image dans les mains de sa mère, voulant toujours être près de lui à l'autel, chantant de sa voix fraîche et enfantine les délices de son amour ; prenant, à cause de lui et pour lui plaire, tant de peine à l'étude ; et cultivant, pour le seul bonheur de voir ce grand Dieu avec ce regard spécial qui va jusqu'au fond de sa beauté, cultivant, disons-nous, au prix de son sang la vertu réservée qui donne ce privilège : *Beati mundo corde, quoniam ipsi Deum videbunt ;* quand on se rappelle ces choses, on conjecture facilement comment il s'acquitta de la fonction sacrée de chanter, par office, au nom de l'Église et du peuple chrétien, les louanges d'un Dieu qui était tout pour lui.

« Consacré par état à la prière publique, nous dit M. Blain, il s'attachait à remplir le plus parfaitement possible un devoir si cher à sa piété. Recueilli, rentré en lui-même, il ne pensait qu'à celui qu'il venait louer et glorifier; en faisant la fonction des anges, il en imitait la modestie, la révérence, la dévotion. » Son esprit de foi éclatait dans ses signes de croix, ses génuflexions et jusque dans les moindres cérémonies. Il était en outre d'une assiduité remarquable à l'office. « Par tout cela, dit le P. Garreau, il causait beaucoup de bonheur aux chanoines, et bien de l'admiration. » Le chapitre aimait à proclamer toute l'édification qu'il en recevait.

Le 17 mars 1668, M. le chanoine de la Salle alla à Soissons recevoir les ordres mineurs des mains de Mgr Charles de Bourlon. Le cardinal Barberini, nommé archevêque de Reims, venait enfin de recevoir ses bulles, mais n'avait pas encore pris possession de son siège. Jean-Baptiste revint avec le désir ardent d'une vie plus parfaite.

On le voit s'appliquer au recueillement, à la vie intérieure. Il ne paraît dans le monde que pour remplir les bienséances; et chaque fois qu'il y met le pied, c'est pour faire regretter à ceux que son amabilité ravit toujours qu'il enfouisse trop dans la retraite cet esprit, cette distinction dont le Ciel l'a si brillamment doué.

Moyennant cette vie éloignée du monde, M. de la Salle pouvait continuer de donner à ses études de longues heures d'assiduité. Il se croyait obligé d'acquérir la science, parce que son élévation dans la hiérarchie exigeait qu'il fût supérieur aux simples prêtres par le savoir. Saint Charles, disait-il, ne choisissait ses chanoines que parmi les hommes qui avaient subi avec honneur l'épreuve du doctorat. Et il aimait à voir le concile de Trente demander que le chapitre des églises cathédrales fût composé pour les deux tiers de docteurs. Il est souhaitable, en effet, que la science vivifie dans une mesure large et profonde le sacerdoce tout entier, et les saints ont toujours été les premiers à formuler ce vœu. En déclarant que pour l'œuvre du salut des âmes la piété seule ne suffit pas, ils ne peuvent être suspects; et les accents de sainte Thérèse, appelant si vivement la science au secours de la vertu dans le prêtre sous peine d'inconvénients douloureux, devraient faire comprendre que l'Église est la première à préconiser ce flambeau, et que, loin de le redouter pour ses ministres, elle ne demande qu'à en voir briller vivement en eux la flamme pure. C'est ainsi que pensait M. de la Salle. On remarquera d'ailleurs que si toute sa vie il fit du savoir le plus grand cas, ce n'est pas dans ce sens que la science est pour l'esprit un élément de jouissance, ou un hochet d'or pour l'orgueil. Ce côté moins noble de la science n'eut jamais ses sympathies; c'est sous un aspect plus élevé qu'il la voyait, c'est-à-dire comme un précieux auxiliaire du bien et de l'apostolat des âmes.

Le jeune chanoine, attachant donc à l'étude une idée sacrée comme à la prière, y donna un soin véritablement religieux, et, l'année qui suivit son admission aux ordres mineurs, il obtint le grade de maîtres ès arts. Le recteur de l'université de Reims, Henri Esnard, nous dit un des biographes, M. Salvan, déclara, dans l'attestation datée de 1669, que le jeune de la Salle subit l'examen préalable avec la plus grande distinction. Ce grade était le couronnement de ses humanités, qu'il venait de terminer. C'est le baccalauréat de notre temps.

L'importance majeure que M. de la Salle attachait

aux fortes études l'amena dès lors à penser à se rendre à Paris pour y faire sa théologie. La famille de la Salle goûtait fort, au reste, l'idée de le voir étudier dans une ville où les écoles avaient un si grand renom. Jean-Baptiste prendrait à la Sorbonne la licence, et y recevrait le bonnet de docteur. Ce n'est pas que l'université de Reims n'eût point une brillante faculté de théologie; mais Paris étant le rendez-vous des esprits les plus distingués, dans ce centre la science se trouvait avoir plus d'éclat que partout ailleurs.

Fidèle à ne vouloir faire que ce qui était dans les desseins de Dieu, M. de la Salle eut recours à la prière, et ce projet lui parut conforme à la divine volonté. Il demanda, comme toujours, à son confesseur s'il ne se trompait pas en considérant son dessein comme agréable au Seigneur. Le sage directeur, touché de ces vues si pures, si élevées, lui dit : « Dieu sera content. » Alors la question fut tranchée.

Restait à faire le choix de la maison où il résiderait à Paris. Trois établissements attiraient son attention : le séminaire de Saint-Nicolas-du-Chardonnet, plein du souvenir de M. Bourdoise; celui des Bons-Enfants, tout imprégné du parfum de saint Vincent de Paul, et celui de Saint-Sulpice, « qu'on appelait déjà alors le sanctuaire du véritable esprit sacerdotal [1], » où avait vécu M. Olier, l'un des plus saints personnages du XVIIe siècle.

Jean-Baptiste de la Salle, avec l'assentiment de ses parents, se décida pour Saint-Sulpice, et il partit le 16 ou le 17 octobre de l'année 1670. C'était la première fois qu'il quittait sa famille; et ce qu'il y eut de

---

[1] Salvan.

touchant dans ses adieux à son père et à sa mère est facile à concevoir. Il devait à leur tendresse et à leur piété les jours si purs qu'il avait passés jusqu'ici sur la terre ; et si Dieu occupait tout son cœur, ses parents avaient beaucoup contribué à lui faire acquérir ce bonheur incomparable.

Il serait difficile d'exprimer ce que le sentiment de ces choses ajoute de fraîcheur et de sensibilité à la piété filiale. Les larmes durent couler. Quand on se quitte, on ne sait si l'on se reverra jamais : appréhension douloureuse que l'on s'empresse de changer en une douce espérance en la mettant entre les mains de Dieu. C'est ce que firent le père, la mère et le noble jeune homme. Jean-Baptiste eut aussi pour ses quatre frères et ses deux sœurs d'attendrissantes paroles.

Sur le registre constatant l'admission des élèves au séminaire de Saint-Sulpice, à la date du 18 octobre 1670, on lit ces lignes : « Jean-Baptiste de la Salle, acolyte et chanoine de Reims. » Nous avons ainsi le jour précis de son entrée dans cette maison.

Il y trouva M. Tronson, qui était alors un oracle pour le clergé, et dont l'influence se fait sentir encore ; M. Baüyn, homme d'oraison et de haute vertu, « très éclairé dans les voies de Dieu [1], » qui reproduisait dans sa vie profondément humble les grandes pénitences des anciens anachorètes, « ayant le corps toujours hérissé de haires et de chaînes de fer [2]. » M. de Bretonvilliers était le supérieur du séminaire. Parmi les autres ecclésiastiques distingués préposés à la direction des élèves, on remarquait encore M. Le-

[1] P. Garreau.
[2] Salvan.

chassier et M. Baudrand, qui devint plus tard curé de Saint-Sulpice.

Autour de ces hommes de si grande valeur étaient groupés des étudiants appartenant à l'élite de la jeunesse française. On remarquait entre autres le jeune Jean-Claude de Vertrieu, de Montdidier, qui fut chanoine de Saint-Jean de Lyon, puis évêque de Poitiers; Paul Godet des Marais, qui devint évêque de Chartres; M. des Hayes, M. Merrey, dont l'un fut curé de Saint-Sauveur à Rouen, l'autre chanoine de Nîmes; enfin le jeune Fénelon, qui faisait sa dernière année de séminaire.

Une petite remarque fine des biographes nous remémore que le monde laisse sa poussière sur ceux qui vivent au milieu de lui, quoi qu'ils fassent pour s'en défendre; et l'un d'eux nous dit que Jean-Baptiste, aussitôt arrivé au séminaire, « se dépouilla de ce qu'il avait pu avoir contracté malgré lui des airs et des habitudes du monde. »

Jean-Baptiste de la Salle, dans l'asile choisi que nous venons de décrire, eut beau demander à l'humilité ses douces ombres et vouloir à tout prix s'effacer, sa modestie exquise lui donna aussitôt un lustre, et l'on ne tarda pas à concevoir une haute estime pour lui. Ses condisciples admiraient surtout la bonté simple, l'affabilité prévenante du jeune chanoine, la douceur de son naturel. Toutefois, il faut le dire, son invincible goût pour la vie cachée en Dieu, et le soin avec lequel il dérobait aux regards des hommes tout indice de ses talents et de ses vertus, firent que ses maîtres et ses condisciples ne connurent complètement sa valeur et son mérite que plus tard, quand l'œuvre à laquelle est attaché son nom le révéla.

Cependant M. Tronson et M. Baüyn, ses deux directeurs spirituels, en avaient bien quelque idée, et ils sentaient une grande inclination pour lui. M. Baüyn surtout, cet homme héroïque en humilité et en mortification, le voyait avec une consolation incroyable marcher dans la voie qui lui était chère à lui-même. Les disciplines et les cilices n'étant pas choses étrangères au jeune chanoine, il ne s'agissait pour le directeur que de les lui faire aimer davantage, tâche aisée en vérité. Quant à l'humilité, M. Baüyn s'était vite aperçu que, comme lui, son pénitent avait pour elle un attrait extraordinaire, et sa joie était de l'exercer dans cette vertu. Enfin le goût inné de M. de la Salle pour la prière avait vivement frappé l'habile directeur; il était visible que cette âme privilégiée avait été toute sa vie avec Dieu dans une intimité merveilleuse. M. Baüyn mettait tous ses soins à favoriser des rapports si sacrés et si touchants. Jean-Baptiste avait d'ailleurs, comme nous l'avons dit, la consolation de trouver la direction verbale de ce saint homme admirablement écrite dans sa vie et dans chacun de ses actes. A Saint-Sulpice déjà les actions des maîtres n'étaient que le commentaire pur et simple des principes formulés par leur bouche.

Le développement des germes, la pousse des feuilles, l'épanouissement des fleurs se produisent dans le plus profond silence de la nature; la science se développe et fructifie dans notre esprit avec non moins de mystère, et sans faire le plus petit bruit. Voilà pourquoi nous n'avons rien à signaler sur la vie studieuse de M. de la Salle au séminaire de Saint-Sulpice. Il suffira qu'on se le représente feuilletant religieusement l'Écriture sainte et les Pères, démêlant avec patience les difficultés théologiques, consultant ses maîtres, et mettant par écrit les choses précieuses dont il doit garder le souvenir.

C'est ainsi que, laborieux dans le but de se rendre utile à l'Église, uni à Dieu, modeste, d'une obéissance d'enfant, singulièrement aimable à tout le monde, il se préparait par une vie sainte à entrer dans les ordres sacrés.

Un jour, une terrible nouvelle lui arrive de Reims : on lui annonce la mort de sa mère. C'était bien un adieu pour toujours qu'il lui avait dit neuf mois auparavant en l'embrassant, quoique alors elle fût en parfaite santé. Il en éprouva une peine profonde. Tant de souvenirs d'une incomparable douceur s'attachaient pour lui à cette mère bien-aimée! La sainte Vierge fut surtout la confidente de ses larmes filiales. Le premier mouvement du pieux jeune homme fut de supplier Marie de s'occuper de sa mère dans le purgatoire, et de faire qu'elle fût au plus vite portée par les anges dans le royaume éternel. Puis, pensant à lui-même, il choisit la Mère de Dieu comme pouvant seule remplacer celle qui venait d'être ravie à sa tendresse; il comptait qu'elle lui permettrait de s'attacher à elle plus que jamais. Ce fut le 20 juillet 1671 que Mme de la Salle expira, laissant tomber de ses lèvres une dernière prière pour ses enfants.

Cependant M. de la Salle, au séminaire de Saint-Sulpice, se trouvait de plus en plus dans son élément. « Sous la pluie de grâces qui inondait la sainte maison [1], » il sentait l'amour de Dieu se fortifier singulièrement dans son cœur, en même temps que le désir

[1] Blain.

de tout faire pour lui. Avec un bonheur de jour en jour plus grand, il s'attachait à la règle; il était humble et joyeux dans l'obéissance, se livrait à l'étude des textes sacrés, et s'appliquait, par son aménité et son doux enjouement, à être agréable à ses condisciples. En outre, tout ce qui lui fournissait l'occasion de se vaincre le réjouissait.

Malgré sa modestie, qui était loin de le pousser à se mettre en avant, nous le voyons en ce moment s'occuper sans bruit d'une œuvre qui paraît lui être chère. Il existait, répandue par toute la France, une association de prières adressées à saint Joseph dans le but d'obtenir du ciel un remède au mal profond qui, à cette époque, désolait notre pays. Les enfants du peuple, n'ayant que des écoles en grande partie méprisées ou délaissées, languissaient tristement dans une ignorance désastreuse, source honteuse de corruption et de désordre. Des tentatives de toutes sortes avaient été faites pour porter avec la lumière, dans ces classes déshéritées, l'honnêteté des mœurs, l'amour du travail et le bien-être qui en découle. Tant de difficultés avaient entravé ces essais d'un zèle cependant bien digne du succès, qu'on ne voyait la réalisation d'un bien si nécessaire que par l'intervention divine. M. Bourdoise avait été le fondateur de cette association de personnes qui, mettant l'ignorance du peuple au nombre des calamités publiques, avaient constamment les mains levées vers le ciel pour qu'un homme suscité d'en haut parût enfin et fît ce qu'on n'avait pu jusqu'alors exécuter.

Cette association, où respirait un si vif souffle de foi, était établie au séminaire de Saint-Sulpice, et M. de la Salle avait eu hâte de demander d'y être agrégé. Peu à peu, dans la suite, il en devint l'apôtre, et chercha à y enrôler ceux de ses amis qui n'en faisaient pas partie.

C'est à quoi il s'appliquait, *lui qui était le présent du Ciel demandé par tant de prières*, lorsqu'un nouveau coup douloureux vint le frapper dans ses affections. Le jeune chanoine avait tout fait pour consoler

son père par de tendres et religieuses lettres du vide irréparable qu'avait produit dans la maison le départ au ciel de Mme de la Salle. Il savait que le vénérable magistrat puisait dans sa foi un grand courage pour continuer aux enfants qu'il avait près de lui les soins de leur mère tant regrettée. Mais voilà qu'un jour encore on vient lui annoncer la mort de ce père chéri. C'était le 2 avril 1672.

Cette double perte, en moins de neuf mois de distance, le brisa ; la pure et sainte affection qu'il por-

tait à ses parents avait de trop vives racines dans
son âme si sensible. « Il est aisé de comprendre, dit
ici le pieux Blain, ce qui se passa dans une âme si
bien née, dans un homme d'un si bon naturel. » Ses
condisciples se montrèrent pleins de respect et de
sympathie pour la douleur dans laquelle ils le voyaient
plongé, et les directeurs de Saint-Sulpice lui prodi-
guèrent des consolations tout empreintes de piété et
de délicatesse de cœur. Mais à Dieu était naturellement réservé le meilleur de cette œuvre de consolation; Jean-Baptiste le savait, et c'est surtout à lui
qu'il s'adressa pour essuyer ses larmes. On le vit
aussi, dans ces premiers jours où la douleur est plus
sensible, venir souvent aux pieds de la sainte Vierge;
et son attitude montrait que réellement la divine Mère
entrait dans ses peines et versait du baume sur sa
blessure.

CHAPITRE V

Le jeune de la Salle examine une dernière fois l'affaire de sa vocation. — Il se rend à Reims pour consoler ses frères et ses sœurs désolés. — Regrets qu'il laisse au séminaire. — Le soin de sa famille retombe sur lui. — Il ne peut retourner à Saint-Sulpice. — M. le chanoine Rolland. — Après deux mois de séjour à Reims, M. de la Salle est ordonné sous-diacre. — Sa sollicitude pour ses frères. — Ordre admirable qu'il fait régner dans sa maison. — Il reprend à Reims ses études de théologie. — Sa tenue dans le monde.

M. de la Salle, ainsi qu'on l'a pu observer plus haut, n'avait qu'un seul désir, celui de faire la volonté de Dieu. De là une attention toujours extrêmement délicate pour arriver à la connaître; il y aspirait de toute son âme, et on peut dire qu'il était tout yeux et tout ouïe pour saisir le moindre signe providentiel. Mais avant que cette adorable volonté le mette décidément en mouvement, on le voyait attendre que le sceau de l'autorité des supérieurs y fût apposé. Cela fait, il agissait, et les sacrifices de toute nature semblaient n'être qu'un jeu pour sa générosité. C'est par ce trait qu'il se distinguera toute sa vie. Cette qualité maîtresse, de ne vouloir que comme Dieu, avait déjà commencé à se manifester dans le jeune chanoine; elle grandira chaque jour, et c'est à elle qu'il faut attribuer, plus encore qu'à son génie, l'œuvre immense qu'il a conduite à bonne fin au milieu d'obstacles inouïs.

En ce moment, ce qu'il veut savoir de Dieu, c'est le dernier mot sur sa vocation. Le Seigneur vient de lui prendre son père et sa mère; ses frères et ses sœurs n'ont plus d'appui; lui-même est à deux pas de l'engagement solennel qui le fixera irrévocablement dans le sanctuaire. Par toutes les fibres de son cœur il tient à l'autel, la seule chose qui, du plus loin qu'il se souvienne, ait eu pour lui d'invincibles préférences. Dieu lui demande-t-il de sacrifier toutes les ineffables espérances d'un passé qui va jusqu'à son berceau? Veut-il qu'il remplisse la fonction de père auprès de sa famille orpheline désormais; qu'il prenne une carrière où, en qualité de fils aîné, il devra soutenir le nom de son père et l'honneur de sa maison? Qu'est-ce que Dieu demande de lui? Voilà ce qui le préoccupe.

Espérant avec raison trouver la lumière dans les saints exercices de la retraite, il y consacra huit jours. Là il établit son âme dans la disposition qui est par excellence le gage du choix pur de la volonté de Dieu, c'est-à-dire la sainte indifférence par laquelle on ne veut rien, on ne préfère ni ceci ni cela, uniquement résolu à ne vouloir que ce que Dieu voudra. Le jeune chanoine supplia le Seigneur de se déclarer, demanda l'aide de ses directeurs, et vit clairement qu'il n'était pas destiné à autre chose qu'au sacerdoce. Il ratifia donc avec un bonheur indicible cette consécration qu'il avait faite de lui-même à Dieu dès son enfance. « Comme c'était son cœur qui avait fait ce choix de si bonne heure, nous dit le pieux Blain ; comme c'était la grâce qui l'avait inspiré ; comme c'était une vocation bien marquée qui l'avait déterminé, » il regarda cette question si grave comme résolue, et pensa à recevoir sans délai le sous-diaconat.

Cependant sa présence à Reims était vivement désirée. Dans leur immense chagrin, ses frères et ses sœurs voulaient le voir, et lui-même sentait le besoin de pleurer avec eux des parents si chers. De plus, les affaires de famille restaient à régler, et le jeune chanoine n'était pas sans devoirs à remplir en cette circonstance.

Il dut donc se résoudre à quitter Saint-Sulpice, au moins momentanément. Ses vénérables maîtres le virent partir avec un pieux regret ; ses amis l'accompagnèrent de la plus tendre sympathie ; et, l'âme remplie des souvenirs que lui laissait une maison où il se sentait si bien dans son centre, où la vertu, la science lui étaient apparues sous un aspect si séduisant, prit le chemin de sa ville natale, le 19 avril 1672.

On parla beaucoup du jeune chanoine à Saint-Sulpice. Si lui pensait revenir, le séminaire ne partageait guère cette espérance : « C'était notre modèle, » disaient les élèves ; « c'était un saint. » D'autres disaient : « Il a été l'exemple de la maison durant les dix-huit mois qu'il l'a habitée. » Tout le monde répétait : « Nous nous félicitions de le posséder, et voilà qu'il nous est ravi. » Cette impression laissée par M. de la Salle restera si vivante au fond des âmes, que, dans un grand nombre d'années, on la verra, non sans émotion, aussi fraîche qu'aux premiers jours.

Les directeurs de Saint-Sulpice, de leur côté, ne

parlaient jamais de lui qu'avec estime et respect. Voici quelques lignes que l'un d'eux, M. Lechassier, a laissées sur lui : « Il fut d'abord fidèle observateur de la règle, exact aux exercices de la communauté. Il parut bientôt après plus éloigné du monde qu'il ne l'avait été en entrant. Sa conversation a toujours été douce et humble. Il n'a jamais paru avoir mécontenté personne ni s'être attiré aucun reproche. » Pour comprendre toute la portée de ce témoignage, il faut savoir que M. Lechassier, comme ses graves et austères collègues, n'était pas prodigue en louanges; et, à ce propos, M. Blain fait cette charmante remarque : « Ceux qui connaissent l'esprit de Saint-Sulpice savent qu'on s'y attache plus à faire des saints qu'à les préconiser. »

La première entrevue de M. de la Salle avec ses frères et ses sœurs fut pleine de larmes; cette maison qu'il avait laissée si heureuse, il la retrouvait dans la désolation, et ces deux places vides au foyer lui navraient le cœur. Ses frères et ses sœurs, par leur empressement autour de lui et leurs tendres supplications, lui firent comprendre qu'ils comptaient sur son amitié, et que lui seul devait être leur soutien. Son oncle, M. Fremyn, et tous les membres de sa famille insistèrent sur son devoir de fils aîné. Mais quelque chose de plus pressant que tout cela faisait impression sur son cœur : c'était la recommandation de ce tendre père; avant de mourir, M. de la Salle avait confié à Jean-Baptiste ses pauvres enfants. Il ne pouvait se refuser d'accepter un legs si sacré. Le jeune chanoine pria beaucoup, demanda conseil, et consentit enfin à ce que le principal poids de la responsabilité paternelle reposât sur lui. Fardeau bien lourd! Il avait vingt et un ans; et c'est à cet âge qu'il devait représenter un père et une mère tels que ceux qui lui avaient été donnés par Dieu. Son humilité s'alarma à la pensée d'une pareille tâche; mais il ne désespéra pas d'arriver à la remplir avec la grâce du Ciel. Par suite de cette charge, il se vit obligé de demeurer à Reims, et de renoncer définitivement à la consolation que lui causait l'espérance de retourner à Saint-Sulpice pour y terminer ses études. Ce ne fut pas pour lui un léger sacrifice.

Les arrangements de famille, au milieu des émotions du deuil, lui demandèrent quelques semaines; et quand tout fut terminé, le jeune chanoine, qui avait déjà repris sa place au chœur, chercha un directeur pour sa conscience. La position grave dans laquelle il se trouvait exigeait qu'il ne donnât sa confiance qu'à un homme de grande prudence et de haute vertu. Ce directeur, en effet, allait avoir à intervenir dans sa promotion au sacerdoce, et ses conseils ne devaient pas être sans influence sur la conduite d'une maison où il n'y avait plus que des orphelins.

Dieu inspira au jeune de la Salle de s'adresser à M. Rolland. Ce prêtre, son collègue dans le canonicat, n'avait que neuf ans de plus que lui. Docteur en Sorbonne et théologal, il parlait de Dieu et de nos saints mystères avec un grand charme; il avait même de l'éloquence. Toutes les bonnes œuvres trouvaient en lui un appui intelligent et dévoué. Enfin c'était un de ces hommes profondément sympathiques qui portent dans leurs traits l'empreinte du zèle le plus pur pour la gloire de Dieu, avec je ne sais quel air céleste et empressé, présage d'un court séjour sur la terre.

En choisissant cet ecclésiastique, M. de la Salle n'avait en vue que la direction qu'il en recevrait pour se préparer au sacerdoce, et pour s'acquitter dignement de ses devoirs de chef de famille. Le dernier mot sur son avenir lui semblait dit. Dans sa position de chanoine, devenu prêtre, il travaillerait à sa sanctification, et s'emploierait aux œuvres de zèle. Mais M. Rolland, tout en lui facilitant par ses conseils chacun de ses devoirs ainsi entendus, devait faire bien plus encore.

Ici l'admiration saisit involontairement, parce que l'on se trouve en face de Dieu, qui commence à mettre la main à une grande œuvre. Au pieux Jean-Baptiste, si soigneusement préparé par sa grâce, il ne montre pas l'Institut qu'il s'agit de fonder; il ne lui en trace ni le plan ni les harmonies providentielles. M. de la Salle, ayant dès le début ce vaste projet dans la tête, et marchant intrépidement à sa réalisation toute sa vie, n'aurait pas eu le caractère ordinaire des instruments qui servent à créer les œuvres divines. Il eût eu trop d'importance pour un simple instrument, et la main du Seigneur eût été éclipsée. Aussi Dieu garda pour lui le secret de ce qu'il voulait faire avec cet homme. Peu à peu, sans rien lui dire, il l'engagea dans son dessein; il n'avait absolument besoin que de sa docilité, et quant à ce point, il pouvait compter sur son serviteur. M. de la Salle s'avança, à mesure que Dieu la dirigea dans la voie, sans trop savoir où il allait, jusqu'au jour où l'Institut, fruit de son héroïque courage, se dessina. A cette époque, l'humble de la Salle verra le premier avec surprise ce qu'il a fait, et s'attendrira sur l'action de Dieu, qui a tout conduit. Or M. Rolland était l'ange que le Seigneur mettait sur le chemin de son serviteur pour l'introduire dans l'œuvre que sa haute sagesse voulait exécuter par lui.

Le jeune de la Salle fit tout de suite connaître à son directeur ses dispositions au sujet du sous-diaconat, et lui apprit ce qui avait été décidé à Saint-Sulpice quelques jours avant son départ. Il voulut, au reste, de nouveau prier, réfléchir; et, toujours pénétré d'humilité à la pensée du sacerdoce, dont le sous-diaconat est la première étape importante, il attendit l'ordre de M. Rolland pour se déterminer à agir. L'homme de Dieu eut hâte de lui dire d'avancer sans retard.

M. de la Salle était à Reims depuis à peine deux mois. Comme il n'y avait pas d'ordination dans cette ville pour la Pentecôte, le jeune chanoine alla recevoir le sous-diaconat à Cambrai. C'était le 11 juin 1672, veille de la Trinité. Ici M. Blain, avec son onction ordinaire, s'écrie : « De quels trésors de grâces Dieu enrichit-il une âme si pure? Les mémoires ne le disent pas... Et Jean-Baptiste a enseveli dans un profond silence tout ce que le Saint-Esprit opéra ce jour-là dans son âme. »

De retour à Reims, M. de la Salle s'occupa de sa famille avec activité. Il confia ses deux sœurs à des personnes pieuses et distinguées pour la continuation de leur éducation, en attendant qu'elles fussent en âge d'entrer dans le monde. Mais déjà l'une d'elles avait ses pensées au cloître. Elle ne tardera pas à se faire religieuse dans l'abbaye de Saint-Étienne-des-Dames, de l'ordre des chanoinesses de Saint-Augustin, à Reims. Son autre sœur était destinée à une belle alliance. Restaient à M. de la Salle quatre frères, dont Louis, l'aîné, était assez âgé pour l'apprécier et lui être tendrement attaché; les trois autres étaient plus jeunes, et l'aimaient aussi beaucoup. Le chanoine se chargea d'eux tous, et les garda avec lui. Il est probable, et le P. Garreau le dit formellement, qu'il leur donna un précepteur, tout en se réservant le soin de les surveiller et de les conduire.

Il accorda ensuite toute sa sollicitude aux affaires temporelles. Les serviteurs reçurent ses instructions; les dépenses furent réglées, l'hôtel prit un nouvel aspect d'ordre, et les familles habituées à le fréquenter autrefois y revinrent pour témoigner leur estime et leur sympathie au jeune maître de la maison. Comme s'il l'eût fait toute sa vie, M. de la Salle gérait sa belle fortune avec la plus grande aisance, recevant les revenus, et s'entendant surtout merveilleusement à dresser le budget des pauvres. Mais en tout cela il ne mettait aucune ostentation, et consultait les personnes dignes de sa confiance avec l'abandon d'un enfant.

L'esprit de méthode entrait dans son tempérament, et tout ce qui vient d'être dit l'atteste; mais il en donna surtout la preuve dans la distribution du temps. Ne voulant qu'aucun acte important fût livré à la fantaisie, il assigna à chaque heure du jour une occupation particulière. A cette condition, la vie n'est pas remplie de ces mille riens qui la dévorent, et la mettent ainsi dans l'impossibilité de produire quoi que ce soit de grand. Il n'est pas de famille illustre, tenant à être quelque chose par l'esprit et le caractère, qui n'abrite ses heures de recueillement sous une règle que les autres, ne fût-ce que par bienséance, s'habituent à la fin à respecter. M. de la Salle était dans ces pensées. Ce n'est pas évidemment la règle de Saint-Sulpice qu'il établit dans son hôtel; il avait trop de tact pour ne pas saisir la juste mesure. Mais il prit la fleur et le parfum de cette règle, et il sut donner beaucoup de grâce à l'énergie avec laquelle il fit observer les lois portées par lui. Il était d'ailleurs le premier à s'y soumettre; et ainsi tous les jours, aux mêmes moments, il priait, étudiait, s'appliquait aux affaires de la maison, subordonnant chaque tâche aux heures où son devoir de chanoine l'appelait à la cathédrale.

Aussitôt qu'il avait dû renoncer à reprendre au séminaire de Saint-Sulpice ses études interrompues, sa présence à Reims étant absolument nécessaire, le jeune chanoine s'était fait inscrire à l'université de cette ville pour les degrés de théologie. Il donna donc toute son application à cette science sacrée.

M. de la Salle passa ainsi plus de quatre années au milieu de ces soins multipliés. Ses frères grandissaient autour de lui, sa maison était dans un état prospère; il brillait à l'université, et toute la ville de Reims savait que si sa vie était si active, si pleine, il n'était pour cela ni sauvage, ni ennemi des bienséances du monde, et montrait, quand il le fallait, une affabilité exquise et un esprit du meilleur goût. D'ailleurs, toujours doucement grave, il alliait, dans une mesure d'autant plus parfaite qu'il ne la recherchait pas, la modestie à la distinction. Le vêtement ecclésiastique ajoutait je ne sais quel trait achevé à son air digne. Tout, au reste, dans ce costume lui était aimable, et il lui eût été cruel de s'en dépouiller un seul instant. On remarquait sa couronne cléricale toujours soigneusement entretenue, en souvenir de la couronne d'épines de Notre-Seigneur. A part cela, ses cheveux courts et très simplement disposés ne portaient aucune trace de culture recherchée. Sa qualité de chanoine avait pour marque extérieure une riche bande de soie violette qui enveloppait les bords de son chapeau.

On voit par là que M. de la Salle était un beau type d'un ecclésiastique de grande famille, vivant selon sa condition, mais d'une manière très édifiante, et en tout conforme à l'esprit de sa vocation sacrée.

CHAPITRE VI

A partir du jour où M. de la Salle avait confié à
M. Rolland le soin de son âme, il s'était établi entre
le pieux confesseur et son pénitent une union étroite.
M. Rolland était vivement touché de la docilité, de la
soumission filiale que lui témoignait le jeune chanoine; et souvent il était confondu en se voyant
l'objet d'un respect dont les biographes nous donnent
une idée en disant : « Aux yeux de M. de la Salle,
son directeur était un ange. »

M. Rolland, voyant à l'œuvre son fils spirituel
dans l'exercice des vertus, sentit croître chaque jour
l'estime et l'admiration que celui-ci lui inspirait. Les
rapports de cette âme si pure avec le ciel étaient, en
effet, de nature à ravir ce pieux ecclésiastique, qui
voyait combien Jean-Baptiste vivait près de Dieu, et

Dieu près de lui, et combien surtout l'exercice angélique de l'oraison lui était cher. Sa mortification ne l'impressionnait pas moins vivement, et il admirait l'héroïque constance avec laquelle il affligeait son corps innocent.

Enfin M. Rolland fut maintes fois le témoin ému de la générosité du jeune chanoine envers Dieu; car exécuter la divine volonté était tout pour Jean-Baptiste; et aux sacrifices que cela pouvait nécessiter, il disait : « Tant mieux! » pensant qu'il est tout simple d'aimer à ses propres dépens.

Pour ces motifs, M. Rolland avait de M. de la Salle la plus haute idée; et, le considérant de plus comme un ami sûr, il lui confiait ses sollicitudes au sujet des œuvres dont il avait le soin. Parmi ces œuvres, une était particulièrement chère au pieux théologal. En 1670, prêchant le carême à Rouen, il avait fait connaissance avec le P. Barré, un homme de Dieu qui, dans le but de donner l'éducation à la classe pauvre, avait fondé une association de religieuses pour les filles, et avait groupé un certain nombre de jeunes maîtres autour d'un pieux laïque, pour faire l'école aux jeunes garçons. M. Rolland, voyant que Reims n'avait pas d'institution de ce genre, demanda au P. Barré, pour l'éducation gratuite des filles, quelques-unes de ses religieuses, connues sous le nom de Sœurs de la Providence ou de l'Enfant-Jésus. Ces pieuses institutrices s'étaient donc établies à Reims; mais, malgré toute la peine que se donnait le chanoine théologal pour les faire réussir dans la cité, elles végétaient tristement. C'était une œuvre nouvelle; et on montrait de la défiance, comme cela se fait toujours à l'égard de ce qu'on ne connaît pas. Les magistrats, de leur côté, craignaient que les écoles des

Sœurs de l'Enfant-Jésus ne finissent par être à leur charge, et, ayant d'autres dépenses à faire, ils ne se pressaient pas de prêter leur attention aux propositions du bon abbé Rolland. Pendant ce temps-là, les enfants dont on ne voulait pas s'occuper continuaient d'être exposées à tous les malheurs qui résultent de l'ignorance et de l'oisiveté.

Le zélé protecteur des Sœurs de l'Enfant-Jésus entretenait donc M. de la Salle de ses tristesses à ce sujet, et il était heureux de se voir compris toutes les fois qu'il ouvrait son cœur à ce pieux ami sur un sujet qui absorbait ses pensées : d'autant plus qu'une vive préoccupation s'ajoutait à ces inquiétudes, et venait souvent l'assiéger. Agé seulement de trente-trois ou trente-quatre ans, il sentait qu'il s'en allait à Dieu; sa santé s'altérait de jour en jour, et ce ne pouvait être pour lui que l'affaire de quelques années; après cela sa petite communauté, n'ayant plus de père, disparaîtrait. Ses appréhensions émurent bien des fois M. de la Salle, à qui il les faisait connaître, et celui-ci, voyant qu'en effet son directeur ne tarderait pas à mourir, partageait ses craintes pour la frêle congrégation de l'Enfant-Jésus.

Souvent M. Rolland se disait à lui-même : Personne mieux que M. de la Salle ne pourra faire réussir mon œuvre après moi. Sa grande générosité envers Dieu m'est connue; il ne reculera devant aucun sacrifice une fois qu'il y aura mis la main. D'ailleurs le crédit dont il jouit dans Reims auprès des plus grandes familles sera à ses bons désirs un auxiliaire fort puissant. Il arrivera enfin à faire accepter à la ville le service immense pour lequel présentement elle se montre indifférente, parce qu'elle n'a pas réfléchi à tout son prix; et une fois que les magistrats auront consenti à prendre sous leur protection les Sœurs de l'Enfant-Jésus, leur avenir sera assuré. A la longue, M. Rolland se hasarda à insinuer à M. de la Salle qu'il songeait à sa bonté pour faire en faveur de la communauté ce que bientôt lui-même ne pourrait plus faire. M. de la Salle le lui promit, et lui causa par là une vive consolation.

En attendant, les deux amis, liés par ce nœud sacré d'une bonne œuvre si intéressante, en parlaient souvent ensemble, priaient, et y donnaient leurs soins.

En 1675, M. de la Salle se présenta à l'examen de la licence, et subit toutes les épreuves d'une manière brillante. Il entrait dans sa vingt-cinquième année. Le moment était venu pour lui de songer au diaconat. Comme pour faire ce nouveau pas vers le sacerdoce il lui fallait encore un ordre du Ciel, M. Rolland l'appela au nom de Dieu, et sa docilité ne se fit pas attendre. On ne sait pourquoi il fut ordonné à Paris. Plusieurs pensent qu'il entreprit ce voyage pour obtenir la protection de quelque personnage en faveur de l'œuvre de M. Rolland. Quoi qu'il en soit, ce fut le 21 mars 1676 qu'il reçut le diaconat des mains de Msgr Batailler, capucin et évêque de Bethléhem.

M. de la Salle, entré de bonne heure dans le sanctuaire, avait gravi lentement, et un à un, les degrés de l'autel : tous les saints voient dans le sacerdoce tant de grandeur, et leur humilité est si lente à se persuader que cette incomparable gloire est faite pour eux ! Et une fois que l'écrasant honneur est accepté, il faut dans la vie tant de dignité, tant de noblesse pour le porter, que ces grandes intelligences de saints hésitent.

Tels furent toujours les sentiments de M. de la Salle. Deux années à ses yeux n'étaient pas de trop

pour se préparer à offrir le saint sacrifice, et il y consacra tout ce temps. On le vit donc alors pratiquer
avec plus de fidélité, s'il était possible, tous ses
devoirs. Il mit dans les soins donnés à sa famille
quelque chose de plus exquis, et ses frères furent
pour lui l'objet d'une plus grande tendresse. La vue
de ces enfants autour de lui avait toujours été fort
douce à son âme; il vécut plus intimement encore
avec eux, continuant à leur prêcher la paix, l'union,
avec des accents inimitables qui le faisaient écouter
affectueusement. Il s'appliqua également à leur inspirer un plus vif amour de l'étude et aussi des choses
d'en haut, meilleures encore que tout ce qu'il y a de
plus excellent ici-bas; enfin les jeunes de la Salle
reçurent alors de leur frère toutes les délicatesses
d'une éducation élevée. Ce qui fit que le chanoine,
sans que cette existence recueillie mît jamais obstacle
aux relations nécessaires, se livra un peu moins aux
exigences du monde. Au reste, de plus en plus
simple, humble et uni à Dieu, on voyait bien qu'il
était dans l'attente d'une grâce immense.

Toutefois le grand travail de la préparation au
sacerdoce était dans son intérieur. Ici, qui ne souhai-
terait que M. de la Salle eût laissé des notes indi-
quant durant ce temps les dispositions de son âme?
Mais si sa main, en effet, écrivit d'édifiantes lignes
sur ses moments d'allégresse ou de désolation, de
répugnance, de dégoût, sur ses défaites passagères et
sur ses conquêtes définitives, car son énergie contre
lui-même finissait toujours par avoir le dernier mot,
tous ces documents ont disparu. La seule trace qui
soit restée dans l'histoire des efforts qu'il a dû faire
durant cette période de deux années, et qui mettra
sur la voie de bien d'autres, la voici.

Ses nombreuses occupations l'avaient obligé de n'accorder, la nuit, au sommeil qu'une part trop modique. Le matin, quand de bonne heure il lui fallait quitter le lit, la nature, qui n'avait pas son compte, faisait à sa volonté une opposition opiniâtre. Le pieux chanoine, éveillé à l'heure fixée, refermait bientôt ses yeux appesantis; il relevait aussitôt la tête, et sa tête retombait de sommeil. Un jour, fatigué de cette lutte, il donna une fois pour toutes à son valet de chambre l'ordre de l'éveiller et de le secouer, sans trêve ni merci, jusqu'à ce qu'il le vît prendre ses vêtements. Ce que fit son fidèle serviteur. Mais il paraît que le sommeil ne battit pas en retraite pour si peu; car, venant saisir sa pauvre victime au beau milieu de l'oraison, il l'exerçait à la patience de façon à faire pitié. M. de la Salle employait tous les moyens pour vaincre cet assoupissement importun, qui troublait ses saintes pensées et lui prenait les plus doux moments de la journée, ceux que Dieu lui permettait de passer avec lui. « Il entrait, nous dit son biographe, dans une sainte colère contre lui-même, et se faisait tous les reproches possibles. » Mais le sommeil revenait toujours. Et c'est ainsi que pendant quelque temps se passa son oraison. M. de la Salle n'était pas homme à lâcher prise dans les luttes contre lui-même, et on verra avec quelle énergie il entendra toujours être le maître de ses sens et les dominer par une puissance de volonté étonnante. « Mais quel remède, se demande avec naïveté son biographe cité tout à l'heure, quel remède à ce mal doux et traître qui captive les sens dans les moments où l'âme veut s'en dégager pour s'appliquer à Dieu? » M. de la Salle ne se donnera pas de repos qu'il n'en ait trouvé un. Il imagine enfin de mettre des cailloux aigus sous ses genoux, et, sur la tablette de son prie-Dieu, des épines. C'était ingénieux. Au moindre assoupissement, ou son front tombait sur les épines, ou dans ses genoux, qui portaient alors tout le poids de son corps, s'enfonçaient violemment les cailloux ; et c'est ainsi qu'il fit fuir le sommeil par l'aiguillon de la douleur. Tout ce qu'avait de précieux devant Dieu une oraison de ce genre n'échappera à personne.

Nous avons tout à l'heure parlé de lit. D'après ses biographes, à cette époque, il semblerait qu'il n'en usait pas toujours ; et l'un d'eux [1] nous dit formellement qu'il couchait depuis longtemps déjà sur des bûches de bois, afin de dompter sa chair et d'accorder le moins de temps possible au sommeil. Il faut croire que M. de la Salle a eu recours aux services obligeants de son valet de chambre, dont il vient d'être parlé, quand, sa santé ou l'ordre de ses directeurs l'ayant forcé à abandonner sa dure couche, il se retrouva dans les conditions ordinaires où l'on dort communément. Quoi qu'il en soit, rien n'est curieux comme le pieux dépit des historiens de ne pouvoir soulever davantage le voile qui cache des austérités certaines, mais qu'il est impossible de préciser. Ils mentionnent encore que M. de la Salle travaillait à réduire sa nourriture, tout en disant que l'extrême délicatesse dans laquelle il avait été élevé sous ce rapport l'obligeait à avoir sa table servie comme autrefois.

L'année 1678 devait être celle de son élévation à la prêtrise. Quelques mois avant Pâques, se voyant si près du grand jour, il se prit à trembler : il avait à un si haut degré conscience de son indignité ! L'obéis-

---

[1] M. Ravelet.

sance à ses supérieurs put seule le rassurer ; et encore
« cette obéissance aveugle, dit M. Blain, ne put-elle
étouffer ses larmes et ses gémissements ». Toutefois
l'amour finit par venir tendre la main à l'obéissance,
et M. de la Salle, qui connaissait si bien Dieu, ouvrit
son cœur à la confiance. Le samedi saint, 9 avril, il
s'agenouilla avec le plus grand calme devant l'archevêque de Reims, Mgr le Tellier, et reçut de ses mains
l'onction sacerdotale.

Le jeune prêtre fit bien voir que s'il avait accepté
en pleurant la redoutable dignité, il possédait dans
son cœur un amour pour Dieu qui ne pouvait le tenir
indéfiniment dans la crainte. Le lendemain même,
jour de Pâques, alors que l'huile sainte avait à peine
eu le temps de sécher sur ses mains consacrées, il
monta à l'autel.

Dans une chapelle retirée de la métropole, à une
heure solitaire, en présence de quelques parents, sur
un autel modeste, avec des ornements simples et deux
cierges allumés, il offrit pour la première fois l'adorable victime. Il avait voulu que le ciel seul fût de
cette fête. Le chanoine distingué, le fils de grande
maison s'était évanoui pour faire place à l'ange ; car
c'est ainsi qu'il parut à ceux qui le virent durant l'action sainte. « Un ange, dit le pieux Blain, s'il des-
cendait sur la terre pour célébrer, n'apparaîtrait pas
sous une autre forme. » Ce que les assistants éprouvèrent d'attendrissement ne se peut exprimer, quand
ils aperçurent sur sa figure, dans ses yeux, les traces
de l'extase. La présence de la divine Victime leur
devint à tous sensible, reflétée si magnifiquement
dans les traits du jeune sacrificateur, interprétée par
ses larmes et par je ne sais quel rayonnement lumineux. Les biographes nous assurent que cet éclat mys-

térieux ne s'éteignit point aux autres messes que célébra l'angélique prêtre. Là M. de la Salle n'était réellement plus un homme. Et même il est avéré qu'après avoir quitté l'autel il lui fallait quelquefois un quart d'heure pour revenir à lui et se retrouver sur la terre. Presque défaillant sous des émotions toutes divines, il finissait par reprendre ses sens. « Il arrivait assez souvent, dit M. Blain, que M. de la Salle, au retour de l'autel, n'était pas en état de parler. Il avait peine à faire usage de ses sens. Pendant ce temps, il paraissait sans mouvement... Plusieurs personnes dignes de foi ont été témoins de ces sortes d'extases. » L'espèce de transfiguration du serviteur de Dieu au saint autel est un fait acquis à l'histoire : ses biographes l'ont tous indiqué, et par ce qu'ils en disent il est difficile de ne pas voir là, de temps en temps au moins, quelques-unes de ces merveilleuses choses qui arrivaient à saint Dominique, par exemple, à saint Ignace de Loyola et à d'autres encore, quand ils célébraient la messe.

De tout cela il résultait pour les assistants une édification étonnante. « C'était, nous dit le P. Garreau, un spectacle ravissant de le voir à l'autel, le visage enflammé ; ce feu divin se répandait sur les assistants, qui se sentaient saisis d'une dévotion extraordinaire. » Mais l'effet principal produit par la vue de M. de la Salle célébrant la messe, c'était de convaincre de la présence réelle de Notre-Seigneur et de son ineffable immolation. Au dire du pieux Blain, « si Calvin, si Bèze et les autres hérétiques l'eussent vu, ils eussent brûlé leurs écrits contre la présence réelle de Jésus-Christ dans le très saint Sacrement. » Ce biographe ne tarit point sur ce sujet. « Pour sentir la foi de la présence réelle de Jésus-Christ, dit-il, et voir naître en son cœur des sentiments de dévotion, il suffisait de voir le jeune sacrificateur à l'autel. » M. Blain se pose cette question : « Était-il donc, à l'autel, à l'abri de cette foule de distractions dont les personnes les plus vertueuses ont tant de peine à se défendre? Maître de son imagination, pouvait-il la contraindre pendant les saints mystères de le laisser en paix, et de ne point troubler son repos en Dieu? Le pieux auteur répond sans hésiter : « Non, il n'éprouvait ni les égarements d'un esprit distrait, ni les illusions d'une imagination dissipée; c'est ce qui est remarqué dans les mémoires de sa vie. Ce privilège est grand, singulier, extraordinaire. »

Aussi allait-on à sa messe pour la seule consolation de le voir; et il était impossible d'échapper à l'impression vive que produisaient ce respect, ce recueillement, cette majesté dont sa personne rayonnait. C'était une émotion qu'il fallait subir; et dans quelque disposition qu'on se présentât, on ne tardait pas à se sentir tout autre, et à être entraîné dans la sphère divine où se trouvait transporté cet homme, devenu comme un personnage céleste pour quelques instants du moins.

Il était inévitable que ceux qui l'avaient ainsi vu à l'autel n'eussent pas la pensée de s'adresser à lui dans les besoins de leur âme. Le jeune prêtre fut bientôt assiégé par une foule de gens qui venaient avec une confiance absolue dans sa sainteté pour le consulter, assurés de recevoir de sa bouche les réponses du Saint-Esprit. On choisissait de préférence les moments qui suivaient sa messe, alors qu'il lui restait encore quelque chose de l'impression divine de l'adorable sacrifice. « On l'attendait au sortir de l'autel, raconte M. Blain, pour profiter des grâces qu'il avait reçues. Son action de grâces étant faite, on le saisissait, pour ainsi dire, de peur qu'il n'échappât, pour prendre ses avis et profiter de ses lumières. Sa grande jeunesse ne nuisait aucunement à la confiance. »

Et ce grave auteur dit encore : « Comme Moïse après son entretien avec Dieu, le jeune prêtre paraissait le plus doux des hommes quand il venait de dire la messe; il écoutait avec patience, il répondait avec bonté, et assaisonnait toutes ses paroles d'une grâce et d'une onction qui les portaient dans le cœur et les rendaient efficaces. »

Pour caractériser cette première période de la vie du Bienheureux de la Salle, nous n'avons que ces mots très simples à dire : ce qui apparaît à la superficie de cette vie de vingt-sept années, c'est la sérénité, la lumière; au fond il y a constamment des merveilles de générosité inspirées par un amour de Dieu qui s'annonce comme devant être héroïque; mais, encore un coup, à la surface c'est la lumière, la sérénité. Nous ne voyons que deux circonstances où M. de la Salle eut à répandre de ces larmes qui révèlent une grande blessure dans le cœur : c'est à la mort de son père et de sa mère. Mais, en retour, il n'eut pas à pleurer sur la perte de son innocence; car il avait au grand jour du sacerdoce la robe de son baptême dans toute sa blancheur immaculée.

M. de la Salle se présente à nous en ce moment avec une grande noblesse de caractère, un fond admirable de raison, une mâle vigueur, un esprit net et pratique, et cette défiance de soi-même, cette docilité humble qu'on ne possède dans cette mesure qu'à la condition d'être un esprit supérieur. Enfin, quoique son amour pour Dieu lui donne une indomptable énergie, il est la suavité même, et plus tard on le proclamera à juste titre l'homme le plus doux de son siècle.

Son extérieur, au reste, est imposant. D'une taille au-dessus de la moyenne et bien proportionnée, il a les yeux vifs, grands, le front lumineux, large. Ses traits portent l'empreinte de la douceur et de la majesté; une vive intelligence y brille, sa physionomie respire la modestie et annonce un cœur d'ange. Sourire agréable, parole grave et aimable à la fois, il a tout pour exciter la sympathie. Enfin la simplicité et la grâce reluisent dans ses manières, et sur toute sa personne se trouve répandu comme un reflet du ciel qui la rend en quelque sorte déjà sacrée.

Tel est le portrait et le caractère de M. de la Salle à l'âge de vingt-sept ans.

CHAPITRE VII

M. Rolland s'était souvent demandé si son pieux
pénitent, devenu prêtre, ne ferait pas plus de bien
dans une paroisse qu'en demeurant chanoine à Reims.
Il inclinait beaucoup à le croire, et c'est à Mézières
qu'il désirait le voir aller. Dans l'appréciation du
monde, se disait-il, ce poste est inférieur à celui que
M. de la Salle occupe; mais, aux yeux de Dieu, consoler les pauvres et les instruire, se dépenser obscurément pour eux, leur faire l'aumône, ce sont des
œuvres d'une grande valeur, et M. de la Salle voit toujours comme Dieu, jamais comme les hommes. D'ailleurs n'y a-t-il pas dans le cœur de ce saint ami des
trésors d'humilité?

Ainsi pensait en lui-même M. Rolland. Un jour, il en parle ouvertement à M. de la Salle. Quoique celui-ci ne se sentît pas intérieurement appelé par Dieu à cette vie, il entra volontiers dans les vues de son directeur, faisant bon marché de son jugement propre.

M. Rolland sonda alors les dispositions du curé de Mézières. Cet ecclésiastique ne demanda pas mieux que de céder sa place à M. de la Salle, voyant qu'on lui proposait en échange une stalle de chanoine.

Le monde se choqua vivement quand ce projet vint à sa connaissance. A son sens, M. la Salle ne pouvait devenir curé de Mézières sans descendre. La famille du chanoine, blessée, supplia l'archevêque de Reims de ne pas permetre cette combinaison préjudiciable à son honneur. Nous ne saurions dire si le prélat fut impressionné par les représentations qu'on lui fit ; en tout cas, il n'avait pas besoin qu'on lui demandât de conserver dans son chapitre un homme si pieux et si distingué, car il y était de lui-même fortement porté. Néanmoins il n'opposa pas tout de suite un refus formel, et l'abbé de la Salle alla passer quelques jours à Mézières. Mais quand il fallut avoir l'agrément définitif de l'archevêque, M. de la Salle vint le trouver, et lui ayant dit que « M. le curé était prêt à prendre son canonicat », Mgr le Tellier répondit : « Et moi, je ne consens point à ce que vous preniez sa cure[1]. » M. de la Salle s'inclina. On raconte que, parlant plus tard en différentes circonstances de cet incident, le saint prêtre disait : « Non, ce n'était pas cela que Dieu voulait ; je le sentais bien. » Et il ajoutait qu'il avait fait ces démarches pour le bonheur d'obéir à son père spirituel. « Exemple merveilleux de zèle,

[1] P. Garreau.

nous dit Blain, de détachement, de simplicité chrétienne et de docilité à se laisser conduire! »

Sur ces entrefaites, M. Rolland était tombé dangereusement malade. L'abbé de la Salle vint souvent le voir à la campagne où il se trouvait. Là les deux amis employèrent le peu de temps qui leur restait à passer ensemble sur la terre à s'entretenir de l'éducation des enfants du peuple. Cette question, objet depuis tant d'années des préoccupations des esprits éclairés, ne pouvait être résolue, ils le comprenaient comme tout le monde, que le jour où se lèverait un homme dont le génie saurait réunir et former une société de maîtres consacrés à cette œuvre d'abnégation et de dévouement par excellence. A Rouen, comme nous l'avons déjà vu, des tentatives avaient été faites par le P. Barré, mais sans grands succès. « Vous savez, dit un jour affectueusement le pieux malade à M. de la Salle, vous savez que mon dessein était d'obtenir du P. Barré quelques maîtres afin d'ouvrir ici des écoles pour les petits garçons. Mais je vais mourir, sans pouvoir même assurer un avenir tranquille aux maîtresses que j'ai appelées de Rouen pour les filles. » M. de la Salle lui fit observer que ce dernier point était réglé. « Je prendrai soin, lui dit-il, selon que je vous l'ai promis, de votre chère congrégation des Sœurs de l'Enfant-Jésus. » Le mourant aurait voulu obtenir de lui quelque chose de plus : c'était le pieux engagement de faire aussi venir des maîtres de Rouen, et de les établir à Reims. Mais M. de la Salle, à qui plus d'une fois déjà il en avait parlé, montra une grande réserve et ne se sentit point incliné à acquiescer à ce désir. Le moment de Dieu n'était pas arrivé.

Le grave Blain nous dit que, l'heure suprême venue,

M. Rolland insista, et que, « éclairé d'en haut, il parut entrevoir les desseins de Dieu sur son disciple, et lui prédit qu'il était destiné à établir des écoles chrétiennes. »

Quoi qu'il en soit, avant de rendre le dernier soupir, M. Rolland déclara de nouveau à l'abbé de la Salle ses dernières volontés, et remit entre ses mains la congrégation de l'Enfant-Jésus. « Par amour pour de jeunes âmes rachetées du sang de Jésus-Christ, lui dit-il, vous achèverez de faire le bien que j'avais commencé. » M. de la Salle réitéra sa promesse, et ce fut entre les deux amis une sainte effusion de charité. « Le père, nous disent les mémoires, ne pouvait assez marquer à son gré sa tendresse à ce fils bien-aimé, ni le fils témoigner assez sa reconnaissance à son père en Jésus-Christ. »

Au début de sa maladie, M. Rolland avait vu accourir près de lui M. Rogier, un ami tendrement dévoué, qui ne le quitta pas un seul instant, lui dit la sainte messe, et l'entoura des soins les plus affectueux. Ce ne fut pas cependant ce prêtre qu'il choisit pour exécuteur testamentaire. Cette charge délicate et toute de confiance appartenait à M. de la Salle.

A la mort de M. Rolland, qui arriva le 27 avril, le chanoine se trouva donc en face de nouveaux devoirs. Le plus important de tous était celui d'assurer l'existence de la congrégation de l'Enfant-Jésus. Cette sollicitude mêlée d'épines et hérissée de difficultés venait s'ajouter aux autres préoccupations que lui imposaient la conduite de sa maison, la direction de ses frères et sa préparation au doctorat.

Il n'était prêtre que depuis dix-huit jours. Comme il eût aimé à se recueillir, afin de goûter le don de Dieu, et se reconnaître un peu au milieu des grâces ineffables du sacerdoce ! Mais les rares instants de liberté qu'il aurait pu trouver pour cela allaient lui être enlevés par la nouvelle affaire dans laquelle il lui fallait s'engager. Disons qu'il s'y résigna généreusement, et commença tout de suite les démarches nécessaires.

Ses historiens font soigneusement remarquer que sa grande habitude d'attendre tout de Dieu le porta à prier beaucoup dans cette circonstance ; et que, comme il avait invariablement la pratique d'appuyer sur la pénitence ses humbles demandes au Seigneur, il n'épargna ni jeûnes ni macérations. Par cette conduite, et en se servant de tous les moyens humains à sa disposition, il espérait arriver à son but.

Il s'efforça donc de faire comprendre à la ville que les petites filles pauvres n'avaient pas d'écoles ; que c'était un malheur ; et il appela doucement l'attention sur les sœurs qui s'offraient avec tant de charité à s'occuper de ce soin. Ses paroles, par elles-mêmes insinuantes et polies, empruntaient à la grâce d'en haut, si pieusement sollicitée, un accent persuasif. Mais l'affaire n'avançait pas. « Les difficultés, nous dit M. Blain, se multipliaient chaque jour, les contradictions des hommes devenaient plus obstinées ; les obstacles se succédaient, et quand les anciens étaient levés, le démon en faisait naître de plus terribles. » Rien de cela ne doit étonner : l'éducation des enfants a toujours été entourée d'orages, parce que dans cette œuvre repose tout l'avenir des générations.

Cependant M. de la Salle ne perdait pas patience. Il voyait les magistrats, allait auprès des personnes influentes, et, sans importuner jamais, il répétait sous mille formes aimables que la ville de Reims, en accordant aux institutrices de l'Enfant-Jésus une existence légale, se ferait honneur à elle-même. La question d'argent pouvait-elle entrer en comparaison avec le bien de tant de petites filles dont l'innocence serait à l'abri? L'archevêque de Reims fit valoir les raisons apportées par M. de la Salle, et les magistrats de la cité., gagnés enfin, consentirent à adopter les Sœurs de l'Enfant-Jésus.

Ce n'était que le premier pas, car il fallait en outre obtenir du roi des lettres patentes. L'archevêque, ravi de l'heureuse issue de cette affaire, si prudemment conduite par M. de la Salle, pria son frère M. Louvois, qui était ministre, de demander ces lettres patentes à Louis XIV. A quelque temps de là, vers le mois de juin 1679, les pièces étaient expédiées. L'archevêque avait pris gracieusement sur lui les frais d'enregistrement. Alors la congrégation de l'Enfant-Jésus, ayant une existence assurée, put se sacrifier en paix au bonheur des petits enfants. Il avait ainsi fallu au zélé chanoine presque un an pour atteindre ce but tant désiré.

A cette époque, vivait à Rouen une dame veuve en odeur de sainteté: c'était Mme de Maillefer. Par une pénitence éclatante et par l'exercice de la charité, elle s'efforçait avec un héroïque courage de réparer les scandales qu'elle avait donnés à la ville dans sa jeunesse. Voici ce que nous trouvons raconté de cette femme étonnante par les différents biographes [1]. Leur récit offre le plus vif intérêt.

« Née à Reims d'une famille riche, elle fut mariée à M. de Maillefer, maître des comptes à Rouen, où elle vint s'établir. C'était la femme la plus mondaine de la ville. Grande, belle, bien faite, elle avait un

---

[1] Blain, Garreau, Salvan, Lucard, Ayma.

air noble, et on l'eût prise pour une princesse. Elle n'oubliait rien, au reste, pour le paraître, car sa vanité était excessive. »

« La nature, très libérale envers cette dame, ne l'avait pas encore été assez à son gré, et elle se donnait mille peines pour paraître chaque jour avec des charmes nouveaux. » Mme de Maillefer avait fait faire à son image une sorte de statue qu'elle parait, ajustait comme elle voulait l'être elle-même, essayant sur elle ses parures, épuisant en arrangements ingénieux « tous les raffinements imaginables de la mondanité ». Ainsi cette dame apparaissait toujours « aux soirées, aux bals, à l'opéra, aux cercles, à la promenade, avec les étoffes du plus haut prix, les habits du meilleur goût et du plus grand éclat, les coiffures les plus rares d'après les formes les plus nouvelles ». Partout où elle se montrait, « ses oreilles étaient agréablement flattées du bruit qui se faisait à son occasion, » et elle entendait sortir de toutes les bouches ces mots enchanteurs : *Voyez, regardez la belle Mme de Maille-fer*.

Amie raffinée de tout ce qui flatte le corps, la jeune femme ne quittait pas son lit avant « onze heures du matin », et s'en faisait honneur. « Ce repos prolongé, disait-elle agréablement, conserve mes pensées saines. » Il ne paraissait sur sa table que les morceaux les plus friands; car, dans tous les marchés, ce qu'il y avait de rare et d'exquis était pour elle, quelque prix qu'on dût y mettre.

Est-il besoin de dire que cette dame avait le cœur absolument fermé aux pauvres? Elle les repoussait avec dureté. Un jour un mendiant qui passait, fatigué et malade, se présente à sa maison « pour y trouver le couvert et un peu de soulagement. Le cocher, homme fort pieux et charitable, pénétré de compassion, alla supplier Mme de Maillefer de lui permettre de le recevoir. Cette femme, qui n'aimait qu'elle-même, s'indigna contre son domestique et lui ordonna brusquement de fermer la porte au mendiant. Le cocher ne put se résoudre à obéir. Il retira le malheureux dans son écurie, et l'assista du mieux qu'il put. Étant venu pour le voir le lendemain matin, il trouva le pauvre homme mort ».

Mme de Maillefer ne tarda pas à l'apprendre. Aussitôt elle fait venir le cocher, « l'accable d'un torrent d'injures et le chasse de sa maison. » Cependant le mort était toujours là sur la paille. Les autres domestiques ayant représenté à leur maîtresse qu'il importait de se débarrasser du cadavre, Mme de Maillefer « envoya un drap pour l'ensevelir ». Mais voilà que, dans la soirée, sur sa table elle aperçoit le suaire. Elle le déplie étonnée, et le reconnaît. Croyant que le mort est encore dans la maison et qu'il n'a pas été enseveli, elle entre dans une violente colère. On lui apprend que le pauvre mendiant est enterré; mais quant à lui dire qui a rapporté le drap sur la table, personne n'en est capable, car tous l'ignorent absolument et sont saisis de frayeur en le voyant là. Elle regarde encore ce drap; puis tout à coup, atterrée, elle se prend à penser que peut-être ce pauvre auquel elle « avait refusé l'hospitalité a refusé de recevoir ce présent forcé ». Épouvantée, elle éclate en soupirs, en gémissements, en sanglots; la grâce se fait jour dans cette âme orgueilleuse, sensuelle, dure, et Mme de Maillefer ne veut plus qu'une chose, faire de sa vie entière une amende honorable éclatante pour la conduite qu'elle a tenue jusqu'ici. Elle ne put, du vivant de son mari, agir comme elle l'eût désiré; mais Dieu ayant appelé à lui M. de Maillefer à quelque temps de là, elle se jeta à corps perdu dans l'humiliation, la pauvreté, la pénitence.

A cette église où le dimanche elle se rendait pour la messe de midi, afin d'y étaler au milieu du grand monde ses vanités, elle se fit un plaisir de paraître avec des vêtements en lambeaux et un extérieur misérable. Elle se mit à aller acheter elle-même sa nourriture, prenant ce qu'elle trouvait de plus pauvre, en petite quantité, et l'apportant dans ses mains; elle allait aussi chercher son bois. Un jour qu'elle passait ainsi dans le marché, une poissonnière qui la reconnut dit en la montrant du doigt à sa voisine : « Voilà celle qui nous a tant fait gagner d'argent lorsqu'elle faisait acheter pour sa table le poisson le plus délicat et le plus cher. »

Mme de Maillefer finit par ne plus manger que des choses extrêmement répugnantes. Ce que nous ne pouvons voir sans horreur faisait souvent sa nourriture, ou du moins l'assaisonnait. « Combien n'en dut-il pas coûter à cette femme accoutumée à ne se rien refuser, » avant d'arriver à dévorer jusqu'aux vers qui fourmillaient dans ses aliments gâtés?

Elle sentit surtout que sa tendresse pour les pauvres ne pourrait jamais aller assez loin. Son hôtel, ses meubles somptueux, ses bijoux, tout fut vendu pour eux. Elle loua une toute petite chambre où conduisait un mauvais escalier, ne se réservant dans ce misérable réduit qu'un peu de paille pour dormir.

On crut pendant quelque temps Mme de Maillefer folle. C'est ce qu'elle voulait comme pénitence de son orgueil; mais la sainteté, à certaines heures, rayonnait quand même à travers l'abjection profonde dont elle s'enveloppait à plaisir, et au lieu des huées et des témoignages de mépris qu'elle cherchait, l'illustre convertie finit par ne plus rencontrer, à son grand dépit, que l'admiration. Sa peine en devint inexprimable, et elle ne recula devant aucune extrémité pour donner d'elle à tout le monde l'idée d'une femme qui a perdu le jugement et qui est tombée dans la dernière misère. Mais, pour la croire telle, il ne fallait pas la voir, par exemple, au chevet des pauvres mourants, où elle était assidue ; car là il lui échappait à chaque instant de sublimes paroles qui forçaient de la considérer comme une sainte. Elle exhortait les pécheurs avec une onction merveilleuse, les ramenait à Dieu et les faisait pleurer de bonheur avant de quitter cette terre. Enfin, pour avoir quelque chance de réussir d'écarter de sa personne la vénération qui la poursuivait, il aurait fallu qu'elle ne s'occupât point de bonnes œuvres. Mme de Maillefer avait secrètement la main dans toutes celles qui se faisaient à Rouen, et y dépensait ce qu'elle avait conservé de sa fortune.

L'éducation des enfants pauvres attirait ses préférences, et l'œuvre du P. Barré dont il a été parlé était alimentée par elle en grande partie. Elle avait aidé de ses largesses M. Rolland quand il voulut établir à Reims les Sœurs de l'Enfant-Jésus. Elle fût certainement encore venue à son secours si, avant de mourir, il eût pu établir une école de garçons dans cette ville. Son grand désir était de voir ce dessein repris et enfin réalisé.

Mme de Maillefer apprit avec une vive joie que l'initiative de M. de la Salle avait assuré désormais l'existence de l'école des filles. Le moment de s'occuper des garçons lui semblait venu ; elle se concerta aussitôt avec le P. Barré, et songea à envoyer M. Nyel à Reims dans ce but.

CHAPITRE VIII

M. Nyel, qui demeurait à Rouen depuis sa jeunesse, occupait à l'hôpital général un emploi assez important. Les administrateurs l'avaient en outre chargé d'enseigner aux enfants du bureau [1] la doctrine chrétienne, et de leur apprendre à lire et à écrire; mais son zèle ne demeura pas longtemps renfermé dans un cercle si restreint. Secondé par M. Laurent de Bimorel, trésorier de France, avec lequel il était étroitement lié, cet homme de bien ouvrit successivement les écoles de Saint-Maclou, de Saint-Vivien, de Beauvaise et de Saint-Éloi. Le P. Barré avait réuni autour de M. Nyel plusieurs

[1] Les enfants malades ou indigents, assistés par le bureau de l'administration de l'hôpital.

jeunes gens destinés à former plus tard une société qui fournirait des maîtres précieux à la jeunesse délaissée.

C'est à lui, nous l'avons vu, que pensa Mme de Maillefer pour la fondation d'une école de garçons à Reims.

Elle proposa donc la bonne œuvre à M. Nyel, qui s'en chargea avec empressement, heureux d'aller jeter dans d'autres villes la semence d'écoles nouvelles. La pieuse dame lui donna ses instructions. Entre autres choses elle arrêta que M. Nyel descendrait à Reims chez son père, M. Dubois, et y demeurerait jusqu'à ce que l'école fût établie. Un jeune homme devait l'accompagner et l'aider pour l'instruction des enfants. Afin de couvrir les dépenses de première nécessité, Mᵐᵉ de Maillefer s'engageait à payer trois cents livres chaque année. Le jour du départ arrivé, elle fit deux lettres et les remit à M. Nyel : l'une était pour la supérieure des Sœurs de l'Enfant-Jésus, qu'elle avait intimement connue à la maison de la Providence de Rouen ; l'autre pour M. de la Salle, son parent, dont elle sollicitait le concours.

M. Nyel arriva à Reims au mois de juin. Il eut hâte de se rendre au couvent des Sœurs de l'Enfant-Jésus. Au moment même où il sonnait à la porte avec son jeune compagnon, un ecclésiastique se présentait pour entrer aussi : c'était M. de la Salle. « L'un et l'autre, raconte Blain, se virent pour la première fois sans rien dire, avec l'indifférence des gens qui ne se connaissent point, et qui connaissent encore moins les rapports qu'ils vont avoir ensemble. » On vint ouvrir. M. de la Salle, bien connu dans la maison, entra, et M. Nyel demanda à parler à la supérieure. On l'introduisit aussitôt auprès d'elle. En ouvrant la lettre de Mᵐᵉ de Maillefer, elle éprouva une vive satisfaction, et dit à M. Nyel qu'elle était parfaitement au courant du projet qui l'amenait à Reims. Sa sainte amie et M. Rolland l'en avaient souvent entretenue. Mais comment un projet si difficile pouvait-il réussir ? M. Nyel, après lui avoir donné quelques explications, lui montre l'autre lettre de Mᵐᵉ de Maillefer adressée à M. de la Salle. « M. de la Salle arrive à l'instant, lui dit-elle ; vous allez la lui donner vous-même, je vais le prier de venir. » Le chanoine se présenta bientôt au parloir. « On veut à Rouen que la ville de Reims ait à tout prix son école de garçons, dit-elle à M. de

la Salle, et voici M. Nyel qui vient d'en établir une. »
M. de la Salle lut gravement la lettre que lui adressait
Mme de Maillefer, écouta M. Nyel, qui lui parlait avec
feu de l'entreprise, et le suppliait de l'aider de son
crédit ; puis, après s'être recueilli, il dit : « Quelle
chose difficile vous voulez tenter ! La société de maîtresses d'école pour les filles fondée à Reims par
M. Rolland a failli périr dans son berceau. » Et, cachant avec sa modestie ordinaire tout ce qu'il avait
fait pour arracher à la ruine une œuvre si précieuse,
il ajouta : « La seule autorité de Mgr le Tellier a pu la
sauver. Tout le crédit de ce prélat a été nécessaire et
n'a eu rien de trop pour balancer l'autorité de Messieurs de la ville, ou plutôt pour gagner et pour obtenir leur agrément. »

La supérieure de l'Enfant-Jésus sentait combien
cela était vrai. Le chanoine poursuivit : « Et c'est au
lendemain des orages formés contre cette œuvre que
vous venez faire une fondation analogue en faveur des
garçons ! » C'était évidemment aller au-devant d'un
échec certain. « Si l'on eût su à Reims, écrit Blain,
que M. Nyel venait en qualité de maître d'école et
dans le dessein d'en établir de gratuites, il en aurait
trouvé toutes les portes fermées, ou on les aurait
toutes ouvertes pour l'en faire sortir. » M. de la Salle
termina en disant : « L'œuvre en elle-même est belle
et grande, et on conçoit que la pensée de l'essayer
soit venue à des âmes généreuses. Je ferai tous mes
efforts pour aplanir du moins les premières difficultés
que vous allez rencontrer. »

Quand on aura vu de quelle sagesse M. de la Salle
fit preuve dans cet incident, on en conclura que dès
lors il était capable de conduire les plus grandes
affaires.

Avant tout il voulut qu'on tînt provisoirement ce projet fort secret. M. Nyel et la supérieure de l'Enfant-Jésus le lui promirent. Mais la présence de M. Nyel à Reims n'allait-elle pas attirer l'attention, et faire transpirer quelque chose de ses intentions? Assurément cela fût arrivé si, selon les instructions qu'il avait reçues, il eût habité chez le père de Mme de Maillefer. L'abbé de la Salle le dissuada de prendre là son logement. M. Nyel éprouva une légère déception; mais ce ne fut dans son esprit qu'un petit nuage, car le chanoine lui dit aussitôt: « Venez chez moi; je reçois beaucoup d'ecclésiastiques de la campagne et de pieux étrangers, vous passerez inaperçu; puis, quand vous vous serez reposé, vous irez faire un pèlerinage à Notre-Dame de Liesse, et, à votre retour, nous aurons peut-être trouvé le moyen de vous établir dans la ville. » M. Nyel répondit qu'il acceptait cette proposition avec bonheur, et c'est sur ces paroles que se termina l'entrevue au couvent des Sœurs de l'Enfant-Jésus. A quelques jours de là, Mme de Maillefer était heureuse en apprenant par une lettre de M. Nyel que le chanoine s'occupait de l'œuvre.

M. de la Salle, rendu à ses réflexions, se demanda ce qu'il y avait à faire. Avec cette foi si profonde qui l'animait, il pensa, à son ordinaire, que le grand point était de consulter Dieu. Cela fait, il examina tout attentivement, et arriva à cette idée: il n'y a qu'un seul moyen pour ouvrir à Reims une école aux petits garçons pauvres, c'est de gagner à ce dessein un curé de la ville. Il est admis qu'un curé a le droit de faire donner sous son autorité l'instruction à la portion de son troupeau qui, faute de ressources, ne peut fréquenter avec avantage les écoles établies. Ici les écolâtres, les maîtres écrivains, la ville, n'ont rien à voir, l'aumôme de l'âme comme l'aumône du corps entrant dans les attributions les plus incontestables du pasteur.

Cette idée était la vraie. Mais M. de la Salle avait ce haut degré de jugement à l'aide duquel on conçoit qu'on peut toujours se tromper, quand même on croit avoir l'évidence; et il n'était sûr que, lorsque ayant soumis ses vues au contrôle des autres, il les voyait approuvées. Il s'adressa donc d'abord au P. Claude Bretagne, prieur de l'abbaye de Saint-Remi. L'assentiment absolu de ce religieux ne lui suffisant pas, vu l'importance et la difficulté de l'œuvre, il assembla les ecclésiastiques les plus sérieux de la ville. Plusieurs conférences furent tenues. On reconnut facilement que des écoles pour les pauvres étaient indispensables à Reims, et que le moyen trouvé par M. de la Salle pour les établir était le seul praticable, le seul capable de réussir. M. de la Salle demanda alors à quel curé de la ville on pourrait s'adresser. L'ecclésiastique qu'il fallait devait être plein de zèle, généreux, et avoir une grande discrétion, cette dernière qualité important beaucoup pour le cas où il n'agréerait pas la proposition. Quatre noms furent mis en avant. Mais pour trois des prêtres désignés il y avait certains petits inconvénients que M. de la Salle fit ressortir avec une grande sagacité, et de façon à frapper vivement le conseil. M. Dorigny, curé de Saint-Maurice, réunit alors tous les suffrages. On reconnut qu'il avait de la fermeté dans le caractère. Depuis qu'il dirigeait la paroisse Saint-Maurice, il avait su toujours soutenir ses droits, sans en rien relâcher, en pratiquant la douceur et la conciliation. M. de la Salle témoigna sa vive reconnaissance à tous ces ecclésiastiques qui l'avaient ainsi aidé de leurs conseils, et s'empressa de voir M. le curé de Saint-Maurice.

Ce ne fut pas sans appréhensions qu'il se rendit chez lui. Il exposa simplement à M. Dorigny ce qu'il désirait de sa bienveillance, et voici que, à mesure qu'il lui parlait, le curé paraissait saisi. Enfin M. Dorigny dit à M. de la Salle : « Ah ! ce que vous me proposez, il y a bien longtemps que je désire le faire. J'y songeais tous les jours ; mais je ne voyais pas le moyen de l'exécuter. » Il assura l'abbé de la Salle que M. Nyel et son jeune ami pouvaient se présenter. « Aussitôt qu'ils le voudront, ajouta-t-il avec un visage épanoui par la joie, tous les deux ils feront en mon nom la classe aux petits garçons. » Il fut convenu que, moyennant les trois cents livres fournies par Mme de Maillefer, M. le curé de Saint-Maurice pourvoirait au logement et à la nourriture des deux maîtres.

Peu de temps après, M. Nyel ouvrait son école sous la responsabilité du curé de Saint-Maurice ; et la sagesse avec laquelle l'affaire avait été conduite fit que personne à Reims n'osa réclamer. Ceci se passait au mois de juin 1679. L'abbé de la Salle, voyant l'œuvre heureusement terminée, après avoir fidèlement remercié Dieu, qui l'avait fait réussir, crut ne pas devoir s'en occuper davantage.

Cependant M. Nyel pensait avec raison qu'une seule école dans le genre de celle qu'il venait d'établir n'était pas suffisante à Reims. Son zèle s'ingénia aussitôt à en créer d'autres. Remuant de sa nature, il aimait d'ailleurs à susciter des fondations. On le vit donc s'agiter dans la ville, afin de s'insinuer auprès des personnes influentes ou riches qui pourraient l'aider. Il passait à cela beaucoup de temps, au détriment peut-être, sinon des enfants, au moins du jeune maître, qu'il laissait par ses fréquentes absences un peu trop dans l'isolement.

Un jour enfin il apprit que Mme de Croizières, une veuve riche et sans enfants, informée du bien qui se faisait à l'école de Saint-Maurice, avait l'intention de laisser quelque argent pour la fondation d'une maison semblable sur la paroisse Saint-Jacques, où elle habitait. Cet homme actif n'épargna aucune démarche pour être introduit auprès de la dame charitable, à laquelle il s'empressa de raconter comment il avait établi à Rouen les petites écoles. « Je les ai laissées, dit-il, dans un état florissant, et le succès que j'ai eu dans cette ville m'a suivi jusqu'à Reims. » Pour disposer Mme de Croizières en sa faveur, il lui parla de M. de la Salle, et s'efforça d'inspirer à la pieuse dame le désir de le voir. « Ce prêtre si distingué, lui dit-il, est un de mes amis, et il prend le plus vif intérêt à ce que je fais ». M. Nyel fit plus d'une visite à Mme de Croizières, l'engagea à effectuer au plus tôt cette fondation, et se proposa pour conduire l'école.

Comptant sur la vive recommandation de l'abbé de la Salle auprès de Mme de Croizières, il eut soin d'avertir le chanoine que cette dame, étant malade, pourrait un jour ou l'autre l'inviter à venir la voir; et il le pria, dans ce cas, de ne pas manquer de parler chaleureusement en sa faveur. M. de la Salle, ne voulant jamais s'avancer que dans la mesure où il sentait que les intérêts de Dieu le réclamaient, ne mit pas d'empressement à promettre à M. Nyel ce qu'il désirait; mais ayant été mandé par la pieuse malade, il apprit d'elle ses intentions. Mme de Croizières offrait une somme annuelle de cinq cents livres pour l'entretien de deux maîtres qui feraient l'école de Saint-Jacques. « La direction de l'école, dit-elle, ne pourrait-elle pas être confiée à M. Nyel, cet homme de

bien que vous connaissez intimement, je le sais ? »
M. de la Salle approuva entièrement l'idée de Mme de
Croizières, et lui donna le conseil de faire cet arran-
gement sans retard. La malade prit sur-le-champ les
dispositions nécessaires, et, six semaines après, elle
allait recevoir de Dieu la récompense de sa générosité
en faveur de l'éducation des pauvres.

M. Nyel, chargé de cette fondation, s'occupa de
trouver deux maîtres, pria M. Dorigny de les loger et
de les nourrir chez lui moyennant les cinq cents livres
de Mme de Croizières, et ouvrit l'école au mois de
septembre. Les élèves affluèrent ; il fallut d'autres
maîtres, et bientôt on en compta cinq pour les deux
écoles. Huit cents francs étaient une bien petite
somme pour la nourriture et l'entretien. M. Dorigny,
qui devait couvrir le reste des frais, finit par trouver
trop lourd le fardeau, et l'abbé de la Salle consentit
généreusement à le porter à sa place.

Il dut bientôt faire plus encore. Les cinq maîtres
qui donnaient l'instruction dans les deux écoles avaient
besoin de direction. C'est naturellement auprès de
M. Nyel qu'ils eussent dû trouver les conseils et les
encouragements. Mais cet homme, plein de piété et
de zèle, semblait ne pas comprendre assez que les
jeunes gens, pour devenir de bons instituteurs, ont
besoin de soins sérieux. Il ne connaissait bien qu'une
seule chose : fonder des écoles, faire activement et
souvent avec habileté les démarches nécessaires dans
ce but. Par une lacune inexplicable dans son esprit,
il semblait ne pas se douter que les écoles ne peuvent
subsister sans maîtres bien dirigés.

M. de la Salle, avec sa profonde sagacité, vit aussitôt le danger que courait la bonne œuvre, et en
éprouva une inexprimable inquiétude. Mais que faire ?

Sa charité le porta à voir de temps en temps les maîtres, à leur témoigner sa sympathie, à relever leur courage. M. Nyel en fut profondément touché, et fit tout ce qui dépendait de lui pour attirer le saint prêtre au milieu de son petit troupeau. Toutefois M. de la Salle ne pouvait multiplier ses visites autant que cela eût été nécessaire, ni autant que tout le monde le désirait; car ses occupations étaient nombreuses, et le chemin qu'il fallait faire lui prenait des instants précieux. La pensée lui vint de louer pour les instituteurs une maison voisine de la sienne. Comme le charitable chanoine se proposait, d'un autre côté, de pourvoir à leur entretien et de leur envoyer les repas de chaque jour, le curé de Saint-Maurice applaudit à cette combinaison qui, en le déchargeant de toute sollicitude, ne pouvait qu'être avantageuse à son école. Ayant pris congé du vénérable pasteur, après l'avoir remercié de tout le bien qu'il avait fait à l'œuvre, M. Nyel et les siens entrèrent en possession de leur nouvelle habitation aux fêtes de Noël.

CHAPITRE IX

Les maîtres, grâce aux attentions de M. de la Salle,
qui veillait à ce que rien ne leur manquât, se trouvèrent heureux dans leur nouvelle maison. Le matin,
ils se rendaient à leurs classes, puis revenaient au
milieu du jour pour le repas, et le soir, leur tâche
pénible terminée, ils rentraient avec plaisir. A un
moment ou à l'autre ils trouvaient M. de la Salle, qui,
se dérobant à ses occupations, venait leur parler
amicalement et les encourager. Le chanoine eut bientôt gagné leur confiance; et il s'attacha avant tout à
leur faire comprendre que les devoirs si fatigants de
leur profession leur deviendraient très doux, s'ils se
soumettaient à une règle. Tous le prièrent de leur en
tracer une. Le prudent chanoine se contenta d'indi-

quer l'heure du lever et du coucher, de prescrire l'o-
raison, l'assistance au saint sacrifice de la messe et
quelques simples exercices de piété; il n'alla pas plus
loin. M. Nyel n'était-il pas là pour régler les détails,
distribuer les tâches, faire régner le recueillement
et le bon ordre, et former de tout son monde un seul
cœur et une seule âme? Ceci le regardait. Les maîtres
se soumirent d'ailleurs avec bonheur au joug béni et
facile que leur imposa M. de la Salle. Aussitôt les
écoles s'en ressentirent, et les enfants, mieux suivis, firent des progrès consolants.

M. Nyel ne dissimula pas la joie qu'il éprouvait de
voir M. de la Salle, par sa douce influence, rendre ses
maîtres d'école plus aptes à bien remplir leurs fonctions. Sa reconnaissance et son estime pour le saint
prêtre s'accrurent de jour en jour.

La petite société, ainsi placée sous l'autorité de
M. Nyel et sous la haute direction de M. de la Salle,
dut commencer à fonctionner sous la forme véritable
d'une communauté religieuse vers le 24 juin 1680,
et c'est ce qui a fait de tout temps considérer cette
date comme celle de la fondation des Écoles chrétiennes [1].

Quelques mois après l'installation de son personnel
auprès de l'hôtel de l'abbé de la Salle, M. Nyel ouvrit
une troisième école dans la maison même où il habitait avec les jeunes maîtres. On voit qu'il se donnait
de la peine; mais les instituteurs, qu'il ne pouvait
surveiller à cause de sa vie trop répandue à l'extérieur, ne faisaient face aux exigences de l'éducation

---

[1] En 1880, le deuxième centenaire de la fondation de l'Institut
des Frères des Écoles chrétiennes était célébré avec un éclat
extraordinaire en France, en Italie, en Espagne, en Belgique,
en Allemagne et en Amérique.

5

que d'une manière imparfaite, faute d'ordre, de méthode, de subordination. Sauf les points réglés par M. de la Salle, chacun était maître d'agir comme il l'entendait. Qui ne sait combien, dans ces conditions, il est facile d'aller à la dérive? La discrétion empêchait le chanoine de rechercher les abus, et d'ailleurs le temps lui manquait pour les suivre dans le détail et les corriger efficacement. Persuadé de plus en plus que les écoles périraient par le défaut d'unité entre les maîtres, il s'efforçait, autant qu'il était en lui, d'atténuer du moins les inconvénients occasionnés par les absences de M. Nyel.

Ici les historiens font ressortir un point qui met en relief la haute vertu de M. de la Salle. Ils nous disent que, en embrassant cette tâche, le chanoine se faisait à lui-même une grande violence. Les hommes qu'il avait autour de lui appartenaient à une condition inférieure. Ce n'était plus cette société élégante, instruite, au milieu de laquelle il avait vécu. Pour l'élévation des pensées, pour l'intelligence, ces bons instituteurs étaient bien au-dessous de lui. Le cœur chez eux était parfait; mais l'extérieur, les manières, manquaient souvent de distinction. C'est qu'alors il n'y avait pas dans l'éducation populaire cette dignité, ce bon ton que M. de la Salle lui a donné depuis; on ne trouvait pas, comme aujourd'hui, pour instruire les pauvres, des hommes tels que le demande cette profession, qui, sous des dehors humbles, a tant de grandeur, et est destinée à exercer une si considérable influence. Bref, M. de la Salle, dans un autre milieu que celui où il était né, souffrait beaucoup. Ce n'était pas orgueil, mais on ne se dépouille pas des habitudes de toute une vie; et l'humble prêtre, qui se plaignait si rarement, raconta plus d'une

fois qu'il eut beaucoup à souffrir pour se faire aux
manières de ces bons instituteurs, dont l'éducation
était encore imparfaite, et qu'il éprouva pendant
presque deux années des répugnances dont il est difficile de donner une idée. Mais s'il eût abandonné les
maîtres, les écoles eussent péri, et il sut généreusement se vaincre.

Cependant, tout en visitant les maîtres, en les consolant, en écoutant leurs plaintes, et en remplissant
à leur égard les fonctions d'un père, M. de la Salle ne
négligea pas ses autres devoirs. Nous le trouvons
fort assidu auprès de ses frères, qui poursuivent leurs
études, et auxquels il prodigue une tendresse et une
vigilance de tous les instants. Autour de lui, comme
par le passé, il sait répandre le bonheur. Tout dans
sa maison continue à se faire avec le plus grand ordre.
Enfin il assiste avec édification aux offices du chœur;
et quand il monte à l'autel pour l'adorable sacrifice,
c'est toujours avec la majesté et le rayonnement qu'on
lui a vus les premiers jours où il célébra.

Pensant que le sacerdoce lui impose d'une manière
plus étroite la douce obligation de la charité envers
les âmes, M. de la Salle dérobait souvent quelques
heures à ses écrasantes occupations pour s'acquitter
de ce devoir, et il donnait plus spécialement ses soins
aux pauvres. Le pieux Blain nous le montre « se fa-
miliarisant et contractant alliance avec eux..., leur
rendant de fréquentes visites et leur portant d'abon-
dantes aumônes ». — « Il leur parle de Dieu, dit encore son historien, il les instruit, il les prépare aux
sacrements, il leur inspire la patience; et, en soulageant leurs besoins, il prépare leur âme à la grâce et
y laisse l'onction, la joie et des sentiments de piété. »

On raconte à ce propos que, sa charité l'ayant un

jour porté à visiter une pauvre malade, cette femme, sujette à de fréquents vomissements, ne put se retenir tandis qu'il lui parlait, et le surplis du digne prêtre fut tout maculé. « Mais, dit ici naïvement son biographe, cela ne le fit pas fuir; » il prit, au contraire, « un air plus gai et plus gracieux qui consola la malade, toute honteuse de cet accident, puis il se remit à l'écouter de nouveau [1]. » Les saints ont de ces délicatesses, et il en est peu dont on ne cite des traits de ce genre.

Pour porter les secours de son divin ministère et de ses aumônes, M. de la Salle ne choisissait pas toujours le beau temps. Revenant un soir d'hiver d'une de ces courses charitables, il s'égara. La neige était tombée en abondance, et toute trace de chemin avait disparu. Tandis que le vent soufflait avec violence, le pieux chanoine marchait péniblement, trébuchant dans les ornières. Tout à coup il sent le sol se dérober sous ses pas, et un instant après il est au fond d'une sorte de précipice. « Mon Dieu! je me recommande à vous, » s'écrie-t-il avec confiance. Il ne tarde pas à s'apercevoir que Dieu seul pouvait l'entendre. Il appelle cependant, mais les rafales du vent seules lui répondent.

Cependant M. de la Salle faisait des efforts inouïs pour sortir de la fondrière; ses mains et ses pieds, ne pouvant s'accrocher qu'à la neige mobile, n'avaient aucune prise, et c'était toujours en vain qu'il s'élançait pour atteindre les bords de l'abîme. A la fin, il tomba épuisé de force. C'en était fait; encore quelques instants, et, le froid le saisissant, il allait mourir gelé. On a tout lieu de croire que Dieu daigna intervenir d'une manière extraordinaire; car le saint

[1] Blain.

prêtre se vit bientôt hors de danger, et, à genoux sur la neige, il remercia le ciel avec ferveur. La question fut souvent posée à M. de la Salle pour savoir comment il était sorti de là; mais les historiens disent que son humilité ne lui permit pas de raconter ce qui

s'était passé. Il est certain qu'on ne l'entendit jamais parler de cet accident qu'avec une profonde émotion et un sentiment saisissant de reconnaissance envers Dieu. Les efforts qu'il avait faits pour gravir les parois de cette fosse lui occasionnèrent une rupture qui lui resta toute sa vie.

C'est ainsi que se passa pour M. de la Salle l'année 1680.

CHAPITRE X

Depuis que les trois écoles étaient établies à Reims,
on voyait un changement sensible s'opérer parmi les
jeunes garçons de la classe pauvre. Ce petit monde
était occupé et n'errait plus tout le jour dans les rues.
Enfin l'éducation portait doucement ses fruits, et
pourvu que les maîtres fussent guidés avec un peu
de soin, on pouvait attendre les plus beaux résultats
dans un avenir prochain.

Mais la formation des instituteurs était toujours le
côté défectueux de l'œuvre ; il ne fallait pas l'attendre
de M. Nyel. Par conséquent, une chose était inévitable : ces instituteurs recrutés de partout, ainsi abandonnés à eux-mêmes, exposés par l'absence de l'autorité à mille froissements entre eux, fatigués de leur
tâche ingrate, et leur bonne volonté étant à bout, devaient, l'un aujourd'hui, l'autre demain, quitter les

écoles, et l'institution serait renversée par le défaut de maîtres.

M. de la Salle ne pouvait se résigner à cette pensée. Il se dit à lui-même : « Un seul moyen reste, c'est de faire moi-même ce que M. Nyel ne peut faire. » Seulement les occupations du chanoine étaient-elles compatibles avec ce soin? Pour exercer sur les maîtres l'influence nécessaire, il fallait être à chaque instant auprès d'eux et vivre dans leur compagnie; or ce n'est qu'en les faisant venir dans son hôtel qu'il pourrait atteindre ce but. Il savait au reste à l'avance que rien ne charmerait davantage M. Nyel, qui se verrait ainsi avec un grand plaisir plus libre de se livrer au dehors à des œuvres de zèle.

Mais la réalisation de ce projet offrait les plus grandes difficultés. Depuis quelque temps déjà, M. de la Salle voyait sa famille peu satisfaite des relations multipliées qu'il avait avec les instituteurs. Son oncle, M. Frémyn, lui en fit plus d'une fois des reproches. Dans la ville de Reims, les gens bien élevés avaient peine à comprendre qu'il s'occupât à ce point « de personnes de rien », comme l'étaient les maîtres des petits pauvres. On lui en disait de temps en temps un mot. M. de la Salle, toujours plein de douceur, répondait avec ces bonnes paroles dont on ne peut s'empêcher d'être touché, et on le laissait tranquille pour quelque temps, sauf à revenir à la charge lorsqu'il se présentait une nouvelle occasion. Jusqu'ici on lui avait à peu près fait grâce; mais la même indulgence n'était pas à espérer pour le cas où, s'avançant davantage, il se résoudrait à vivre avec les instituteurs. S'il appelait ces hommes auprès de lui, ses frères se verraient-ils sans répugnance mêlés à eux? A chaque instant du jour on était exposé à se rencontrer et à se trouver, pour ainsi dire, en tête à tête. Tout le monde comprendra que ce point était grave, et qu'introduire ainsi dans son hôtel les maîtres d'école, c'était un acte hardi qui prêterait aux plus pénibles contradictions.

M. de la Salle, avec son jugement si sûr, le comprenait mieux que personne; et pour que ce projet entrât dans son esprit, il fallait qu'il mît bien haut le succès de ces écoles populaires, puisqu'il voulait l'assurer à un tel prix.

Les yeux toujours élevés vers le ciel quand il avait à entreprendre quelque chose, et ne voulant rien pour lui-même, il dit à Dieu qu'il était prêt à renoncer à une mesure, qui lui répugnait plus qu'à qui que ce fût, si elle n'était pas nécessaire pour le bien des âmes. Dieu maintint le projet dans son esprit. Alors il consulta des hommes recommandables par leur sagesse.

Parmi eux il y en avait un dont l'avis lui était fort précieux. Son nom a déjà été prononcé ici: c'était le P. Barré. Tout le monde considérait ce religieux comme un saint. On savait qu'il était d'une austérité extraordinaire, ne couchant jamais sur un lit, mais dormant sur une simple chaise, et mêlant de la poussière et de la cendre aux pauvres aliments dont il se nourrissait. Il avait une profonde connaissance du travail de la grâce dans les âmes, et on ne le consultait jamais sans éprouver de la consolation, ni sans recevoir de vives lumières pour reconnaître la divine volonté. Ce fut lui qui le premier mit la main à l'œuvre des écoles pauvres. Constamment assiégé par la pensée de donner des maîtres et des maîtresses aux petits enfants pour les instruire, il ébaucha à

Rouen ce grand dessein, mais ne réussit que pour les institutrices, dont il forma une congrégation connue, on l'a déjà dit, sous le nom de Sœurs de la Providence. Malgré de sérieuses tentatives, le saint religieux ne put fonder la même œuvre en faveur des garçons. Depuis que, par ses conseils, Mme de Maillefer avait envoyé à Reims M. Nyel, le P. Barré avait quitté Rouen et demeurait à Paris au couvent de la place Royale.

C'est là que M. de la Salle se rendit pour prendre son avis. « La direction manque absolument à nos instituteurs, » lui dit-il. Le P. Barré sourit et répondit qu'il n'était nullement étonné, connaissant M. Nyel. L'abbé de la Salle lui dit alors: « Peut-on attendre de longs et de sérieux services de ces hommes ainsi abandonnés à eux-mêmes? » Le P. Barré répondit : « Évidemment non. » Et il ajouta : « Mais ce soin de conduire les maîtres de vos écoles, ne le pouvez-vous pas prendre vous-même? » M. de la Salle lui dit qu'il avait bien fait déjà quelque chose, mais qu'il n'exercerait sur ces hommes une influence efficace qu'en les prenant avec lui dans son hôtel. Et il exposa au saint religieux les graves inconvénients qu'il rencontrerait en s'arrêtant à ce parti. Alors le P. Barré lui répondit sans hésiter : « Il n'y a pas d'inconvénients susceptibles d'entrer en comparaison avec le bien qui en résultera. Oui, oui, Dieu vous demande de prendre avec vous les instituteurs. Ce n'est pas un autre que lui qui a mis dans votre cœur cette pensée. »

M. de la Salle revint à Reims sachant d'une manière claire ce qu'il avait à faire; mais il dut se livrer à lui-même un rude combat avant d'arriver à l'exécution de ce dessein. « La nature alarmée, nous dit

5*

M. Blain, sentait en lui de graves répugnances; sa raison humaine et son esprit naturel se révoltaient, et il ne doutait pas de voir le chapitre, ses parents et ses amis se soulever. » Mais le Seigneur le voulait, il fallait obéir à tout prix.

Cet homme, constamment à la disposition de Dieu, n'était pas dans l'habitude de se précipiter. Personne mieux que lui ne sut attendre le moment propice et le saisir; il reprit donc avec calme sa vie ordinaire, attentif à la moindre ouverture qui pourrait lui être faite par la Providence.

On touchait à Pâques de l'année 1681. La renommée des écoles de Reims commençait à se répandre; on désirait dans plusieurs endroits en fonder de semblables. La ville de Guise fut la première qui fit des démarches à cet effet. Ses échevins ayant écrit à M. Nyel, l'excellent homme, transporté de joie, voulut aussitôt partir. Cependant la proposition qui lui était faite n'offrait pas pour le moment de solides garanties; c'est ce que M. de la Salle s'efforça de lui représenter. M. Nyel n'entendit rien, et, sans se demander ce que deviendraient les maîtres en son absence, il partit au commencement de la semaine sainte.

M. de la Salle, voyant les instituteurs encore une fois abandonnés à eux-mêmes, au lieu de leur envoyer les repas comme à l'ordinaire, les fit manger à sa table. Il les garda avec lui tout le temps qu'ils avaient de libre, et ceux-ci ne retournaient à leur maison que le soir pour se coucher. Dans cette intimité il put les connaître plus à fond, et remarqua en eux une foule de petits défauts qu'un directeur appliqué et vigilant fût parvenu à corriger.

M. de la Salle avait à un degré supérieur le don de se faire aimer; on verra dans la suite quel attachement profond ceux qui l'entouraient eurent pour sa personne. Jamais homme ne prêta moins que lui à la contradiction. Il fut constamment la douceur, la suavité même; et nul ne le vit un instant sortir de cette humble et calme aménité qui, toute détrempée dans l'amour de Dieu, exerça constamment sur les bons un irrésistible ascendant. Ce don singulier fit que les maîtres se soumirent volontiers à tout ce qu'il leur demanda, quoiqu'ils fussent habitués à une grande liberté. « Ils s'y portèrent de cœur, » nous dit le pieux Blain.

Cependant M. Nyel revint de Guise au bout de quinze jours sans avoir pu ouvrir son école. Il fut vite consolé de cet échec, qui lui avait été prédit, à la vue du changement opéré dans ses instituteurs. Leur air sérieux, leur tenue digne, leur conversation convenable les frappa; il s'aperçut qu'ils étaient plus réguliers, et qu'ils avaient appris auprès de M. de la Salle à se corriger de ce que leurs manières pouvaient avoir de défectueux. Étonné de cette amélioration notable, il ne pouvait s'en taire. « Que je suis heureux, » disait-il à M. de la Salle; et il insinua au bon chanoine que, s'il leur continuait les mêmes soins, le bien commencé s'affermirait, et ainsi on pourrait fonder des écoles nouvelles avec les plus grandes espérances de succès.

C'est alors que le saint prêtre résolut de continuer à faire manger les maîtres à sa table et à les garder chez lui comme il venait de le faire pendant quinze jours, excepté la nuit, qu'ils passèrent comme auparavant dans leur maison.

Cependant le moment où M. de la Salle devait subir ses examens pour le doctorat approchait. Il lui avait fallu, pour acquérir les connaissances nécessaires, un travail opiniâtre que ses autres occupations si nombreuses avaient aggravé. Il dut prolonger ses veilles fort avant dans la nuit. Aussi le vit-on soutenir sa thèse du doctorat d'une manière brillante qui attira vivement l'attention. Avec modestie, mais avec une fermeté qu'on sentait devoir être inébranlable, il accentua la répulsion qu'il éprouvait pour les doctrines du jansénisme, et, jaloux de la pureté de la foi, il fit profession d'un attachement inaltérable pour le Pontife suprême qui, à Rome, en est l'indéfectible gardien. Il eut la douce gloire de devoir une partie des orages dont sa vie fut tourmentée à cet amour pour la saine doctrine.

CHAPITRE XI

La maison où habitaient les maîtres n'avait été louée que pour dix-huit mois, et on approchait de ce terme. M. de la Salle, jugeant le moment arrivé de prendre définitivement les maîtres chez lui, fit exécuter dans son hôtel les dispositions nécessaires pour les recevoir. M. Nyel les y installa avec joie le 24 juin 1681.

C'est alors que les parents de M. de la Salle éprouvèrent un inexprimable mécontentement. M. Coquebert, M. Lespaignol, M. Frémyn lui firent de vifs reproches. Ils lui disaient : « En vous associant à ces hommes de rien, vous imprimez une tache à votre famille. » Et ils ajoutaient : « Vous ne savez pas que vous vous rendez ridicule. Dans toute la ville, on vous raille. En vérité, quel emploi vous allez vous donner! » Pour lui faire de la peine, ils n'épargnèrent rien. M. de la Salle aimait ses frères; on fit tout pour les éloigner de lui. Louis, l'aîné des trois, qui le chérissait tendrement, ne voulut pas s'en séparer, malgré les excitations de sa famille; l'un des deux autres donna accès dans son âme aux suggestions de M. Frémyn, son beau-frère, et, éprouvant peu à peu de l'aversion pour M. de la Salle, il le quitta. Restait le dernier : il fallut lui arracher celui-là; car, ses parents venant le réclamer, le saint prêtre désolé opposa un refus; mais il dut céder à la force, et l'enfant fut placé à Senlis chez les chanoines réguliers. Le courageux serviteur de Dieu sentit son cœur saigner; mais il supporta avec résignation ce coup porté à sa tendresse. Les reproches de sa famille, le silence de ses amis, qui dans cette circonstance auraient dû le défendre et le consoler, les murmures de toute la ville, l'affligèrent profondément sans l'ébranler : Dieu lui demandait ce sacrifice, et il le faisait avec générosité. M. de la Salle comprenait que pour Dieu et pour ses pauvres il était beau de briser son âme.

Le pieux chanoine, ayant les maîtres d'école réunis auprès de lui, se consacra à leur sanctification; et il y mit toute la douceur et la prudence qui faisaient le fond de son caractère. Ces hommes lui témoignèrent la plus grande confiance et s'efforcèrent de se plier docilement à la discipline. Toutefois parmi eux quelques-uns, n'étant pas suffisamment capables, durent se retirer; d'autres, que la beauté de la vertu avait attirés, ne se sentirent pas le courage de pratiquer une vie d'abnégation si parfaite, et au bout de six mois M. de la Salle n'eut plus que deux ou trois disciples. Il n'en fut pas découragé, pria Dieu de lui en envoyer d'autres, et fut exaucé. C'est alors que sa direction porta les plus grands fruits. « Ce fut merveille, nous dit M. Blain, comme il gagna leur cœur et s'en fit donner la clef pour en ouvrir la porte à Jésus-Christ. » Sa parole les charmait, et ils écoutaient avec avidité ses leçons et ses exhortations à la vertu. Mais, au dire des biographes, sa vue faisait encore plus d'impression sur eux que ses discours. La modestie, la charité, la mortification, la patience, parlaient en quelque sorte dans sa personne.

M. de la Salle s'efforça d'inculquer à ses disciples que pour réussir dans leur œuvre ils devaient avoir tous les mêmes vues, les mêmes sentiments, le même esprit. Avec une insistance suave et pressante à la fois, il appuya sur la nécessité pour eux de n'avoir jamais peur de la peine, du travail, et il les engagea à cultiver soigneusement dans leur âme l'amour de la docilité, de l'humilité et de la sainte abjection.

Quand il fut question des différents règlements à adopter, M. de la Salle donna à ses disciples la consolation de les choisir eux-mêmes; et ainsi les instituteurs sous sa direction pesèrent les obligations qu'ils devaient s'imposer et « devinrent, comme nous dit un biographe, leurs propres législateurs ». Il importe de remarquer que le saint prêtre usera tout le temps de sa vie de ce même procédé. Jamais on ne le verra rien demander à l'autorité de sa charge, merveilleusement rehaussée par sa sainteté, pour agir sur ceux qui l'entourent. Il proposera humblement ce qu'il y a à faire, et y conduira avec un irrésistible élan par la seule voie de ses exhortations et de ses exemples.

Le choix d'un confesseur était d'une importance extrême. Tous les maîtres se tournèrent avec confiance vers lui; mais M. de la Salle préféra les voir s'adresser à un autre prêtre. Après différents essais la petite communauté, qui se sentait de plus en plus attirée vers ce père bien-aimé, lui fit les prières les plus touchantes pour qu'il leur donnât enfin cette nouvelle marque de bonté, et il fut obligé d'y consentir.

En peu de temps, grâce aux soins de M. de la Salle, la maison prit l'aspect le plus édifiant. La régularité y régnait, et les maîtres se portaient gaiement à la pratique de leurs devoirs. Le souvenir de la défection des premiers compagnons de M. Nyel fut effacé, et, comme le dit gracieusement M. Blain, « la vigne si bien renouvelée ne tarda pas à produire ses fleurs et à répandre au dehors sa bonne odeur. » Aussi un autre historien nous raconte que, à la fin de 1681, au retour d'un voyage, M. Nyel « fut attendri jusqu'aux larmes par la piété de tout ce monde, et que, s'adressant à M. de la Salle, il lui dit : « Vous avez transformé nos instituteurs; ils sont devenus doux et fervents comme des anges. »

C'est dans les derniers mois de cette même année que la ville de Rethel, appuyée par le duc de Mazarin, écrivit à M. de la Salle pour lui demander quelques instituteurs. M. Nyel, après avoir célébré la fête de Noël avec la communauté, s'empressa d'aller traiter cette affaire, et les petits enfants pauvres eurent bientôt là aussi leur école. Mme Anne Paton, veuve de M. Bourvalet, seigneur des Orgies, conseiller du roi et prévôt des maréchaux de France, le curé Vincent Cervelet, M. Barbaise, intendant de la Champagne, et le chanoine Favart pourvurent aux frais de la fondation.

Vers la même époque le projet de l'école de la ville de Guise, qui avait échoué, fut repris. Comme M. de la Salle voyait la subsistance des maîtres assurée par la duchesse de Lorraine, Mlle de Guise, il donna deux instituteurs, et l'école fut ouverte dans une maison que fournit et meubla le duc de Guise. Diverses autres localités prièrent le chanoine de leur procurer le même avantage; et c'est ainsi que des écoles s'établirent également à la fin de 1681 ou au commencement de l'année suivante à Château-Porcien et à Laon. M. Nyel, comme à l'ordinaire, alla faire les installations.

La petite communauté de M. de la Salle se dispersait par suite de ces fondations; mais il se présentait de nouveaux sujets, et M. Nyel, de son côté, ne négligeait pas l'occasion d'en recruter.

Cependant, au milieu de tout cela, le chanoine s'apercevait qu'il s'engageait chaque jour davantage dans la conduite des écoles. A la fin, il se prit à penser : Ne viendra-t-il pas un moment où M. Nyel, âgé bientôt de soixante ans, fatigué et aspirant au repos, voudra retourner à Rouen? C'est alors que tout le poids de l'œuvre retomberait sur moi. Cette réflexion amena M. de la Salle à se demander s'il n'était pas arrivé à un de ces moments graves qui décident de toute la vie. Dès lors il crut qu'un double devoir s'imposait à lui : examiner s'il était dans les desseins de Dieu qu'il se chargeât de l'éducation des pauvres, et prendre un parti à ce sujet quand il aurait consulté le Ciel.

Le prudent chanoine avait remarqué non loin des remparts de la ville, tout près des Augustins, un endroit fort solitaire. Il se trouvait là un jardin et une modeste maison; ce petit coin de terre lui paraissant propre au recueillement, il le loua, et chaque jour, après avoir donné ses soins à sa petite communauté, il y vint s'entretenir avec Dieu. Sa retraite dura quelques semaines. Les premiers jours il écrivit ces lignes : « Dans le choix que je vais faire, qu'est-ce qui doit me déterminer? La plus grande gloire de Dieu, le plus grand service de l'Église, ma perfection et le salut des âmes[1]. »

Dans les lignes suivantes, nous découvrons le chemin que fait sa pensée sous l'action de la **grâce** : « Lorsque trois fois successivement Simon Pierre eut répété à Jésus : « Seigneur, je vous aime, » quelle est la vraie marque d'amour que le Sauveur lui demande? Ce ne sont point les souffrances, les sacrifices, les grandes humiliations, ni la mort; non, mais le zèle pour le salut des âmes : « Paissez mes agneaux, pais-« sez mes brebis. » Toute la loi et les prophètes sont dans la charité; mais le plus grand acte de charité n'est-il pas le travail entrepris pour le salut des âmes? Et quel moyen plus efficace de contribuer à leur salut que de travailler à l'éducation chrétienne des enfants[2]? »

M. de la Salle, durant cette retraite, se livra à d'admirables pénitences : « Ah! disent les mémoires, si les murailles du petit cabinet qui lui servait de cellule pouvaient parler, que ne diraient-elles pas de ses sanglantes disciplines et des autres pieux exercices dans lesquels le jetait sa ferveur! » Le fait est que le sang avait en plus d'un endroit rougi les murs de la chambre. Dieu, témoin de tant de générosité, daigna s'incliner vers son serviteur et lui faire connaître ses

---

[1] Fr. Lucard.
[2] *Ibid.*

volontés. M. de la Salle écrivit ces lignes décisives : « Dieu, qui conduit toutes choses sagement et suavement, et qui n'a point coutume de forcer les inclinations des hommes, veut m'engager à prendre tout à fait le soin des écoles ; il me dirige vers ce but d'une manière imperceptible, quoique rapide, de telle sorte qu'un engagement m'a conduit vers un autre que je n'aurais point prévu d'abord. » Dans cette solitude, nous dit Blain, « il forma le premier plan de la plus sublime perfection. » M. de la Salle sortit de retraite éclairé d'en haut et prêt à exécuter ce que Dieu demandait de lui. De cette époque date pour le saint prêtre une vie nouvelle.

Cependant les jeunes maîtres n'avaient jusqu'ici cessé de se porter joyeusement à la vertu et aux sacrifices, sous la conduite de leur père bien-aimé. La paix et la joie rayonnaient sur leur visage, et l'œuvre à laquelle ils se dévouaient se trouvait bien faite, parce qu'ils l'accomplissaient avec bonheur. Or il arriva qu'un jour M. de la Salle s'aperçut que l'épanouissement des cœurs était moins vif. On ne manquait à aucun devoir, tout se faisait avec exactitude, et les maîtres continuaient de soigner leurs enfants avec ces vues surnaturelles que Jésus-Christ nous a données de leur grandeur et de la douce gloire qu'il y a d'être à leur service ; mais je ne sais quel nuage avait passé sur les fronts de ces hommes ; l'allégresse ne s'y peignait plus.

M. de la Salle, inquiet, chercha la cause de ce changement. Chose incompréhensible ! il voyait dans ces cœurs ordinairement comme dans le sien propre ; mais si la tristesse qui s'y était abattue avait aussitôt frappé ses yeux, il ne pouvait en découvrir le motif. Suppliant avec larmes ses disciples de lui dire ce qui pouvait les contrister, il finit par connaître ce qui les agitait : c'étaient des craintes sur leur avenir. « Les fatigues et les privations que nous impose notre profession nous les aimons, lui dirent-ils; le présent ne nous préoccupe pas; mais, quand nous ne pourrons plus nous sacrifier pour les enfants et travailler à leur bonheur, que deviendrons-nous? Qui nous recueillera? Le sort le plus triste nous attend dans notre vieillesse. »

M. de la Salle fut très ému quand il apprit que là était la cause de leur tristesse, et il les exhorta avec tendresse à se reposer sur leur Père du ciel; mais la sérénité ne revint pas dans leur âme, et, au bout de quelques jours, M. de la Salle retrouva ses enfants en proie à la même désolation. Ils se disaient : « Si notre père allait mourir, qui prendrait soin de nous? Que devenir? Faisant gratuitement l'école, nous ne pouvons rien réserver pour le moment où le travail nous sera devenu impossible. » A cela le saint prêtre répondait de la manière la plus encourageante; mais c'était en vain. D'où pouvait venir que leur âme, ordinairement toujours ouverte à toutes ses autres exhortations, se fermait quand il leur disait de se confier dans la divine Providence? Est-ce que lui-même ne vivait pas en pauvre? Est-ce qu'il ne se reposait pas aveuglément sur Dieu? Est-ce qu'il ne donnait pas tout? Les maîtres reconnaissaient cela et s'abandonnaient à l'inquiétude.

Le mal augmenta chaque jour davantage, et la tentation de se retirer leur vint. C'est alors que M. de la Salle pria avec plus d'ardeur; il emprunta à son cœur d'ineffables accents, et leur dit en jour : « Vous cherchez de l'assurance, ne l'avez-vous pas dans l'Évangile? La parole de Jésus-Christ est votre contrat d'assurance; il n'y en a pas de plus solide, car il l'a signé de son sang, il l'a muni du sceau de la vérité infaillible. Pourquoi entrez-vous donc en défiance? Si les promesses positives d'un Dieu ne peuvent pas calmer vos inquiétudes et vos alarmes sur l'avenir, cherchez des fonds de rente qui les équivalent [1]. » Ces paroles étaient éloquentes; mais malgré tout, nous dit un biographe, « ces pauvres âmes penchaient toujours vers la porte. »

Prenant un jour à part quelques-uns d'entre eux, M. de la Salle leur demanda comment les raisons si solides qu'il leur donnait de se reposer sur Dieu ne faisaient pas disparaître leurs craintes. Dans un mouvement d'abandon naïf, ils lui répondirent : « C'est que vous êtes riche et honoré; l'avenir ne peut vous effrayer, vous. Si, étant dans notre position, vous nous disiez ces choses, nous vous croirions. » M. de la Salle était loin de s'attendre à cette saillie. La simplicité de ces hommes, à qui manquaient les délicatesses de l'éducation première, était leur excuse. Le saint prêtre accueillit humblement ces paroles; et avec une admirable candeur, au fond de son âme, il se dit : « Ces chers enfants ont raison. »

A partir de ce moment il redoubla de bonté pour eux, fit tout afin de les consoler, et leur laissa comprendre clairement que si, pour faire renaître la confiance dans leurs âmes, il était nécessaire qu'il se dépouillât et se fît pauvre comme eux, il était homme à ne pas reculer devant ce sacrifice.

[1] Blain.

CHAPITRE XII

M. de la Salle pense à se dépouiller de sa fortune en faveur des
écoles. — Il consulte à ce sujet le P. Barré. — Le saint religieux lui conseille de donner ses biens aux pauvres et de
quitter son canonicat. — M. de la Salle se détermine généreusement à ce sacrifice. — Il commence par renoncer au canonicat. — Mécontentement de sa famille. — Agitation intérieure
de M. de la Salle. — Ses démarches auprès de l'archevêque.
— Belles paroles d'un vicaire général chargé d'examiner la
question. — M. de la Salle est remplacé comme chanoine, et
prend rang parmi les simples prêtres.

M. de la Salle demeura frappé de la réponse qui
lui avait été faite par ses disciples. Que de fois il se
dit à lui-même : « Dieu n'exige-t-il pas vraiment que
je me jette dans les bras de la pauvreté volontaire ? »
Il se disait encore : « Je dois prouver à ces pauvres
enfants que j'ai confiance en la Providence, non pas
seulement pour eux, mais pour moi. » Enfin il ne
pouvait s'empêcher de voir dans cet incident un aver-
tissement du ciel. Si Dieu permettait qu'il s'arrêtât
devant les paroles d'hommes si simples et qu'il leur
attribuât tant de portée, c'est que, nous dit le P. Garreau, « sa glorieuse destinée dépendait de la manière
dont il allait les recevoir. »

Il eut tout d'abord l'idée d'employer sa fortune à soutenir ses disciples : c'était répondre directement au sujet de leurs préoccupations. Par là leur avenir se trouvait assuré.

Toutefois, ne voulant pas prendre de lui-même une si grave mesure, il consulta le P. Barré. Le célèbre religieux s'empressa de lui répondre. « Non, ne faites pas cela. La Providence divine se réserve la gloire de servir de fondement à votre œuvre. Donnez votre fortune aux pauvres ; quittez votre canonicat ; n'ayez plus rien, comme le dernier de vos disciples. Alors Dieu se chargera de vous. »

M. de la Salle, à tous les moments de sa vie prêt à faire ce que Dieu voulait, s'inclina devant cet austère conseil. D'ailleurs, écrit le pieux Blain, « le Saint-Esprit disait à son cœur ce que le saint minime disait à ses oreilles, » et l'abbé de la Salle n'eut qu'un mot : « Avec bonheur je ferai ce sacrifice. » Et il alla aux pieds du crucifix dire à Dieu : « Je suis prêt. »

Cependant sa prudence ordinaire lui conseillait de procéder avec une sage lenteur ; il lui fallait au reste l'approbation de son confesseur, et celui-ci demandait du temps pour réfléchir. En attendant, le pieux chanoine se pénétrait de plus en plus des conseils du P. Barré, arrosant de ses larmes, nous disent les historiens, « et nourrissant de ses prières les précieuses semences » qui avaient été jetées dans son cœur. Et à mesure qu'il priait il se sentait plus fortement porté à faire ce que l'homme de Dieu lui avait prescrit.

Nous allons voir les circonstances amener le dénouement tant désiré par lui et lui fournir bientôt le moyen d'accomplir une partie du sacrifice.

M. de la Salle avait beaucoup à faire auprès des jeunes maîtres. Outre la culture des vertus propres à

leur état, il devait perfectionner leurs connaissances,
les former aux meilleures méthodes d'enseignement,
leur inculquer les principes qui aident à réussir auprès
des enfants, et exercer sur eux par sa présence de
tous les instants une influence salutaire. Comment
avec cela concilier ses obligations de chanoine? « Cinq
ou six heures d'office canonial par jour, nous dit
Blain, étaient de nature à faire une grande brèche à
l'assiduité qu'il devait dans une maison dont il avait
la direction. »

M. de la Salle exposa à son confesseur cette sorte
d'incompatibilité; mais celui-ci, ne voyant pas encore
clair dans les desseins de Dieu, était arrêté par la
pensée du bruit qui se ferait, si son pénitent renonçait
à la dignité de chanoine. Il se disait en outre : « Si
son œuvre ne réussit pas, que deviendra-t-il? Quelle
position lui assignera-t-on? » Le pieux confesseur
oubliait que l'humble prêtre avait la générosité
d'épuiser toutes les amertumes, et, comme le dit
naïvement un de ses historiens, le courage « de devenir de chanoine maître d'école, et de maître d'école
rien, s'il le fallait ».

Voyant que le prudent confesseur ne pouvait se
décider, M. de la Salle, avec son agrément, se rendit
à Paris, et consulta des hommes renommés pour leur
sagesse. Il les trouva d'avis différents sur la question,
et ne rapporta à son directeur que des réponses con-
tradictoires. « Ne songez plus à votre démission, » lui
dit le confesseur, appuyant son avis sur cette diver-
gence de vues. M. de la Salle en fut peiné; mais,
pressé intérieurement par la grâce, il continua d'insister avec humilité auprès de celui qui avait la conduite de son âme. Cette affaire demeura en suspens
neuf ou dix mois.

Cependant M. de la Salle, contredit si fortement par les hommes, ne poursuivait pas son dessein sans de vives luttes intérieures. Ses historiens ont fidèlement mis en relief les tentations auxquelles il fut en proie, et dont personne ne se fût douté en voyant avec quelle ardeur il désirait se dépouiller de son canonicat. Voici donc les pensées qui de temps en temps venaient l'agiter jusqu'au fond de l'âme : « Je vais renoncer à mon canonicat. Quel coup pour ma famille ! Déjà je l'ai tant attristée en recevant les instituteurs dans mon hôtel. Elle va se croire déshonorée. Par cet acte, je me sépare d'elle à jamais. Et puis mes collègues qui m'aiment, que diront-ils ? Je n'aurai été appelé à partager leur dignité que pour y imprimer une tache. Comme ils vont être offensés ! Et dans la ville de Reims quelles rumeurs ! J'entends les railleries, les invectives, les blâmes de toute sorte. Hélas ! tout le monde va être contre moi. »

Ces appréhensions montrent que le serviteur de Dieu avait dans son cœur toutes les fibres délicates de la nature humaine, et que, s'il n'a pas tenu compte des affections de la terre, ce n'est point du tout parce qu'il ne les sentait pas : c'est parce qu'il les immolait !

D'autres fois, pensant à son dessein de donner sa fortune aux pauvres, il se disait : « La faim, la soif, les rebuts : voilà donc ce qui fera mon partage. Mais aurai-je le courage de mener cette vie jusqu'à la fin ? Et ces pauvres enfants, eux aussi, seront réduits à la mendicité ! et c'est moi qui les aurai jetés dans l'indigence. » Puis la répugnance de se trouver en compagnie de ces hommes, qui étaient loin d'avoir son éducation, lui revenait bien fort, quoiqu'il eût tout fait pour la vaincre, et il se disait, désespéré : « Comment ferai-je pour passer ma vie avec eux? Leur esprit est fermé aux choses délicates. Tous mes soins pour eux ne seront-ils pas perdus? Quelle difficulté pour leur faire goûter les vérités évangéliques! » Et, jetant de nouveau un regard autour de lui, il disait : « Tous ceux que j'aurais mécontentés se feront une joie de me voir malheureux; je l'aurai voulu ! »

M. de la Salle souffrit cruellement de ces tentations; mais, chaque fois qu'elles lui vinrent, c'est par ce mot héroïque qu'il en triompha: « Eh bien! le pis aller ce sera d'être bafoué de tous ceux qui me connaissent, et de finir ma pauvre vie en manquant de pain ! Mon Dieu, j'y consens; avoir tout perdu pour vous sera mon bonheur. » Si ces peines intérieures du serviteur de Dieu ont étonné le lecteur, elles l'auront du moins éclairé sur la sainteté, qu'on se figure trop souvent comme impassible et participant à la nature du marbre. Oh ! comme ici le sage Blain a raison de s'écrier : « Pour être saint on n'en est pas moins homme ; on peut même dire que les saints sont plus hommes que les autres, en ce sens qu'ayant un meilleur naturel, moins d'amour-propre et plus de charité pour le prochain, ils ont souvent un cœur plus tendre et plus sensible : tendresse et sensibilité qui ne servent souvent qu'à donner un nouveau prix à leur sacrifice. »

Le confesseur du pieux chanoine demeurait avec un ecclésiastique très intelligent, et digne par sa piété de la plus grande confiance. M. de la Salle exposa à ce prêtre avec quelle force Dieu chaque jour le sollicitait de quitter son canonicat. Ce saint ecclésiastique comprit à merveille M. de la Salle, et parla au confesseur de cette grave question. Le confesseur, frappé de la clarté des raisons qui lui furent apportées, examina tout de nouveau et enfin se rendit. C'était au mois de juillet 1683.

M. de la Salle voulut sans retard traiter l'affaire avec l'archevêque de Reims. Le prélat étant alors à Paris, le saint prêtre va l'y trouver, mais ne peut pénétrer jusqu'à lui. On avait eu le temps d'informer Mgr le Tellier de son dessein, et le vénérable archevêque, qui appréhendait en effet de perdre son chanoine, préférait ne pas le voir, dans la crainte d'être gagné par ses raisons. M. de la Salle fit du moins visite au curé de Saint-Sulpice, M. de la Barmondière, et lui apprit qu'il était à la veille de renoncer à son canonicat pour s'occuper plus librement de la conduite des écoles. M. de la Barmondière, ravi, l'ayant supplié de venir au plus tôt s'établir dans sa paroisse, le saint prêtre y consentit, et les biographes nous disent qu'il laissa quelques effets comme gage de son retour, gage touchant et naïf du vif désir qu'ils avaient l'un et l'autre de travailler au bonheur du pauvre peuple.

L'archevêque ayant repris la route de Reims, M. de la Salle, averti, s'en retourna au plus vite.

Cependant son projet, désormais connu, n'était pas sans faire du bruit dans la ville. Le monde a toujours sa pierre prête, afin de la jeter à quiconque accomplit pour Dieu un acte généreux. Les uns disaient : « C'est un homme qui perd la tête ; la dévotion a dérangé son cerveau ; » d'autres s'exclamaient : « En voilà un qui était las d'être heureux ! » Chacun appréciait la chose à sa manière. Quelques-uns, se piquant de bienveillance, disaient : « Ce pauvre prêtre a toujours eu des idées extrêmes, qu'il est à plaindre ! » Pour sa famille, elle était dans une violente exaspération. De leur côté, les chanoines, affligés, exprimaient les plus vifs regrets. Ses qualités aimables les avaient attachés à lui. Comment pouvait-il les quitter pour se joindre à des maîtres d'école?

Pas plus à Reims qu'à Paris, M. de la Salle ne put d'abord obtenir une audience de Mgr le Tellier; le prélat avait pris la résolution de le lasser. Avec le temps, peut-être le pieux chanoine finirait-il par changer d'avis. En tout cas, l'archevêque ajournait son entrevue avec lui, afin de reculer le plus possible la solution; cela permettrait aux amis de M. de la Salle de faire auprès de lui toutes les tentatives pour le ramener à d'autres pensées. On circonvint, en effet, de tout côté le serviteur de Dieu: larmes, prières, explosions de violentes colères, injures, moqueries, il supporta tout avec humilité et douceur, et fut iné- branlable.

Cependant l'humble prêtre multipliait inutilement ses visites à l'archevêché. Monseigneur n'était pas là, ou il était occupé; mais M. de la Salle ne se lassant pas de demander humblement audience à son arche- vêque, un moment arriva où le prélat ne put différer davantage de le recevoir: un ecclésiastique si ver- tueux et si distingué avait droit à des égards. L'ar- chevêque lui fit entendre, dit M. Ayma, qu'il parta- geait l'avis du public, et que sa démission n'était pas raisonnable: « Ainsi, conclut-il, n'y pensez plus. » M. de la Salle fit de nouvelles instances. L'archevêque en fut touché; mais il s'efforça de ne pas le lui laisser voir, et le pauvre chanoine se retira avec le regret de n'avoir rien pu gagner.

C'est alors qu'il fit prier le prélat de nommer une commission d'ecclésiastiques pour l'examen de cette affaire, promettant de souscrire à l'avance à la sen- tence qui serait prononcée. L'archevêque consentit, et M. Philibert, qui avait toute sa confiance, fut chargé de présider le conseil. Ces honorables ecclésiastiques n'étaient pas favorables au dessein de M. de la Salle. Ils écoutèrent néanmoins le saint prêtre attentivement, pesèrent ses raisons, et bientôt, reconnaissant l'inspiration de Dieu, ils lui dirent : « Oui, vous devez quitter votre canonicat. » Ils allèrent plus loin ; car ils lui conseillèrent de s'établir à Paris, d'où son œuvre rayonnerait bientôt sur la France et sur le monde.

M. de la Salle alors se rendit, sans perdre de temps, à l'archevêché. Il trouva encore la porte fermée ; mais la demeure du bon Dieu lui était ouverte, et il alla se jeter à ses pieds. On le vit ainsi, dans la cathédrale, immobile pendant plusieurs heures devant le saint Sacrement. Ses biographes nous font pénétrer au fond de son âme durant cette espèce d'extase, et nous disent qu'il « s'offrait humblement au Seigneur pour faire sa volonté, et qu'il le suppliait de n'avoir égard ni à ses répugnances ni à ses inclinations ».

Tandis qu'insensible à tout ce qui se passait autour de lui, il répandait ainsi son cœur devant Dieu, deux de ses amis l'aperçurent. L'un dit à l'autre : « Priez pour M. de la Salle, qui perd l'esprit. » L'autre lui répondit : « Vous dites bien, il perd véritablement l'esprit ; mais c'est l'esprit du monde qu'il perd, pour se remplir de l'esprit de Dieu. » M. de la Salle se lève enfin ; une voix intérieure lui avait dit que maintenant l'archevêque l'accueillerait avec bonté. Il va donc de nouveau à son palais, et Monseigneur le reçoit. L'humble serviteur de Dieu lui demande la permission tant désirée, afin de pouvoir se donner tout entier à l'œuvre des écoles. « Que pense donc le conseil qui a été chargé d'examiner l'affaire ? lui dit l'archevêque avec beaucoup de douceur. — Mon dessein, répond M. de la Salle, vient de recevoir l'approbation de M. Philibert et des autres ecclésiastiques. » M. Philibert était au chœur; l'archevêque le fait venir. « Avez-vous souscrit à la démission de M. de la Salle ? » lui demanda-t-il. M. Philibert, légèrement troublé, ne répondit que ces paroles : « M. de la Salle a un frère à qui il peut céder sa prébende. — Eh bien! fit l'archevêque avec une bonté empreinte d'un vif sentiment de regret, il peut la donner à qui il lui plaira, et j'agréerai son dessein. » Aussitôt M. de la Salle présenta l'acte de sa démission, contresigné par son confesseur. La place où devait être inscrit le nom de son successeur était en blanc. Il dit à l'archevêque : « Daignez, je vous en prie, la remplir par le nom de M. Faubert. — Comment, lui dit l'archevêque étonné, ne choisissez-vous pas votre frère ou quelqu'un de vos parents? » M. de la Salle répondit avec une simplicité qui imposa au prélat : « On ne me l'a pas conseillé. » Alors Mgr le Tellier consentit à inscrire le nom de M. Faubert.

Le chanoine démissionnaire quitta l'archevêché la joie dans le cœur; et il eut hâte de se rendre auprès de ses disciples, pour leur faire partager son bonheur et en remercier Dieu avec eux. La petite communauté chanta le *Te Deum* avec une indicible allégresse : M. de la Salle était désormais tout entier à elle.

Le saint prêtre s'était donné bien de la peine pour arriver à se dépouiller, à l'âge de trente-trois ans, de sa dignité de chanoine, et prendre place au rang des simples prêtres. On pouvait maintenant espérer le voir hors des tribulations de ce côté; mais le choix de son successeur vint lui causer de nouvelles traverses.

Il se fait, dans l'esprit du monde, je ne sais quelle misérable confusion entre les dignités de la terre et les dignités qui ont été sagement établies dans l'Église de Dieu. Désirer les charges d'ici-bas, et employer pour y arriver les moyens honnêtes et les influences respectables, cela est permis; mais quant aux emplois dont le but élevé est le salut des âmes rachetées au prix du sang du divin Rédempteur, celui qui les ambitionne et s'y porte, ou qui, avec des vues humaines, veut y élever ses favoris, celui-là s'expose à faire beaucoup de mal et à compromettre bien des intérêts éternels. Ce point est élémentaire; mais il est si peu compris, qu'il importait de le mettre en lumière, pour qu'on pût bien saisir la noble pensée de M. de la Salle. Sa famille eût vu avec plaisir M. Louis de la Salle lui succéder, et, au fond de son cœur, le serviteur de Dieu en eût été heureux. Mais la question n'était pas là; c'était au plus digne que la charge devait être donnée, et pour juger ce point, M. de la Salle se défiait de son cœur vis-à-vis de son frère. Connaissant un prêtre de grande vertu et de talents supérieurs, il jeta les yeux sur lui; mais avant tout il eut soin de demander conseil. On lui dit que M. Louis de la Salle n'égalait pas cet ecclésiastique; le saint prêtre lui-même en était convaincu. Alors il fit tomber son choix, comme on l'a vu, sur M. Faubert.

C'est cet acte si simple qui lui attira de nouvelles difficultés. Tant que les provisions n'étaient pas expédiées, on pouvait faire revenir M. de la Salle sur son choix; et c'est ce qu'on essaya par tous les moyens. Les uns lui dirent : « Quel affront vous faites à votre famille! N'a-t-elle pas déjà assez de sujet d'être désolée? » D'autres, faisant appel à son cœur : « Est-ce ainsi, lui dirent-ils, que vous reconnaissez la ten-

dresse que votre frère a toujours eue pour vous? »
Des amis nombreux l'assurèrent que l'opinion publique serait satisfaite en le voyant revenir sur son
choix. Les ecclésiastiques les plus élevés en dignité
lui déclarèrent qu'il ferait plaisir à l'archevêque; enfin
les chanoines le conjurèrent, par l'attachement qu'ils
avaient toujours eu pour lui, de céder et de leur donner pour collègue son frère Louis. Mais tout le monde
fut d'accord qu'il ferait bien mieux encore de reprendre
lui-même son canonicat.

M. de la Salle voyait parfaitement le côté faible de
ces considérations humaines; il était dans le vrai : il
demeura inflexible, laissant un bel exemple de la
pureté de vues dont on doit s'inspirer quand il s'agit
des dignités et des charges de l'Église de Dieu. Elles
ont quelque chose de trop sacré pour faire l'objet des
ambitions et des convoitises vulgaires.

Un dernier effort fut tenté par le chapitre. Les chanoines se dirent : « Le grand esprit de foi de M. de
la Salle l'a rendu inaccessible à toutes les raisons
humaines; mais il est une chose qui fera toujours une
impression sur lui, c'est l'autorité de l'archevêque.
A ses yeux, le vénérable prélat est le représentant de
Dieu; si Monseigneur veut dire un mot, M. de la Salle
prendra ce mot comme venant du Ciel, et obéira. »
Ceci prouve que les chanoines connaissaient parfaitement leur pieux confrère. L'archevêque, en
effet, s'il l'eût voulu, eût tout changé; mais Dieu
ne lui inspira pas d'interposer son autorité. Comme
les chanoines, il eût préféré M. Louis de la Salle à
M. Faubert; mais il leur répondit : « Non; si vraiment Dieu demande cela à cet homme, je ne puis aller
à l'encontre. » Il se contenta de charger M. Callou, le
supérieur du séminaire et en même temps son vicaire

général, de faire toutes les instances possibles auprès de M. de la Salle.

M. Callou possédait à un haut degré le talent de la persuasion ; avec un art merveilleux, il s'insinuait dans l'esprit et faisait aller là où il voulait le cœur de ceux qu'il entreprenait de gagner, et cela de la manière la plus naturelle et la plus douce. Il se présente donc chez M. de la Salle, et, pour le décider à donner le canonicat à M. Louis, il expose le désir de l'archevêque, le vœu ardent du chapitre, le chagrin de sa famille, l'injure faite à son digne frère. Le vicaire général ne répétait guère à M. de la Salle que ce qui avait été déjà dit à ce saint prêtre ; mais il le faisait d'une manière très émouvante. « L'homme en lui parla fort bien, nous dit M. Blain ; mais le Saint-Esprit se tut, ou plutôt il parla en secret au cœur de M. de la Salle. » Le serviteur de Dieu, conservant tout son calme et sa fermeté, fit à M. Callou une réponse courte et précise où perçait une admirable magnanimité. Voyant que M. de la Salle n'était pas sans comprendre vivement au fond de son âme tout ce qu'il lui représentait avec tant d'éloquence, mais qu'en même temps le saint prêtre savait se mettre noblement au-dessus de la nature par amour pour Dieu, le vicaire général, profondément touché, lui dit : « A Dieu ne plaise que je vous conseille de faire ce que tant de monde désire de vous ; mettez en exécution ce que l'esprit de Dieu vous inspire. Ce conseil, contraire à celui que je vous apportais, est le sien, et le seul qu'il faut écouter. » Et plus satisfait, nous dit un historien, de l'avoir trouvé inébranlable que de l'avoir gagné, il alla aussitôt rendre compte à l'archevêque d'un insuccès dont il était si heureux. Mgr le Tellier considéra l'affaire comme

6*

terminée, et, le 16 août 1683, M. Faubert prit possession de son canonicat.

A ce sujet, le pieux biographe fait cette réflexion : « L'homme de Dieu, descendu de son rang, et aussi bas que son humilité le pouvait souhaiter, se trouva aussi libre que les oiseaux du ciel pour voler partout où la gloire de Dieu paraîtrait le demander. »

CHAPITRE XIII

M. de la Salle, résolu de se rendre à Paris, reste à Reims d'après
le conseil de son directeur. — Appréhensions qu'il a de la
gloire humaine. — Le P. Barré, qui le croit choisi par le Ciel
pour fonder les écoles chrétiennes, ne voudrait pas mourir
avant de le voir établi dans la capitale. — M. de la Salle pense
plus que jamais à se dépouiller de son patrimoine. — Charmante manière dont son confesseur l'éprouve avant de lui
permettre cet acte héroïque. — Dernières prières que M. de la
Salle adresse au ciel pour l'accomplissement de son dessein.
— Voies admirables de Dieu.

M. de la Salle crut le moment arrivé pour lui de se
rendre à Paris. Le P. Barré lui avait conseillé fortement de ne pas tarder ; et M. Philibert, persuadé
comme ce religieux que le saint prêtre était chargé
par le Ciel de fonder les écoles en faveur du peuple,
lui avait dit que le berceau d'une œuvre de cette
importance ne pouvait être placé ailleurs que dans la
capitale de la France. C'est pour cela que M. de la
Barmondière, quelques mois auparavant, avait fait
promettre à l'abbé de la Salle de revenir bientôt.

D'autres hommes, avec des vues différentes, opi-
naient pour que le chanoine démissionnaire quittât

Reims. C'était ceux qui, s'inspirant d'une prudence vulgaire, ne se doutent pas de l'ascendant que la vertu d'abord humiliée finit toujours par exercer. La ville est désagréablement impressionnée, disaient-ils; une fois M. de la Salle disparu, les rumeurs cesseront. D'autres enfin, par une sorte de commisération, souhaitaient son départ, se demandant comment M. de la Salle pourrait être à l'aise en face de ses compatriotes, à la dernière place, après avoir dans le monde et dans l'Église occupé les premiers rangs. Les gens qui pensaient ainsi n'étaient pas capables de comprendre que M. de la Salle ferait toujours bonne contenance en face d'un sacrifice accompli librement pour Dieu. D'ailleurs, était-on bien sûr que tout cet éclat défavorable ne finirait pas par se changer en admiration? Dans ce cas, la seule prévision de l'estime dont sa ville natale pouvait l'entourer eût été pour M. de la Salle un motif ajouté à ceux qu'il avait déjà de la quitter.

Voici, du reste, ce qui se produisit. Les rumeurs tombèrent peu à peu; la colère de ceux qui se trouvaient intéressés dans cette affaire se refroidit. De temps en temps il s'échappait des cœurs généreux ces mots : « Après tout, ce que M. de la Salle a fait est beau! Aller au pauvre, au plus pauvre, et, pour le servir, descendre des plus hauts rangs de la société, se dépouiller des dignités de l'Église, oublier son origine distinguée, c'est un acte plein de grandeur! » Quand surtout on se rappelait le calme si doux avec lequel il avait supporté tant d'orages, on se sentait ému. Qui eût pu citer de lui, au milieu d'outrages de toutes sortes, la moindre parole amère ou la plus légère plainte? On n'avait jamais vu sur ses lèvres que le sourire tranquille, dans tous ses traits que la sérénité et une inaltérable bonté. Encore un peu de temps, et M. de la Salle avait aux yeux de ses compatriotes une grandeur personnelle auprès de laquelle toutes les dignités qu'il avait volontiers perdues n'étaient rien.

Pour se rendre à Paris, le serviteur de Dieu, qui fut un des hommes les plus obéissants dont l'histoire ait conservé le souvenir, avait besoin de l'assentiment de son directeur; il le demanda, et ne put l'obtenir. A ses yeux, c'était Dieu qui ne voulait pas, et, toujours calme, il renonça pour le moment à ce dessein. Les raisons de son directeur étaient au reste décisives : la petite communauté n'était encore qu'un germe tendre à peine éclos; on devait lui laisser le temps de se fortifier, de se nourrir sur son sol natal; la transplanter trop tôt, c'était l'exposer à périr. Arrivé à Paris, le fondateur se trouverait bientôt dans la nécessité de tout recommencer.

M. de la Salle, se voyant attaché à Reims pour quelque temps encore, apprit au P. Barré la décision de son confesseur. Sensiblement affligé de cet ajournement, le saint religieux se hâta de lui exprimer les plus vifs regrets. Il aurait voulu voir de ses yeux, installé à Paris, l'homme qu'il considérait comme envoyé par Dieu pour accomplir un des plus grands desseins de sa miséricorde à cette époque. M. de la Salle, après s'être également excusé, par lettre, auprès de M. de la Barmondière de ne pouvoir tenir encore la promesse qu'il lui avait faite, et dont le curé de Saint-Sulpice conservait, on se le rappelle, les arrhes touchantes, ne s'occupa plus que de la sanctification de son humble troupeau.

Cependant M. de la Salle avait encore entre les mains son patrimoine, et Dieu lui en avait demandé le sacrifice. Ce n'était certainement pas un oubli de la part de l'héroïque prêtre; car il n'y avait pas de jour qu'il n'y pensât. Mais il tenait à faire respecter des hommes cette détermination inspirée par le ciel, en l'entourant, autant qu'il était en lui, de toutes les mesures de la prudence.

On est ému en voyant, dans les mémoires, avec quelle vivacité se présentait sans cesse à son esprit l'objection que lui avaient faite les jeunes maîtres. L'un d'eux [1] nous dit qu'il écrivait à cette époque : « J'ai la bouche fermée, et je ne suis pas en droit de tenir aux instituteurs le langage de la perfection. Ils ont raison; non, non, je ne puis leur parler de la pauvreté si je ne suis point pauvre moi-même, ni sur l'abandon à la Providence si j'ai des ressources contre la misère. »

Un jour, sentant le moment du sacrifice arrivé, il en parla à son confesseur. Ici M. Blain a soin de dire : « Quelques marques de l'inspiration céleste que portassent ses desseins, il ne pensait à les exécuter que quand l'obéissance le lui permettait. » Le confesseur ne lui fit pas l'opposition à laquelle on se serait attendu. Le parti qu'un homme prend de donner sa fortune aux pauvres, et de vivre d'aumônes ensuite, a sans doute pour lui, de la manière la plus authentique, la divine approbation de Jésus-Christ. Mais les grandes âmes, capables de suivre à la lettre le conseil du Rédempteur, déjà à cette époque se faisaient si rares, qu'on en comptait peu dans le cours d'un siècle, et, d'un autre côté, la sagesse humaine était là avec tous ses arguments pour frapper ceux à qui souriait cet admirable détachement.

---

[1] Fr. Lucard.

Bien que le confesseur de M. de la Salle appréhendât la censure violente des hommes pour ce dessein extraordinaire, il lui dit simplement : « Attendez un peu. » Il voulait consulter Dieu ; car sa responsabilité était grande dans cette circonstance. En priant, il se sentit incliné de plus en plus à approuver le sacrifice proposé par son docile pénitent, et à lui permettre de le faire.

Toutefois, avant de se prononcer définitivement, il voulut jouir quelque temps de l'édifiant spectacle de l'humilité de M. de la Salle et de son détachement admirable. Lui faisant des objections, il feignait de n'être pas favorable à l'abandon de son patrimoine, et le saint prêtre lui faisait des réponses comme celles-ci : « Je ne m'en déferai pas si vous ne le voulez ; je ne m'en déferai qu'autant que vous le voudrez ; si vous me dites de conserver quelque chose, ne fût-ce que cinq sous, je les conserverai. » Docilité vraiment touchante, ravissante candeur ! Son biographe a raison de dire : « Cette humble disposition n'était-elle pas charmante ? Elle seule eût suffi pour persuader le directeur qu'un autre plus habile que lui le dirigeait en secret, et que le Saint-Esprit lui-même présidait à sa conduite [1]. »

M. de la Salle, avant de se dépouiller de sa fortune, examina une dernière fois s'il devait l'employer pour son œuvre, ou s'il ferait mieux de la donner aux pauvres. Il eut, selon son habitude, recours à la prière. Quand, pour recevoir la lumière, il s'approchait de Dieu dans la sainte oraison, on ne l'a pas oublié, il avait soin de dégager son cœur de toute préférence pour une chose ou pour une autre ; et il

[1] Blain.

n'était content que quand il se sentait arrivé à pouvoir dire à Dieu : « De moi-même, je ne veux ni ceci ni cela; mais votre volonté, voilà ce que je veux. » Alors il suppliait le Seigneur avec ferveur de lui faire connaître sa pensée. Il lui dit donc : « Si vous le voulez, je donnerai ma fortune pour la fondation des écoles; si vous voulez que les écoles ne s'appuient que sur votre providence, je donnerai mon bien aux pauvres. Mais je ne veux faire ici que ce que vous voudrez. » N'est-il pas vrai qu'une pareille prière, appuyée sur des dispositions de cœur si pures, mettait suavement Dieu en demeure de s'expliquer? C'est toujours par une infinie miséricorde qu'il inspire à l'homme ses pensées; mais ici sa bonté était sollicitée par tant de candeur, qu'il ne pouvait s'empêcher de répondre. Il le fit. M. de la Salle vit clairement que Dieu lui demandait de donner son bien aux pauvres. « Oh! Seigneur, dut-il dire aussitôt qu'il eut compris, je suis trop heureux d'exécuter ce que vous daignez m'inspirer; dès ce moment c'est aux pauvres que ma fortune appartient. » Par là tout fondement humain se trouvait enlevé à l'Institut dont il était appelé à enrichir le monde.

Mais comment pourrait-il exécuter ce dessein extraordinaire? Quel éclat dans la ville! Et qu'allait dire sa famille, déjà si indisposée, en se voyant frustrée d'un héritage sur lequel il lui était permis de compter? M. de la Salle est prêt à tout; et ce que son cœur aura à souffrir, il l'accepte à l'avance : Dieu mérite bien qu'on endure quelque peine pour lui.

Hâtons-nous de dire que le Seigneur, touché de la piété de son serviteur, intervint par un événement inattendu qui permit à M. de la Salle de se dépouiller de sa fortune en faveur des pauvres, de manière à ne contrister personne, et à attirer au généreux donateur l'admiration de tous.

On est attendri de voir ainsi Dieu se lever et donner la main à son saint prêtre; mais ce qui arriva ne peut être raconté à cette place, car le fait appartient à la fin de l'année 1684, et il ne faut pas anticiper.

CHAPITRE XIV

Tout en s'occupant avec tant de cœur du double
sacrifice de son canonicat et de sa fortune, M. de la
Salle avait travaillé activement à l'œuvre des écoles.
A la fin de l'année 1683, nous le voyons quitter son
hôtel, devenu trop petit, et emmener avec lui ses
chers disciples dans une plus vaste maison de la rue
Neuve.

Il faut dire que le grand exemple qu'il avait donné,
en embrassant une vie si humble, avait fini par produire une vive impression. Plusieurs jeunes gens
distingués, interrompant leurs études théologiques,
étaient venus frapper à la porte de sa communauté,
lui demandant leur part d'abnégation. D'un autre
côté, une foule de prêtres accouraient à lui et le vou-

laient avoir pour confesseur. Beaucoup parmi eux désiraient faire des retraites sous sa direction ; et, ainsi obligé de leur donner asile pendant les pieux exercices, il avait vu sa maison insuffisante et avait loué celle dont on vient de parler.

Cependant la pensée de donner une règle à sa communauté n'était pas sans préoccuper M. de la Salle ; mais il attendait avec sa prudence ordinaire. Il jugeait bon que la règle s'établît en quelque sorte d'elle-même ; et, pour tout dire en un mot, selon lui, les Constitutions devaient être pratiquées avant d'être écrites. Il déclara à ce sujet plus d'une fois à ses disciples qu'il tenait à ce qu'on essayât ce que plus tard on voudrait établir définitivement ; mais si sa haute sagesse lui interdisait de fixer d'abord les destinées de son Institut dans la rédaction des lois qui le devaient régir, il comprenait que le moment était arrivé de s'entendre avec ses disciples sur différents points importants.

On était au printemps de l'année 1684. Le saint prêtre fit connaître alors aux pieux instituteurs son désir de les réunir à Reims pour la fête de l'Ascension.

En attendant ce jour, afin de prendre l'avis de Dieu et de recevoir ses lumières, il se retira quelque temps chez les Carmes, et vécut là au sein d'une solitude profonde. Quand il en sortit, il avait l'âme pleine de confiance. Le Seigneur, il l'espérait, allait lui faire la grâce tant désirée de n'agir que par son mouvement divin, et de ne suivre que ses inspirations.

Les principaux disciples de M. de la Salle, au nombre de douze, dont plusieurs étaient venus de Laon, de Rethel, de Guise, se trouvèrent assemblés à Reims la veille de l'Ascension.

Le saint prêtre, dès la première réunion, s'empressa de leur déclarer qu'il n'avait tout quitté que pour être comme eux. « Je vivrai comme vous, leur dit-il, je partagerai avec vous tous vos travaux. » Il ajouta : « Nous allons faire une retraite ; ensemble nous étudierons les règlements que nous devons suivre, et les moyens d'assurer à notre société une existence stable et durable. » M. de la Salle se mit donc humblement au niveau de ses disciples ; et, sans son costume ecclésiastique, on l'eût pris pour l'un d'entre eux. Quand ces hommes le virent manger comme eux, suivre comme eux les règlements et ne rien laisser paraître de tout ce qu'il y avait eu de distingué dans sa personne, si ce n'est la délicatesse de cœur avec laquelle il les traitait tous, ils furent profondément émus.

L'abbé de la Salle les entretint des points sur lesquels il désirait les voir se prononcer, et il y mit une réserve extrême. Évitant avec soin de suggérer ses vues, ses idées, il laissa chacun libre de penser et de dire ce qu'il voulut. « Son humilité, raconte un historien, ne lui laisse que le droit de les écouter, de prendre leur avis, de conclure à la pluralité des voix. » Cette humilité était aussi une haute sagesse. Le biographe ajoute : « Il se réserva l'unique droit de parler beaucoup à Dieu, le suppliant de se déclarer par leur bouche avec clarté, pour n'avoir qu'à souscrire à des pensées inspirées du Ciel. »

Tout le monde fut d'avis que le temps d'écrire les Constitutions n'était pas encore venu, et qu'il fallait simplement pratiquer avec soin les règlements adoptés. « Par ce moyen, dit M. de la Salle, applaudissant à la sagesse de cette détermination, nous ne trouverons un jour rien que d'ancien dans les règles nouvelles ; notre cœur reconnaîtra son propre ouvrage dans le livre qui en sera composé, et les lois qu'il contiendra vous paraîtront aimables, parce que vous en serez vous-mêmes les législateurs. »

Sur la question des aliments dont on ferait usage désormais, les pieux retraitants pensèrent qu'il fallait exclure de leur table tous les mets délicats et n'admettre que les viandes les plus communes, en petite quantité, avec des herbes et des légumes cuits sans beaucoup d'apprêt. Ils ne voulurent, en fait de poisson, que celui dont se nourrissent les pauvres. M. de la Salle, tout en les dirigeant, les laissa arrêter eux-mêmes ces mesures propres à faire fleurir la mortification parmi eux.

Mais quels vêtements devaient-ils adopter ? Chacun ici encore exposa ce qu'il pensait ; on tomba d'accord qu'un costume uniforme était nécessaire, et l'on pria M. de la Salle de déterminer en quoi il consisterait et à quelle époque la communauté le prendrait.

Cherchant ensemble le nom qu'il leur conviendrait de porter, les disciples de M. de la Salle s'arrêtèrent à celui-ci : « Frères des Écoles chrétiennes. » Comme ils auraient été émus, s'ils eussent vu alors de quelle sympathie ce nom si simple, qu'ils se donnaient dans leur humilité, allait être entouré durant le cours des siècles !

Restait la question des vœux. M. de la Salle la fit examiner avec un soin extrême par ses disciples. Ces hommes, pleins d'ardeur pour la perfection, voulaient s'engager à perpétuité par les vœux de pauvreté, de chasteté et d'obéissance. Mais le prudent directeur les exhorta à demander à Dieu de les éclairer tout spécialement sur une aussi grave résolution. Ceux-ci, après mûre réflexion, reconnurent que les vœux d'obéissance et de stabilité, faits d'abord pour trois ans seulement, s'accordaient mieux avec les règles d'une sage prudence, d'une humble défiance d'eux-mêmes, et il fut adopté qu'à la fin de la retraite chacun d'eux prendrait, dans ce sens, un engagement triennal.

Tout fut pesé avec tant de soin, et la prière vint vivifier les réflexions dans une si large mesure, que la retraite, au lieu de finir à la Pentecôte, ne fut close que le jour de la sainte Trinité. La cérémonie des vœux étant terminée, les pieux maîtres pouvaient retourner à leur poste ; mais M. de la Salle les retint. Un acte important restait à accomplir : celui d'offrir à l'auguste Mère de Dieu l'Institut naissant. « Je veux que Marie, dit le saint Fondateur, soit la directrice et la reine de nos écoles. » Et il prit avec lui ses disciples, les conduisit en pèlerinage à Notre-Dame-de-Liesse, et remit pour toujours à la sainte Vierge, qui l'accepta de sa pieuse main, l'Institut des Frères des Écoles chrétiennes. Depuis ce temps, dans cette vaste congrégation, tous les yeux sont constamment tournés vers la Reine des anges, et on l'aime comme une mère.

Les disciples de M. de la Salle ne tardèrent pas à avoir leur costume. L'hiver approchait. Le simple habit noir qu'ils portaient n'était pas suffisant pour les protéger contre le froid ; il leur fallait au moins un manteau. Le saint prêtre se décida, à cette occasion, à leur donner le vêtement religieux qui est encore porté aujourd'hui. C'est une robe noire, d'étoffe commune, fermée par-devant avec des agrafes de fer, et un manteau de même couleur, tel qu'on en portait alors en Champagne ; un rabat blanc et un chapeau ecclésiastique complètent le costume. M. de la Salle fut un des premiers à s'en revêtir.

Nous le voyons, à quelque temps de là, à Saint-Jacques, faisant l'école au défaut d'un frère qui était

tombé malade. Durant deux mois il demeura au milieu des petits garçons, les faisant lire, leur apprenant à compter, les instruisant avec simplicité des choses de la religion. L'homme distingué, le brillant chanoine, le docteur, ne savait plus que bégayer avec les enfants du peuple. A leur tête tous les dimanches, il marchait modestement, les conduisant à l'église sous les yeux de ses nombreuses connaissances, souffrant courageusement les reproches et les mépris.

A mesure, au reste, que l'homme de Dieu se plongeait dans l'humilité, il était de plus en plus recherché pour le ministère des âmes. Il portait avec une force étonnante à la vertu les personnes généreuses qui se plaçaient sous sa direction, et les plus grands pécheurs, touchés par sa parole, revenaient promptement à Dieu. Aussi l'archevêque de Reims, attristé des désordres et de l'ignorance qui régnaient dans une localité depuis longtemps privée de prêtres, jugea-t-il M. de la Salle seul capable de ramener à Dieu tant d'égarés. Il le pria donc de donner une mission dans ce pays. Le saint prêtre, qui ne connaissait que l'obéissance, quitta aussitôt sa petite communauté, et, à la tête des ecclésiastiques qui lui avaient été donnés pour aides, il partit. Tous les habitants vinrent l'entendre, et les conversions dépassèrent de beaucoup les espérances de l'archevêque. M. de la Salle laissa dans cette contrée un parfum de sainteté, et son nom y demeura en vénération.

Cependant on désirait partout les Frères des Écoles chrétiennes. A la campagne même, les curés auraient voulu obtenir un maître ; mais M. de la Salle avait établi que ses disciples n'iraient jamais seuls. Afin de satisfaire ces ecclésiastiques, il ouvrit une maison dans laquelle pourraient être formés des instituteurs pour la campagne, et bientôt, à Reims, le *sé-*

minaire des maîtres d'école comptait vingt-cinq jeunes gens intelligents et vertueux.

Mais une autre œuvre attirait depuis longtemps son attention. Il sentait que les enfants choisis par Dieu pour donner plus tard l'éducation aux pauvres devaient de bonne heure être soigneusement cultivés, si l'on voulait que les précieux germes de vocation ne périssent pas en eux. Il ne se donna pas de repos qu'il ne les eût réunis, afin de les préparer de loin à leur admirable mission. Ainsi, par ses soins, fut établi alors un petit noviciat où, selon ses propres expressions, « l'on élève les enfants intelligents qui ont des dispositions à la piété et qui se proposent d'entrer dans la société. On les admet depuis l'âge de quatorze ans jusqu'à celui de seize ; on les forme à l'oraison et aux autres exercices de piété ; on perfectionne leur éducation, et leurs exercices sont proportionnés à la portée présente de leur esprit et à ce qu'ils devront faire dans la suite. »

Cependant l'année 1684 arrivait à son terme, et un fléau douloureux, la famine, commençait à éprouver cruellement la France. Peu à peu les denrées et les aliments atteignirent des prix excessifs. La Champagne fut particulièrement désolée, et durant presque deux ans la misère fut au comble.

M. de la Salle, qui attendait l'occasion de distribuer sa fortune aux pauvres, s'y vit amené comme naturellement. Personne ne pouvait, au milieu d'une pareille détresse, lui faire un crime de donner tout ce qu'il possédait.

Ce fut donc en ce moment qu'il accomplit ce grand acte de dépouillement et d'abandon absolu à la Providence. Sa sagesse fut admirable. Point de précipitation, mais une organisation parfaitement entendue de secours distribués à propos. Il donnait peu à peu, ménageant ses ressources, afin de pouvoir plus longtemps venir en aide à cette population affamée. On le voyait rechercher les nécessiteux avec le plus grand soin, et proportionner ses dons aux différents degrés de misère. Chaque matin, après sa messe, avait lieu une distribution générale qu'il faisait toujours à genoux, par respect pour Jésus-Christ représenté par les nécessiteux. Après s'être mis ainsi aux pieds des pauvres, il se mêlait à eux, et avec eux il mangeait son petit morceau de pain sec, qui lui servait de déjeuner. Du reste la plupart des habitants étaient devenus mendiants, et bien des riches se trouvaient au rang des misérables. Les communautés religieuses étaient comme tout le monde dans la détresse, et avaient vendu ce qu'elles possédaient pour acheter du pain.

M. de la Salle nourrit ainsi beaucoup de monde pendant deux années ; mais ses richesses n'étaient pas inépuisables, et un moment vint où il eut à donner son dernier sou. Ce jour-là il éprouva un grand bonheur, et, quand il eut ainsi épuisé toute sa fortune, il alla prendre rang au milieu des pauvres. Ses biographes nous le représentent « plus misérable que ceux qu'il avait nourris, et demandant l'aumône de maison en maison ». On raconte que, pour son coup d'essai, il essuya bien des rebuts ; enfin il rencontra une pauvre vieille femme charitable qui lui donna un petit morceau de pain noir. « Il mangea ce pain à genoux, nous disent les historiens, par respect, et avec une joie qu'on ne peut exprimer. »

Des jours meilleurs commencèrent bientôt à luire, et la misère cessa peu à peu. Quant à M. de la Salle, désormais le pauvre du bon Dieu, il ne compta plus ici-bas que sur sa douce Providence. En voyant

comme elle avait veillé sur ses disciples pendant que
tout le monde à Reims souffrait de la faim, il pouvait

largement ouvrir son cœur à l'espérance ; car si les
pieux instituteurs endurèrent des privations, rien de

ce qui est essentiel à la vie ne leur manqua un seul jour. M. de la Salle en fut trop touché pour ne pas le leur faire remarquer quand la disette eut disparu. Son biographe nous rapporte les paroles qu'il leur adressa à ce sujet : « Revenez, mes chers frères, sur les tristes jours dont nous sommes sortis. Sous vos yeux, la famine vient d'exposer tous les maux qu'elle sait faire aux pauvres, et toutes les plaies qu'elle sait porter sur la fortune des riches. Cette ville n'était plus que comme le bureau des pauvres, où ils venaient se rassembler avec toutes leurs misères, et traîner un reste de vie languissante que la faim allait bientôt terminer. Pendant tout ce temps, où les riches n'étaient pas eux-mêmes asssurés de trouver à prix d'argent un pain devenu aussi rare que précieux, que vous a-t-il manqué ? Grâces à Dieu, quoique nous n'ayons ni rentes ni fonds, nous avons vu ces deux fâcheuses années se passer sans que nous eussions manqué du nécessaire. Nous ne devons rien à personne, pendant que plusieurs communautés opulentes se sont ruinées par des emprunts et par des ventes devenus nécessaires pour subsister. »

On apprit dans la ville de Reims que M. de la Salle s'était ruiné pour nourrir les pauvres durant la famine, et cette fois son détachement héroïque émut tout le monde jusqu'aux larmes.

CHAPITRE XV

A partir du jour où il lui fut permis de se donner
tout entier au soin de ses chers disciples, M. de la
Salle embrassa cette vie de pénitence, de solitude et
de prière qui fait notre admiration lorsque nous li-
sons l'histoire des saints. Il lui sembla que les fla-
gellations qu'il n'avait cessé jusqu'ici d'infliger à son
corps innocent n'étaient rien ; il les redoubla avec
un merveilleux courage, jusqu'à s'en accabler. Les
haires, les cilices, les ceintures garnies de pointes
de fer, choses qui lui avaient été si familières, il ne
s'en dépouilla plus. C'est par ses disciples que l'on a
connu tout cela. Il paraît que leur pieuse tendresse
pour ce père vénéré les portait à rechercher ses cruels

instruments de pénitence afin de les cacher, et de le forcer ainsi à donner à son pauvre corps un peu de repos, du moins jusqu'à ce qu'il les eût retrouvés. Un biographe raconte qu'une fois ils parvinrent ainsi « à lui soustraire six de ses disciplines l'une après l'autre toutes teintes de son sang ».

M. de la Salle se marchandait le sommeil avec une incroyable parcimonie, veillant de longues heures durant la nuit; et quand absolument il lui fallait dormir il se couchait à terre ou sur une planche, sans matelas, sans paillasse, sans aucune fourniture de lit.

Pour la nourriture, au commencement, il dut faire des efforts héroïques en face des aliments grossiers en usage dans sa petite communauté. Habitué toute sa vie à une table servie délicatement, les mets que mangeaient les Frères lui causaient une invincible répugnance. « Le cœur lui bondissait, raconte un biographe, et sa main tremblante qui portait la cuiller dans l'assiette ne pouvait la retirer. » Enfin, prenant courageusement sur lui-même, il essayait d'avaler quelque peu de cette nourriture qui le dégoûtait si fort; mais son estomac se soulevait, il fallait la rendre aussitôt. Alors, par un effet de cette énergie presque surhumaine des saints contre leurs répugnances, qu'ils entendent vaincre à tout prix, le courageux serviteur de Dieu reprenait ce qu'il venait de rejeter. C'est, dans un autre genre, ce que fit, par exemple, sainte Élisabeth de Hongrie, buvant, pour se vaincre, l'eau dont elle avait lavé d'affreuses plaies. La douce sainte obtint, par cette victoire, de soigner avec calme les plus hideuses blessures; mais M. de la Salle, moins heureux qu'elle, renouvela son acte héroïque sans succès. Les Frères désespérèrent pendant quelque temps de le voir s'accoutumer à ce régime. Ils ne savaient pas que leur père, pourtant si doux, épuiserait toutes les rigueurs plutôt que de céder à son corps. Ils le conjurèrent donc bien des fois avec larmes de se nourrir autrement qu'eux. M. de la Salle n'y voulut jamais consentir. Désolés, ils lui disaient: « Non, ne nous forcez pas à vous servir ce qui fait votre supplice et plus encore le nôtre. » Le saint prêtre se bornait constamment à leur répondre qu'il ne voulait pas d'autre portion que la leur, et il leur disait: « Servez-moi comme vous. » Assurément, comme le fait observer le pieux Blain, « il ne pouvait leur faire un commandement qui mît leur obéissance à une plus grande épreuve. » M. de la Salle ne parvint à s'habituer à prendre cette nourriture qu'en restant sans manger plusieurs jours. Grâce à une faim excessive, ces mets cessèrent peu à peu de lui causer autant de nausées. Ses jeûnes, du reste, étaient fort fréquents. On le vit depuis le dimanche des Rameaux jusqu'à Pâques s'abstenir de toute nourriture, excepté le jeudi saint, où il prit après la messe un morceau de pain et un peu d'eau. Habituellement il n'usait presque pas de vin. Son biographe semble naïvement lui en faire un reproche; « car, dit-il, Reims est la ville de France où le vin est en plus grande abondance et le plus excellent. »

M. de la Salle habitait, au dernier étage de la maison, une cellule étroite. Son historien nous en a fait une peinture saisissante : « Ce lieu, dit-il, était si nu et si dépourvu de toutes choses, qu'il ne s'y trouvait pas même un siège pour s'y reposer. De sorte que, quand le serviteur de Dieu ne pouvait plus se tenir à genoux, il était obligé de s'asseoir sur la barre d'un méchant lit dégarni qui en était le seul meuble. » Un crucifix, un chapelet, en faisaient tout l'ornement, avec l'*Imitation* et le saint Évangile pour bibliothèque. Le pieux ascète était presque toujours dans ce réduit. Là il s'entretenait avec le ciel, et menait une vie angélique, goûtant à loisir ce Dieu qu'il avait recherché avec un si pieux empressement toute sa vie, dont la présence l'avait toujours charmé, et qui était toujours davantage le plus doux besoin de son cœur.

Pour le quitter le moins possible, il ne faisait et ne recevait que les visites nécessaires, sans pourtant jamais blesser les lois de la bienséance. Quand ses amis venaient le surprendre aux pieds de Dieu, où il était toujours, ils le trouvaient plus aimable que jamais. M. de la Salle se serait bien gardé de leur laisser voir combien il lui était sensible de quitter l'oraison. Sa charmante gaieté, mêlée à je ne sais quelle onction céleste, ses manières toujours distinguées et pleines de suavité, les ravissaient. Ceux-ci lui disaient agréablement : « Vous vous faites sauvage ; vous oubliez qu'il y a à Reims d'autres habitants que vous. » M. de la Salle souriait avec une aménité franche ; et ses amis, après avoir causé avec lui, n'étaient pas éloignés d'envier une sauvagerie qui, en le faisant habiter dans le ciel, le rendait si attrayant et si aimable.

Dès ce moment, nous trouvons donc M. de la Salle à la hauteur des saint Bernard, des saint Dominique, des saint François, si l'on considère les délices dont Dieu l'inonde, l'amour qu'il professe pour la retraite, l'esprit apostolique qui l'anime, et l'héroïque courage avec lequel il embrasse la mortification. C'est que, comme eux, il avait une grande œuvre à faire ; il devait exercer, non seulement sur son siècle, mais encore sur les siècles à venir, une influence considérable ; et « alors, comme nous le dit le pieux Blain, sa plus grande et presque son unique affaire était d'arroser de ses larmes l'Institut qui ne faisait que d'éclore, de le cimenter de son sang, de le soutenir par ses pénitences, de lui attirer la grâce par ses prières ».

M. de la Salle, à cette époque, était assidu auprès du tombeau de saint Remi, qu'il aimait tant à visiter tout petit enfant de chœur. Mais ce sont maintenant de longues heures qu'il passe prosterné devant les reliques sacrées ; et même, les vendredis, il y demeure la nuit tout entière. « Il avait gagné le sous-sacristain de l'église, nous dit un historien, et celui-ci l'enfermait secrètement le soir. » — « Ce sépulcre était son asile, ajoute le même biographe, dans toutes les difficultés qui lui survenaient. »

Le serviteur de Dieu apparaissait donc au milieu des siens avec ce prestige que lui donnaient ses pénitences, ses rapports continuels avec le ciel, dont je ne sais quel reflet transpirait sur toute sa personne et produisait une vive impression ; dans la moindre de ses paroles, les jeunes maîtres trouvaient une lumière et une impulsion, et le plus bel ordre régnait dans la petite communauté.

Durant l'année 1685, le saint prêtre reçut plusieurs fois la visite du duc de Mazarin, qui vint à Reims exprès pour le voir, attiré par ce qu'on disait de sa grande vertu. Ce seigneur, ravi de sa douceur et de sa sagesse, voulut fonder une école normale dans le marquisat de Montcornet, sur le modèle de celle de Reims.

Cependant M. Nyel, malgré la consolation que lui donnaient les écoles, pensait à Rouen. Cette ville, où il avait passé la plus grande partie de sa vie, lui était chère ; et « il soupirait ardemment, nous dit un biographe, après le bonheur d'abriter ses vieux jours à

7*

l'ombre des lieux témoins de la bienfaisance géné-
reuse de son ami Laurent de Bimorel, et des premiers succès de son propre zèle[1] ». Au mois de septembre 1685, il partit de Laon, où il séjournait depuis
deux ans, et, arrivé à Reims, il dit humblement à
M. de la Salle : « Ma mission est achevée en Champagne, rien ne peut donc plus m'y retenir. » Les
instances du saint prêtre pour le décider à continuer
l'œuvre des écoles furent inutiles. La séparation ne
se fit pas sans larmes, et tous deux conservèrent l'un
pour l'autre de profonds sentiments d'affection et d'estime. M. Nyel rentra à l'hôpital général, où on lui
donna par honneur le titre de *surintendant des écoles
pauvres de la ville*. Mme de Maillefer apprit de sa
bouche tout ce qui avait été fait pendant ces six années pour l'éducation des pauvres, et elle en éprouva
une grande joie.

Huit mois plus tard, M. de la Salle recevait la nouvelle de la mort du P. Barré. Ce fut un coup pour lui.
Il espérait le retrouver à Paris, quand la Providence
lui permettrait de venir s'y établir. Se rappelant que,
dans les circonstances les plus solennelles de sa vie,
il avait vu ce grand religieux intervenir et lui demander de la part de Dieu des actes héroïques, M. de la
Salle laissa couler ses larmes.

Par le fait du départ de M. Nyel, l'abbé de la Salle
se voyait désormais chargé seul des écoles. Arrivé à
ce dénouement qu'il avait d'ailleurs prévu, une pensée
travailla son esprit. N'était-ce pas l'heure de donner
à la communauté un supérieur ? Lui-même continuerait de diriger les âmes ; mais la conduite extérieure
des Frères et la négociation des écoles appartien-

____

[1] Fr. Lucard.

draient à celui que la communauté élirait pour son chef. M. de la Salle, en inclinant vers cette idée, cédait à l'attrait puissant qui le portait à s'effacer. Lui-même, au reste, entendait bien être soumis et obéir comme le dernier des Frères à ce supérieur, et cette raison n'était pas la moindre qui pesât dans la balance, quand il considérait la nécessité de cette mesure. Les saints ont la soif de l'obéissance, et cette vertu est peut-être celle qu'ils cultivent dans leur âme avec le plus tendre amour, celle qu'ils puisent avec le plus de contentement dans leurs rapports avec le ciel.

M. de la Salle garda en lui-même cette pensée pendant presque un an. Résolu enfin de la réaliser, il convoqua, pour le 9 juin 1686, une assemblée générale. L'Institut encore au berceau ne possédait pas un grand nombre de Frères : tous vinrent. Cependant, sur les douze que nous avions spécialement remarqués en 1684, il en manqua quatre. C'est que les fondements d'une congrégation de ce genre devaient être d'une solidité extraordinaire, et il importait que ceux dont le courage était susceptible de fléchir fussent soigneusement écartés. Durant ces années de formation, on est frappé de voir comme Dieu se montre difficile pour recevoir les premières pierres du magnifique édifice, et comme toute prudence humaine est mise de côté, quand il s'agit de réjeter les éléments qui ne sont pas propres à sa construction.

M. de la Salle fit donc connaître aux Frères réunis autour de lui qu'il s'agissait de l'élection d'un nouveau supérieur ; il leur recommanda instamment de penser devant Dieu à la nécessité de cette mesure ; enfin il leur dit de voir sur lequel d'entre eux leur choix devait tomber.

Quand les frères eurent prié, M. de la Salle épuisa toutes les ressources de son esprit pour leur faire comprendre qu'il fallait nommer un supérieur autre que lui. « Le nombre des écoles s'est accru, leur dit-il; par là se sont multipliées les affaires. Je ne puis vaquer seul à tant d'occupations. La confession et la direction des consciences suffiront à m'absorber; et puisque vous avez parmi vous des sujets vertueux et prudents, choisissez-en un pour le mettre à votre tête. Tôt ou tard vous devrez en venir là. Faites pendant ma vie ce que vous serez obligé de faire à ma mort. D'ailleurs il faut vous accoutumer à vous passer de moi. » Les pauvres Frères ne purent se défendre contre la séduction dont ces paroles étaient accompagnées. M. de la Salle avait une puissance de persuasion à laquelle il était bien difficile d'échapper; tant d'esprit, tant d'amabilité, tant de douceur, tant de candeur, venaient assaisonner les raisons que sa haute intelligence savait merveilleusement rendre lumineuses! Aiguillonné par l'humilité, il eût triomphé des gens les plus en garde contre son éloquence.

Les Frères ne demeurèrent pas sans hésitation, et, s'ils firent ce qui leur était demandé, ce ne fut pas sans en éprouver une vraie peine. Leur choix tomba sur le frère Henri Lheureux, un homme sage, modéré, d'une vertu solide. Dans son cœur, M. de la Salle l'avait désigné à l'avance. Il fut au comble de la joie de voir les Frères se rencontrer ici avec lui.

CHAPITRE XVI

M. de la Salle fut le premier à donner au nouveau
supérieur des marques de sa soumission. Comme s'il
eût eu l'instinct que Dieu ne le laisserait pas jouir
longtemps de son bonheur, le saint prêtre se livra
tout entier aux pratiques de l'obéissance. « Je puis
dire, écrit Blain, que dans la Légende entière qui
contient le détail des exemples que les saints ont
donnés sur ce sujet, on aurait peine à en trouver un
qu'il ait omis de pratiquer. » Le biographe ajoute :
« Il ne finissait une pratique d'humilité que pour en
commencer une d'obéissance; et, en le suivant, on
l'aurait vu en faire un tissu pendant toute la journée,
et ne mettre d'intervalle entre elles que celui qui est
nécessaire pour passer de l'une à l'autre. »

Le frère Lheureux voyait donc, à toute heure du
jour, M. de la Salle venir prendre ses ordres, recevoir

ses permissions. L'humble prêtre lui accusait, comme cela se pratique en religion, ses moindres manquements, et lui en demandait des pénitences. C'était une confusion inexprimable pour le pauvre supérieur, qui souvent demeurait interdit en face de tant d'humilité : voir à ses genoux un prêtre, un docteur, un chanoine, un père, voilà ce qui le déconcertait. La communauté ne pouvait se rassasier d'un spectacle qui l'attendrissait à chaque instant, et tout le monde était saisi de vénération.

Le saint prêtre aurait voulu que cette fête que Dieu donnait ainsi à son humilité durât toujours, quand lui-même y mit brusquement fin d'une manière curieuse. On ignorait dans la ville que M. de la Salle n'était plus le supérieur de la communauté. Un jour, quelques-uns de ses amis vinrent lui faire visite. M. de la Salle, qui n'a pas la permission de parler, s'empresse de la demander. Ses amis s'étonnent, et, apprenant qu'il s'est mis au rang des inférieurs, ils lui en font des reproches ; puis, allant trouver l'archevêque, ils le conjurent de faire reprendre à M. de la Salle la conduite de l'Institut. Le prélat, en intervenant, allait au-devant des désirs les plus ardents des Frères. Le saint prêtre dut s'incliner et se laisser remettre à la première place. « Jamais jour ne fut plus triste pour l'humble instituteur, nous dit le pieux Blain, parce que jamais temps n'avait été plus doux pour lui, et n'était passé si vite. » Quant au frère Lheureux, sa joie était au comble. Nous n'avons pas de peine à croire le biographe, qui nous dit que ce fut pour ce saint Frère « un moment fortuné ».

Cependant les merveilleux exemples d'obéissance et d'humilité que M. de la Salle venait de donner n'étaient pas près de s'effacer des esprits. L'impression en demeura si profonde, que les Frères, même longtemps après, ne pouvaient s'en taire. Chacun prenait un vif plaisir à raconter ce qu'il savait.

Auprès d'un père qui portait si loin la vertu, les Frères couraient dans la sainte carrière de la perfection. Nous voyons plusieurs d'entre eux faire rapidement leur couronne, et tout joyeux s'en aller au ciel.

C'était le frère Jean-François, tout jeune encore, que la piété et la patience des disciples de M. de la Salle avaient gagné à l'Institut. Pour venir se jeter dans les bras de celui qu'il regardait comme un grand serviteur de Dieu, il avait dû quitter une position assez avantageuse dans la ville même de Reims. Remarquable par son esprit intérieur, on le vit constamment « appliqué à la présence de Dieu, attentif aux mouvements de son âme, vigilant à repousser toute pensée inutile, toute affection étrangère, plein d'énergie à étouffer les moindres productions des passions, soigneux à mortifier l'esprit naturel et la volonté propre ». Quand le Seigneur eut reçu de lui tout ce qu'il en attendait, sa miséricorde l'appela aussitôt à la récompense. Après quelques jours de maladie, le jeune Frère mourut en saluant par ces mots la céleste patrie où il abordait : « Ah ! belle éternité, que ton séjour est beau ! Amour, amour, amour ! Nous irons voir l'amour au ciel ! » La communauté ne le possédait que depuis dix-huit mois.

C'était encore le frère Maurice, un Rémois également, âme singulièrement belle, qui s'était doucement épanouie dans la piété au milieu d'une famille très honorable. Devenu adolescent, il se sentit attiré vers M. de la Salle. Le saint prêtre trouva l'enfant bien frêle ; mais pouvait-il oublier que lui-même avait été ainsi? Il lui ouvrit ses bras. Le jeune Frère fit une vive sensation à son entrée dans la communauté. Il paraît, d'après les mémoires, que « c'était une image naturelle de Notre-Seigneur sur la terre ». Avec toutes sortes de dons angéliques, le jeune novice s'appliquait énergiquement à l'acquisition des solides vertus, et il était arrivé en peu de temps à une haute perfection. « La nature, chez lui, disent les mémoires, n'osait plus déclarer ses inclinations; car, pour peu qu'il lui échappât de les faire sentir, elle les voyait contredites, mortifiées et persécutées jusqu'à parfaite destruction. » On sent bien là la culture de M. de la Salle.

Frère Maurice avait pour vertu dominante l'obéissance parfaite. Il vivait d'ailleurs comme s'il n'eût pas eu de corps, et il lui manquait peu de chose pour être un ange. Les Frères, le voyant passer, disaient : « Il semble vraiment être au ciel, et pas ici-bas. » C'est surtout dans la prière qu'il produisait cet effet.

Il servait habituellement la messe de M. de la Salle. Ces deux âmes, aussi fraîches et aussi pures l'une que l'autre, se comprenaient en présence de la divine Victime, et, tandis que l'un l'immolait dans l'extase, l'autre l'adorait dans le ravissement.

Un jour, le divin Agneau convia le frère Maurice aux fêtes éternelles. Le tout jeune homme laissa doucement pencher son front sous la main de la maladie, qui fut pour lui la dernière miséricorde de son Christ bien-aimé, et à vingt-deux ans il partit tout joyeux vers le ciel.

On raconte que le médecin lui ayant conseillé de quitter quelque temps la maison pour se remettre, le pieux enfant dit : « Non, non, j'aime mieux mourir ici. » Un frère atteint de la même maladie reçut un pareil conseil du médecin, et s'en alla dans sa famille. Comme il se mourait, sa mère se lamentait auprès de lui. « Ah ! mère, chère mère, lui dit-il, vous me percez le cœur ; si j'étais encore parmi les Frères, au lieu de gémissements je n'aurais que des prières. »

Parmi ces prédestinés, il y avait encore le frère Bourlette. Celui-là avait été divinement séduit à la vue des outrages qu'on faisait aux Frères. « Moi aussi, je veux qu'on m'insulte : la cause est belle. Je serai Frère ! » Voilà ce qu'il s'était dit. Il avait un noble cœur. Fils unique tendrement aimé de son père et de sa mère, un jour il se déroba secrètement à leur vigilance et alla trouver M. de la Salle. « Je sais que je vais causer à mes parents une peine profonde, lui dit-il ; si je faisais cela pour d'autres que pour Dieu, le sacrifice serait au-dessus de mes forces. » M. de la Salle l'accueille avec bonté. Tandis que le saint prêtre essuie ses larmes, le père et la mère désolés accourent et réclament leur fils. « Nous ne l'aurions pas conduit au sépulcre avec tant de larmes, » disent-ils. Le jeune homme, brisé, refuse de retourner avec eux, et la dignité de sa douleur impose aux parents, qui se retirent.

Dire combien de fois ce pauvre père et cette mère affligée vinrent ainsi le chercher serait bien impossible. On raconte que la ville entière en fut émue. Le jeune homme demeurait ferme et doux à la fois. Quand son père lui montrait le sort heureux qui l'attendait dans le monde, et l'avenir tout souriant à ses espérances, il disait : « Croyez-vous qu'il y ait là de quoi satisfaire une âme immortelle ? Non, non, ne me parlez pas de ces biens, ils ne me touchent pas. Je ne connais qu'une chose qui me fasse impression, ce sont vos larmes, c'est la peine que votre cœur endure. Et vous seuls êtes dignes de mes regrets. Mais si je vous perds, n'est-ce pas pour vous mieux retrouver un jour? Et Dieu, entre vous et moi, peut-il être une séparation? » Cette âme si élevée n'avait que des réponses de ce genre à faire.

Le frère Bourlette demanda à quitter Reims pour tâcher de tarir la source de tant de larmes. A Rethel, où on l'envoya, ses parents vinrent le chercher. Sans se troubler, il les consola, et les vit partir toujours bien affligés. Des combats n'étaient pas sans se livrer dans son âme; mais, « tout retiré en Dieu, nous disent les biographes, il laissait la grâce triompher de la nature, et offrait au Seigneur la peine qu'il causait à ses parents et celle que ceux-ci lui faisaient. » Il écrivit un jour à M. de la Salle : « Mes parents sont venus me voir, et m'ont demandé si je ne voulais pas me convertir; je leur ai fait réponse que j'étais tout converti. » Le frère Bourlette passa de Rethel à Laon. Aussitôt son père alla l'y trouver. Ce vieillard affligé était presque au désespoir. L'héroïque enfant le consola encore avec tendresse, et se sépara de lui après avoir ranimé son courage. Dans ces occasions, si bien faites pour ébranler sa vocation, il ne songeait qu'à renouveler généreusement son sacrifice, et qu'à demander à Dieu en retour d'adoucir les larmes de son père et de sa mère.

A Laon, le frère Bourlette vit son compagnon tomber malade; il entreprit de l'assister et de faire en même temps les deux classes. Le curé, qui l'aimait à cause de sa singulière piété, étant venu aux écoles, fut attristé de le voir ainsi accablé de travail, et il lui dit : « Donnez donc aux enfants un congé de huit à dix jours. — Je ne puis faire cela, vous le savez, sans une permission par écrit de notre Père, répondit-il au curé si bienveillant.— Mais alors, lui dit celui-ci, comment pouvez-vous faire deux écoles séparées, contenir un si grand nombre d'enfants, et soigner le malade? — Monsieur, répartit le pieux Frère, considérez, je vous prie, que cela n'est pas impossible; j'ai le pied droit dans une classe, le pied gauche dans l'autre, l'esprit avec le malade et le cœur au ciel. » Le curé, ému, ne trouva rien à répliquer, et s'en alla plein d'admiration. Le malade se remit, et le frère Bourlette prit sa place à l'infirmerie. Deux jours après, il allait au ciel. La paroisse, qui l'avait gracieusement désigné sous le nom de frère Modeste, parce qu'il se tenait comme un ange, le pleura, et la tombe si simple où on le mit dormir fut longtemps visitée de la ville entière.

Le frère Bourlette portait la forte empreinte de M. de la Salle. Les mémoires nous disent « que son ambition était de disparaître dans l'esprit des hommes, et de se perdre dans leur estime. Si l'esprit d'obéissance n'eût pas été en lui supérieur à cet attrait, on l'aurait vu contrefaire l'insensé ». O monde, ne lui jette pas la pierre : il sera obéissant, et il aura par surcroît la gloire de n'être pas un mendiant de tes suffrages, ni un quémandeur de tes bonnes grâces. Et dans tes moments de réflexion, ô monde, tu sais bien ce que tu penses de ceux qui rampent à tes pieds!

Au reste, rien ne paraissait que de gracieux dans le doux Frère, et, comme si Dieu eût voulu faire respecter sa vertu, je ne sais quel éclat céleste l'entourait et faisait croire qu'il était dans une sorte d'extase habituelle. « Il paraissait en tout temps extasié et hors de lui-même : » ce sont les propres mots des mémoires. Tels étaient les disciples de M. de la Salle.

Le saint prêtre s'occupait à cultiver ces plantes précieuses, se livrant lui-même aux plus nobles exercices des vertus chrétiennes avec une héroïque générosité, quand on vint lui annoncer que M. Nyel était, lui aussi, allé chercher au ciel la récompense de ses pieux travaux. Cet homme de bien avait rendu son âme à Dieu le 31 mai 1687, à l'âge de soixante-six ans. M. de la Salle en fut vivement affligé, et dans la suite on l'entendra souvent exprimer combien cette perte lui fut sensible. Il s'empressa de demander des prières pour le défunt si regretté, fit tendre de deuil l'église des Sœurs de l'Enfant-Jésus, et célébra une messe solennelle à laquelle assistèrent, dans le plus bel ordre et avec une touchante modestie, les enfants des écoles et leurs maîtres, heureux de payer ce tribut à un homme suscité par la divine Providence pour donner occasion à la naissance de l'Institut.

CHAPITRE XVII

Cinq ans environ s'étaient écoulés depuis le moment
où M. de la Salle, sur le point de partir pour Paris,
avait été retenu par son directeur; mais ce projet
d'aller s'établir dans la capitale de la France demeurait toujours au fond de son cœur. Au mois de février 1688, ayant reçu de M. de la Barmondière une
invitation pressante de venir prendre en main la
direction de l'école de Saint-Sulpice, il quitta Reims,
accompagné de deux de ses disciples, et arriva à
Paris le 23.

Mgr le Tellier, afin de le retenir, lui avait fait pour
son Institut des offres généreuses; mais comme c'était
à la condition que le saint prêtre n'établirait pas
d'écoles en dehors de son diocèse, M. de la Salle

n'avait pu accepter. Le prélat ne se fâcha point, entrevoyant bien que l'œuvre prendrait à Paris une extension dont la France tout entière ressentirait le bienfait. « Mgr le Tellier, nous dit Blain, était un homme qui entendait la raison, qui n'était pas ennemi du plus grand bien, ni tellement attaché à l'intérêt de son église particulière qu'il voulût le procurer aux dépens de celui des autres. »

M. le curé de Saint-Sulpice accueillit avec bonheur l'abbé de la Salle, et lui confia son école, située dans la rue Princesse.

Les commencements furent très pénibles. C'étaient deux cents enfants du pauvre peuple qu'il s'agissait de discipliner. Au moment où M. de la Salle les prit, ces petits garçons n'avaient pour les conduire qu'un jeune homme et un prêtre ; et encore ce dernier, en raison de ses fonctions, ne pouvait exercer sur eux la surveillance active et continuelle dont les enfants ont besoin. On voit ce que, dans de telles conditions, les pauvres écoliers pouvaient apprendre, et quelle devait être leur tenue. Il faut ajouter qu'à l'école de la rue Princesse était annexée une sorte de manufacture où, selon le désir de M. de la Barmondière, l'on faisait travailler les enfants quelques heures. Le maître qui conduisait les métiers, retirant du travail de ces pauvres petits quelque profit, n'était pas sans les retenir plus d'une fois aux dépens de la classe, soulageant d'autant le jeune instituteur, qui devait fléchir sous le poids de tant de monde à instruire.

Deux mois après être entré à cette école, M. de la Salle y avait déjà mis le plus grand ordre. Les élèves, qu'il avait trouvés pêle-mêle dans une même pièce, étaient classés selon leur degré d'instruction, et placés dans des salles à part, dont chacune avait un maître

spécial. L'heure de l'entrée et de la sortie de la classe
était réglée, et le temps donné au travail manuel invariablement fixé. Le catéchisme eut la place d'honneur, comme cela est légitime, au milieu des autres
connaissances précieuses dont M. de la Salle avait le
talent d'enrichir l'esprit des enfants.

M. de la Barmondière ne put revenir de son étonnement, quand il vit la nouvelle organisation de son
école. La surprise du curé de Saint-Sulpice, depuis
deux siècles, quelque part qu'on aille, on l'éprouve
toujours. M. de la Salle ne faisait donc qu'inaugurer la
longue suite ininterrompue des succès dont Dieu devait à jamais bénir son œuvre.

Toutefois en cela le maître de la manufacture ne
trouvait pas son compte ; car M. de la Salle, par ses
règlements, avait empêché dans une certaine mesure
que les pauvres petits enfants ne fussent, pour le spé-
culateur intéressé, des instruments de lucre. D'un
autre côté, le jeune homme qui auparavant conduisait
toute l'école, lourdement chargé sans doute, mais à
peu près exempt de contrôle, se trouvait maintenant
confiné dans une classe avec tous les assujettissements
que réclament l'ordre parfait et un enseignement sérieusement donné. Le manufacturier perdait son argent ; le jeune maître, son indépendance et sa liberté
d'agir sans frein. Enfin le bon ecclésiastique qui avait
eu la haute main sur l'école voyait fleurir dans la
maison mille choses admirables qu'il n'avait pas su
lui-même y faire éclore. Il eut le malheur de ne pas
comprendre qu'une grâce extraordinaire avait été donnée à l'Institut de M. de la Salle, et que Dieu ne lui
avait pas fait à lui la même faveur. Comme Saül, il
conçut donc peu à peu pour le saint prêtre une vive
aversion. Ces trois hommes mécontents parvinrent, à

l'aide d'intrigues conduites par des dames, à faire tomber un instant le saint directeur de l'école dans la disgrâce du curé de Saint-Sulpice. Les hommes qui ont un grand cœur et une noble simplicité doivent singulièrement se tenir sur leurs gardes, et se persuader que la bonne foi et la vérité n'ont pas dans toutes les âmes un sanctuaire comme dans la leur. M. de la Barmondière fut pris dans le piège de sa candeur. Il crut les faux rapports contre M. de la Salle, et lui fit dire de s'en retourner à Reims avec ses Frères.

M. de la Salle était un de ces types sublimes taillés de la main de Notre-Seigneur dans l'Évangile : « A celui qui vous demande votre tunique, dit le Sauveur, donnez-lui aussi votre manteau ; et si quelqu'un vous oblige à faire mille pas avec lui, faites-en deux mille. » M. de la Salle s'en tint là toute sa vie : jamais il ne disputa, souvent même il évita de se défendre.

Allant prendre congé de M. de la Barmondière, M. de la Salle, par sa noble et humble attitude, impressionna vivement le digne curé de Saint-Sulpice. « Oh ! ne partez pas encore, lui dit celui-ci. Conservez la direction de notre école ; ne privez pas ma paroisse des secours qu'elle commence à retirer de votre zèle et de votre expérience ; je penserai dans la suite à votre départ. » Et bientôt M. Baudrand, son vicaire, dit à M. de la Salle : « M. le curé vient de m'entretenir à votre sujet. Il vous a dit qu'il penserait plus tard à votre départ. Or il y pensera bien trois ans avant de vous en parler de nouveau. Ainsi tenez-vous désormais en repos. »

Un autre que M. de la Salle, appuyé sur le point d'honneur, eût abandonné les écoles du curé de Saint-Sulpice. Mais les saints ont une conduite différente, et, mettant la vertu plus haut que le point

d'honneur, ils s'efforcent d'atteindre à la perfection
du divin Modèle en suivant ses adorables leçons de
mansuétude. M. de la Salle, qui avait dit héroïque-
ment à Dieu : « Je partirai, » sacrifiant les espérances
les plus chères qu'il fondait à Paris pour son Institut, lui dit avec la même simplicité : « Je resterai. »

Enfin M. de la Barmondière fut complètement dé-
sabusé. Ayant chargé l'abbé de Forbin-Janson d'examiner les choses de près, cet ecclésiastique de grande
valeur y mit toute son attention. L'ordre admirable
qui régnait dans les écoles le frappa vivement ; tout
ce qu'on avait adroitement glissé dans l'esprit du curé
de Saint-Sulpice lui parut absolument dénué de fondement ; et, prenant un jour à part M. de la Salle, il
lui dit : « Ces hommes qui vous ont odieusement
calomnié, vous avez bien quelque chose à dire d'eux ?
Allons, un mot au moins ; vous n'avez jamais ouvert
la bouche pour vous défendre. — Je ne suis point
chargé de leur conduite, dit M. de la Salle avec une
douceur respectueuse, et je ne l'ai point examinée. »
Et il ajouta : « La seule grâce que je vous demande,
Monsieur, c'est de me faire connaître les défauts que
vous remarquez dans ma conduite et de me donner
les avis dont j'ai besoin. »

M. Baudrand succéda à M. de la Barmondière au
mois de janvier 1689. Le nouveau curé de Saint-Sulpice montra à M. de la Salle toute sa sympathie, et
lui donna dans son école une entière liberté d'action.
Enfin, au commencement de l'année suivante (1690),
il l'aida à en ouvrir une nouvelle dans la rue du Bac,
non loin du Pont-Royal.

C'est alors que les maîtres d'école de Paris s'alar-
mèrent ; les écoles gratuites de M. de la Salle les in-
quiétaient vivement. « Si cela continue, nous serons

bientôt abandonnés, » se disaient-ils. D'où venait cette appréhension ? M. de la Salle n'ouvrait ses maisons que pour les pauvres, et les maîtres qui enseignaient en se faisant rémunérer n'attendaient pas d'argent de ces enfants-là. Chacun comprend que ce n'était pas aux indigents que ces maîtres d'école tenaient ; mais il leur était dur de voir les petits pauvres instruits sans argent s'acheminer vers des succès auxquels eux-mêmes étaient incapables de conduire leurs élèves payants. Et la crainte de la comparaison excitait leur jalousie.

Ils n'avaient qu'un seul moyen pour recouvrer la tranquillité qui venait de leur être ravie ; c'était de faire fermer les écoles de M. de la Salle. D'abord, nous dit M. Blain, « ils firent tout saisir dans ses écoles ; puis ils assignèrent les Frères et leur supérieur, et leur intentèrent un procès, sous prétexte qu'ils attentaient à leurs privilèges, et qu'ils s'arrogeaient sans titre le droit de faire leurs fonctions. »

Rien n'est curieux comme ce procès, que gagna à la fin M. de la Salle, et dont il attribua l'heureuse issue à la maternelle intervention de la sainte Vierge. Il avait conduit à cet effet ses Frères en pèlerinage à Notre-Dame-des-Vertus, « lieu de dévotion fort fréquenté, nous dit Blain, et qui est à deux petites lieues de Paris. »

Le saint prêtre eut encore différentes afflictions qui lui furent fort sensibles. Il dut contrister M. Baudrand en refusant de faire quitter aux Frères leur costume, selon le désir qu'en avait le vénérable curé. Un fondateur d'Ordre ne peut plier ses desseins aux vues particulières d'hommes qui n'ont pas grâce d'état pour comprendre ce qui est le meilleur. Dans cette circonstance, M. de la Salle montra un tact exquis, comme toujours, et appuya son refus sur l'avis des hommes les plus graves, qu'il ne manqua pas de consulter.

En quittant Reims, l'homme de Dieu avait laissé dans un état florissant la communauté des Frères qui dirigeaient les écoles, l'établissement des instituteurs pour la campagne, et le petit noviciat destiné aux jeunes gens qui devaient plus tard embrasser la vie religieuse. Mais les œuvres de ce genre offrent tant de difficultés dans les commencements, que si la main qui les a créées n'est pas là constamment pour les soutenir, on ne peut guère espérer qu'elles vivront.

L'école normale, après le départ de M. de la Salle, commença donc à fléchir, et peu à peu elle marcha à sa ruine. Cet incident décida le saint prêtre à se rendre à Reims. Sa fatigue était extrême. Le travail, les veilles, les tribulations sans fin, le sommeil pris sur la terre nue, les jeûnes, la mauvaise nourriture, l'usage des cilices, des chaînes de fer, l'avaient épuisé. Sans s'occuper de l'état de faiblesse où il se trouvait, M. de la Salle se mit en route à pied. On raconte qu'il eut beaucoup de peine à arriver, et dut faire plus d'une fois un énergique appel à son courage.

Le saint prêtre, arrivé à Reims, se montra très affectueux à l'égard de sa famille, mais ne voulut pas consentir à prendre du repos, selon qu'elle l'en suppliait, afin de s'occuper tout de suite de son œuvre. Toutefois la maladie le força presque aussitôt à s'arrêter. Les Frères, si heureux de sa visite, étaient dans la désolation. « Les larmes de joie que son retour avait tirées de leurs yeux, nous dit le pieux Blain, furent bientôt changées en larmes de tristesse, et déjà ils regrettaient la consolation qu'ils avaient de le voir à Reims. » Ces hommes si tendrement attachés à leur père prièrent pour lui. Ils sentaient qu'une bonne nourriture pourrait seule le rétablir. « Hélas ! se disaient-ils, nous sommes trop pauvres pour lui en donner, mais Dieu nous viendra en aide. » Des prières partant de cœurs semblables émeuvent facilement le Seigneur. M. de la Salle recouvra la santé en peu de temps. Il put donc de nouveau s'occuper des affaires qui l'amenaient à Reims. C'est alors que, appréhendant de voir périr en cette ville son petit noviciat, comme cela était malheureusement arrivé pour l'école normale, il se décida à le transporter à Paris, afin de l'avoir sous ses yeux ; et dès qu'il n'eut plus rien pour le retenir dans sa ville natale, il reprit le chemin de la capitale.

Voyageant toujours à pied, le saint prêtre crut abréger sa route en allant à travers la plaine. Une pluie fine, en tombant, détrempa si fort le sol, que le pauvre voyageur enfonçait à chaque pas. Les semelles de ses souliers restèrent bientôt dans la boue, et il lui fallut marcher nu-pieds jusqu'au village prochain. Là il trouva à acheter des chaussures grossières et pesantes qui le firent cruellement souffrir jusqu'à Paris.

En arrivant, il se mit au lit. Une nouvelle maladie se déclara, et ses jours furent en danger. Les Frères n'avaient que Dieu pour les soutenir, et leurs cœurs, habitués à se tourner vers lui quand ils étaient dans la peine, demandèrent au Seigneur avec larmes de ne pas laisser mourir leur père. M. de la Salle était dans la force de l'âge, n'ayant alors qu'une quarantaine d'années.

Il se trouvait à cette époque à Paris un médecin

hollandais d'une très grande célébrité, M. Helvétius. C'est lui que les Frères firent venir pour soigner leur cher malade. Ce médecin, ayant proposé un de ces remèdes qui décident de la vie ou de la mort, fut d'avis que M. de la Salle, avant de le prendre, reçût le saint viatique. Le curé de Saint-Sulpice vint donc lui apporter le divin sacrement, au milieu d'une foule de prêtres en surplis, ayant à la main un cierge allumé. Dans le pieux cortège, il y avait un grand nombre de personnes de toute condition, venues, nous dit M. Blain, pour « saisir le moment de voir un saint aux portes de l'éternité ». Le médecin aussi se trouvait là. M. de la Salle était extrêmement calme. Son cœur héroïque avait dit à Dieu : « Mes enfants, mon Institut, ma vie, je vous sacrifie tout. » Il avait la paix dans l'immolation. Mais les pauvres Frères, autour du lit, pleuraient comme des enfants. M. Baudrand, ému de cette douleur si vraie, ne put s'empêcher de leur adresser des paroles pleines de tendresse. M. de la Salle y parut très sensible. Alors M. le curé de Saint-Sulpice se tournant vers lui : « N'avez-vous pas, dit-il, quelque legs à faire à vos enfants ? » M. Baudrand savait bien qu'il parlait à l'homme le plus pauvre qui fût au monde. Il poursuivit donc aussitôt : « Ce que je vous demande pour ces chers enfants, c'est une parole et une bénédiction. » Le malade hésita un instant, par humilité ; mais, sur l'ordre du curé, il dut obéir. Recueillant donc toute la tendresse de son âme, il la mit dans ces mots, qu'il prononça d'une voix émue par l'amour : « Je vous recommande une grande union et une grande obéissance. » Il ne put, à cause de sa faiblesse extrême, lever la main pour bénir. M. Baudrand la lui prit doucement, et l'aida à former le signe auguste de la bénédiction. Alors M. de la Salle reçut la divine hostie, et la beauté céleste qui éclatait dans ses traits au saint sacrifice de la messe s'y fit voir encore. Étendu sur son lit avec le blanc vêtement sacerdotal, immobile dans un recueillement qui ressemblait à l'extase, on l'eût pris pour une vision angélique.

Après la réception du saint viatique, le malade se remit avec une résignation parfaite entre les mains de son médecin. Celui-ci, aussitôt le remède administré, reconnut qu'une crise salutaire se déclarait ; tout péril était conjuré. Au bout de quelques jours, M. de la Salle put prendre de la nourriture, et les Frères continuèrent à lui prodiguer les soins les plus délicats. A ce propos, les mémoires rapportent que le malade, pensant qu'il leur donnait bien de la peine, leur exprima un jour le désir d'être porté à l'hôpital. « C'est un refuge ouvert à tous les pauvres, et vous savez que j'en suis un. Je voudrais vous débarrasser de moi. » On conçoit comment les Frères accueillirent cette prière. Un malade si cher soigné par des mains étrangères ! « Avec nous, lui dirent-ils, vous restez pauvre ; mais vos enfants ne vous quitteront jamais. »

Leur empressement autour de lui et leur amour hâtèrent l'heure de sa guérison, et bientôt on le vit reprendre ses pénitences et ses durs travaux.

A peine remis, il dut retourner à Reims. Parmi les Frères qu'il avait jugé à propos de faire venir à Paris, se trouvait le Frère Lheureux, celui qui, un instant, avait été le supérieur de l'Institut. M. de la Salle, fondant sur lui les plus belles espérances, avait voulu qu'il fît ses études ecclésiastiques en vue du sacerdoce : dans sa pensée, un jour, à sa place, il gouvernerait définitivement la congrégation. Ce Frère d'ailleurs en était digne : solidement vertueux, il parlait fort bien, avait une intelligence élevée et beaucoup de sagesse. M. de la Salle ne pouvait, pendant son absence, laisser en de meilleures mains les écoles de Paris. C'est ce qu'il fit. En partant, il embrassa le frère Lheureux et lui dit : « A mon retour, j'aurai la consolation de vous conduire à l'ordination. »

M. de la Salle, en arrivant à Reims, apprend que les Frères de Laon sont malades. Il vole aussitôt près d'eux. Il administre les derniers sacrements à un Frère mourant, et lui ferme pieusement les yeux. « Les autres Frères, lui dit le médecin, sont fatigués ; ils auraient besoin de respirer l'air natal pour quelques jours. — L'air natal, reprend M. de la Salle avec un accent d'ineffable espérance, l'air natal du Frère des Écoles chrétiennes, c'est le paradis [1]. » Son cœur de père le porta cependant à fermer l'école pour deux mois.

En revenant à Reims, il trouva une lettre de Paris. On lui écrivait que le frère Lheureux venait de tomber malade. Une autre lettre succéda rapidement à la première : le Frère était en danger. Enfin, par une troisième, M. de la Salle apprend qu'il est abandonné des médecins. Il avait cru d'abord que les Frères avaient pris trop vite l'alarme, et il ne s'était pas ému ; mais maintenant il n'en pouvait douter : son enfant béni se mourait. En toute hâte, il fait le chemin de Reims à Paris. Arrivé à minuit à la maison, il sonne, demande le frère Lheureux ; il veut le voir. Depuis deux jours, le frère Lheureux dormait dans le tombeau. Des pleurs coulent des yeux du saint prêtre à cette nouvelle, et Blain nous dit « que ja-

[1] Fr. Lucard.

mais dans sa vie il ne reçut au cœur une plaie plus profonde ». M. de la Salle se hâta de regarder Dieu, cessa de pleurer, et se dit à lui-même : « En me l'enlevant à la veille de l'ordination, le Seigneur a voulu me faire comprendre que l'Institut n'est pas fait pour la dignité sacerdotale. » Et il prit dès lors la résolution de n'avoir jamais de prêtres dans la congrégation des Frères des Écoles chrétiennes.

Ici M. de la Salle a été inspiré par une très haute sagesse, qu'on ne se lassera jamais d'admirer.

CHAPITRE XVIII

Les écoles de M. de la Salle devenaient de plus en plus florissantes ; mais les Frères payaient de leur santé les succès qu'ils obtenaient : bon nombre tombaient épuisés. Le saint prêtre pensa à se procurer une maison en dehors de Paris, où les malades pourraient respirer un air pur. A l'entrée du village de Vaugirard, il s'en trouva une à sa convenance. Elle était isolée, vaste, bien située, d'un aspect simple, et offrait une retraite paisible. M. de la Salle l'ayant louée, les Frères souffrants y purent entrer vers le mois de septembre 1691.

Possédant maintenant un local où il pourrait facilement les recevoir tous, M. de la Salle voulut réunir ses disciples autour de lui pour quelque temps. Il

leur écrivit donc de se rendre à la maison de Vaugirard, le 8 du mois d'octobre. Les Frères de Reims, de
Guise, de Rethel, de Laon, vinrent ainsi se joindre à
ceux de Paris. Durant leur absence, les instituteurs
formés à l'école normale que M. de la Salle avait fondée se firent, par un sentiment de pieuse reconnaissance, un bonheur de les remplacer aux classes.

En lisant les mémoires, on est touché du courage
avec lequel le frère Jean Paris, directeur de Laon, et
le frère Jean Henri, directeur de Reims, deux vieillards, firent à pied le voyage, se traînant plutôt qu'ils
ne marchaient, pour obéir à leur père, et pour avoir
la joie de passer avec lui quelques semaines. Quand
M. de la Salle les vit entrer, succombant sous la fatigue, l'un brisé par un rhumatisme articulaire, l'autre
oppressé par un asthme et souffrant d'une cruelle
infirmité à la jambe, il fut attendri jusqu'aux larmes.
« Oh! je ne vous aurais pas mandés, leur dit-il, si je
vous avais su ainsi malades. » Et il les combla de pré-
venances. Ces vaillants hommes, qui ne voyaient rien
de plus beau que de mourir à la peine pour obéir, se
sentaient amplement récompensés par le sentiment
du devoir accompli et par le tendre accueil de leur
père. Le souvenir des fatigues inouïes qu'ils avaient
endurées resta dans le cœur de M. de la Salle, et lui
fit prescrire que les vieillards, les infirmes et les
malades ne voyageraient pas à pied.

Tous les Frères de l'Institut naissant, réunis ainsi
à Vaugirard, éprouvèrent les plus douces consolation. Le saint fondateur répandant dans leurs cœurs
quelque chose de l'onction divine dont le sien était
rempli, ils trouvaient d'ineffables délices dans le
recueillement, l'oraison, la mortification, l'humilité
et l'obéissance. Les trois mois qu'ils passèrent là

dans les austérités les plus dures, s'écoulèrent avec la rapidité d'un jour de bonheur.

Les voyant tous à chaque heure du jour, M. de la Salle apprit à les connaître intimement; ceux-lui lui ouvrirent leurs cœurs largement, et entre eux il fut convenu que désormais chaque année, durant les vacances, on se retrouverait à Vaugirard. Les Frères voulurent aussi entretenir par lettres ces rapports dans lesquels ils venaient de trouver les plus précieux avantages, et M. de la Salle arrêta que chaque mois, dans une correspondance régulière et fidèle, ses disciples lui rendraient compte de leur intérieur.

L'homme de Dieu pensa enfin qu'il devenait urgent de s'associer deux Frères, qui, avec lui, s'engageraient d'une manière irrévocable à soutenir l'Institut. Il choisit à cet effet le frère Nicolas Wiart et le frère Gabriel Drolin. Tous deux lui semblaient assez courageux pour ne pas se déconcerter en face des obstacles, et pour souffrir intrépidement la persécution. Voici la formule du vœu que fit le saint prêtre avec les deux Frères, le 21 novembre:

« Très sainte Trinité, Père, Fils et Saint-Esprit, prosternés dans un profond respect devant votre infinie et adorable majesté, nous nous consacrons entièrement à vous, pour procurer de tout notre pouvoir et de tous nos soins l'établissement de la société des Écoles chrétiennes en la manière qui nous paraîtra vous être la plus agréable et la plus avantageuse à ladite société. Et, pour cet effet, moi Jean-Baptiste de la Salle, prêtre; moi Nicolas Wiart, et moi Gabriel Drolin, nous, dès à présent et pour toujours jusqu'au dernier vivant, ou jusqu'à l'entière consommation de l'établissement de ladite société, faisons vœu d'association et d'union pour procurer et maintenir ledit

établissement, sans nous en pouvoir départir, quand
même nous ne resterions que nous trois dans ladite

société, et que nous serions obligés de demander
l'aumône et de vivre de pain seulement. En vue de

quoi, nous promettons de faire unanimement et d'un commun consentement tout ce que nous croirons, en conscience et sans aucune considération humaine, être pour le plus grand bien de ladite société. Fait ce vingt et unième novembre, jour de la Présentation de la très sainte Vierge 1691; en foi de quoi nous avons signé. »

Les autres Frères ignorèrent cet acte important; et, le moment étant venu pour tous de retourner à leur poste, M. de la Salle se sépara de son petit troupeau.

La maison de Vaugirard redevenait maintenant bien grande. Elle pouvait avantageusement servir d'abri à un noviciat. M. de la Salle l'avait louée dans l'espérance d'y mettre les jeunes gens qui demandaient à entrer dans l'Institut. Mais le curé de Saint-Sulpice avait vu jusqu'ici des inconvénients à la fondation d'un noviciat; et M. de la Salle, jugeant meilleur de s'entendre avec Dieu que d'entrer en discussion avec les hommes, s'était mis depuis quelque temps déjà en prière pour obtenir que ces difficultés s'aplanissent.

Nous le trouvons donc traitant en ce moment cette affaire avec le Ciel. Il redouble ses austérités, jeûnant tous les jours, passant chaque nuit dans de saintes veilles, et ne prenant plus ses quelques heures de sommeil que sur la terre nue et humide, où les Frères le trouvent le matin froid et glacé. Plusieurs fois on fit savoir au curé de Saint-Sulpice que le serviteur de Dieu se traitait de la sorte pour fléchir le Ciel et obtenir la permission d'ouvrir un noviciat, sans lequel l'Institut ne pouvait subsister. Le vénérable M. Baudrand répondait : « De grâce, qu'il cesse. Je ne puis lui permettre ce qu'il désire. » C'est ainsi que se passa pour M. de la Salle toute une année.

Mais Dieu, qui n'était pas insensible au spectacle de tant de sacrifices, termina l'affaire d'une manière imprévue. M. de la Salle rencontra un jour Mgr Godet des Marais, avec qui il avait été lié intimement au séminaire de Saint-Sulpice. Cet ecclésiastique venait d'être sacré évêque de Chartres par l'archevêque de Paris, Mgr du Harley. Le nouveau prélat entretint l'archevêque et M. Baudrand de son saint ami; et, sous l'influence secrète de Celui qui tient dans ses mains les cœurs des hommes, le curé de Saint-Sulpice changea tout à coup de dispositions; le noviciat que M. de la Salle voulait établir lui sembla nécessaire, et il ne s'y opposa plus.

L'archevêque de Paris accorda à M. de la Salle l'autorisation de former une véritable communauté. Cependant on fut longtemps sans avoir de chapelle, et le saint prêtre disait la messe à ses disciples dans un oratoire privé situé à peu de distance de la maison de Vaugirard. Le nombre des novices, qui fut d'abord de douze, s'éleva bientôt à trente-cinq. M. de la Salle fit venir de Reims le frère Jean Henry pour le placer à leur tête; mais il n'en conserva pas moins la haute direction des novices, et il eut vivement à cœur le soin de ces jeunes plantes, l'avenir de l'Institut.

La vie qu'on menait à Vaugirard était en vérité plus angélique qu'humaine. Il fallait que ces hommes eussent oublié qu'ils avaient un corps pour y tenir. « La grotte du Sauveur naissant, nous raconte Blain, n'était pas plus pauvre que cette maison. » C'est ce qui la faisait appeler par M. de la Salle « sa chère Bethléhem ». Avec ses fenêtres mal jointes, ses vitres cassées, ses fentes et ses crevasses, cette habitation en mauvais état ne fournissait qu'un abri bien impuissant contre le vent, la neige, la pluie.

En hiver, dormant sur une mauvaise paillasse, dans des draps de toile grossière, avec une pauvre petite couverture, sans rideaux, tout ce monde était couvert de frimas. « Les Frères, nous dit Blain, voyaient à leur réveil leur haleine épaissie et gelée sur le drap qui la recevait et qui était raide comme une planche.» Dans le jour, les novices eussent été bien empêchés de s'approcher du feu, car il n'y en avait point. Au dire des biographes, la discipline « était le seul moyen qu'ils eussent pour se réchauffer ». On en usait largement. « Le bruit des disciplines retentissait partout, à ce que racontent les mémoires, mais les oreilles y étaient accoutumées, et on n'y faisait plus attention. » Pour que les novices s'épargnassent, il eût fallu qu'ils ne vissent pas M. de la Salle; mais ils l'avaient sous les yeux. Non pas que le serviteur de Dieu leur fît jamais connaître les pénitences qu'il pratiquait; seulement eux, mis en éveil par le soin qu'il prenait à les cacher, savaient bien les découvrir. C'est ainsi, par exemple, qu'étant parvenus à faire accepter à leur père bien-aimé un matelas, le seul qu'il y eût dans la maison, ils finirent par s'apercevoir qu'il avait grand soin de le rouler le soir, et de le mettre à côté de sa planche. Et puis c'étaient ces fouets garnis de pointes de fer, tout usés, qu'ils trouvaient à chaque instant. Un jour un Frère en apportait un, enveloppé dans du papier, d'où coulaient de nombreuses gouttes de sang; un autre jour on découvrait un cilice. Les novices, on le conçoit, s'enhardissaient à demander pour eux-mêmes des pénitences à un homme qui en avait l'amour à ce point. Il fallut, dit-on, à M. de la Salle toute la douceur dont il était doué pour supporter les pieuses importunités de ses disciples à ce sujet. Sa fermeté ne lui fut pas moins nécessaire pour contenir dans les limites de la modération leur zèle si ardent.

Au noviciat de Vaugirard, on ne connaissait pas le vin. Les Frères ne buvaient que de l'eau pure. Enfin vous eussiez vainement cherché dans cette maison la cuisine ou l'office. Ce que les Frères mangeaient leur venait de Paris, et c'étaient tout simplement les restes de quelques communautés pauvres. Un Frère, chaque jour, prenait une hotte et allait les chercher, exposé durant le trajet à plus d'une aventure. C'était la pluie, le mauvais temps qui le mettait en retard; ou bien c'étaient de pauvres gens qui, ayant plus faim encore que les Frères, tombaient en nombre respectable sur la hotte; « heureux, dit Blain, de trouver un dîner tout prêt. » Ce dernier accident arriva plus d'une fois. Le biographe raconte qu'un jour, ainsi dévalisé, « le charitable porteur du dîner des novices vint, consterné, à la maison annoncer la nouvelle à M. de la Salle. Celui-ci répondit d'un air gai : Dieu soit béni! Ensuite il pria avec douceur le Frère de retourner à Paris, chercher la provision d'un autre repas qui servît de dîner et de souper à la fois. »

Les Frères se trouvaient encore trop bien nourris, et par pénitence souvent ils se privaient d'une partie de la portion qui leur était donnée. Enfin ils portaient des vêtements très pauvres.

Ceux qui savent que le berceau des grandes œuvres destinées à sauver le monde ne peut reposer sur la mollesse et la satisfaction des sens, comprendront la mâle vigueur avec laquelle volontairement se traitaient les Frères au noviciat de Vaugirard. L'âme n'est forte qu'en raison de ses victoires sur le corps et sur la nature. Folie de demander l'abnégation et le sacrifice à qui aime ses aises et s'est habitué à jouir!

Sur ce fond glorieux de la pauvreté et de la mortification, on voyait naturellement fleurir les plus belles
vertus. L'orgueil, ce vice odieux qui met le trouble
sur toute la terre, était remplacé par la douce humilité. C'était à qui obéirait; c'était à qui exercerait les
emplois les plus modestes. Chacun se défiait de son
propre sens, et était prêt à embrasser la manière de
voir des autres : condition de paix et d'ineffable bonheur. On était heureux à Vaugirard, et il faut croire
que ce contentement pur du cœur ne fut pas sans
contribuer à la conservation de la santé de tout le
monde; car les historiens remarquent avec soin que,
dans l'établissement de Vaugirard jamais un seul
novice ne fut malade. Or cette maison subsista sept
années. En pensant aux incroyables austérités qui
y étaient pratiquées, on est étonné; mais le fait est
incontestable.

Les Frères qui faisaient l'école à Paris venaient
chaque semaine à Vaugirard passer leur jour de
congé. Confondus avec les novices, ils partageaient
leurs exercices et avaient la même ferveur.

En peu de temps de si grandes vertus répandirent
dans tous les environs une douce odeur de sainteté.
On venait, attiré par ce parfum, voir les Frères, et
beaucoup se retiraient saisis d'admiration. « C'est,
disait-on, la Trappe aux portes de la capitale. » D'autres
disaient : « Ces hommes ont une vie plus austère que
chez M. de Rancé; et, par surcroît, ils font part aux
enfants du peuple d'un précieux trésor en les instruisant. »

Les prêtres allaient sans cesse à Vaugirard pour
vaquer aux exercices de la retraite sous la conduite
de M. de la Salle, qui les accueillait toujours avec
une grande charité, les dirigeait, et allumait dans

leur âme le plus ardent désir de servir Dieu et de
sauver les âmes.

Enfin des pécheurs s'y rendaient en grand nombre
pour chercher la paix auprès de l'homme de Dieu.
M. de la Salle s'attendrissait sur eux et pleurait. Sentant vite par là qu'ils avaient en lui un ami, un père,
ils lui découvraient les plaies de leur âme. Calme et
tranquille au récit des plus grands crimes, le confesseur redoublait de bonté; mais il y avait dans cette
bonté tant de lumière et d'énergie, que les pécheurs
se décidaient à revenir à Dieu à tout prix. « Il opéra,
nous dit M. Blain, dans cette solitude, des conversions qui peuvent être regardées comme des miracles
de l'infinie miséricorde. »

On vit bien des fois dans la maison de Vaugirard
un grand seigneur qui menait aux environs une vie
fort pénitente. Ce gentilhomme, presque du pays de
M. de la Salle, avait été à la cour l'objet des attentions
de Louis XIV. Malheureusement, livré au jeu et aux
mauvaises passions, il courait à sa perte éternelle,
quand, un jour, rentrant en lui-même, il résolut de
mettre un terme à tant de désordres. Ayant recouvré
la grâce de Dieu, il cessa d'aller à la cour, craignant
de n'être pas assez fort pour persévérer s'il demeurait
au milieu des tentations. Habituellement, ce seigneur
passait le Carême à la Trappe, vivant comme les religieux. En hiver, il habitait son hôtel de Paris, non
loin du noviciat des Frères, et il allait l'été dans son
château de Charmel, situé en Champagne. C'est là
qu'il avait appris, par trois Frères auxquels il avait
donné un jour l'hospitalité, qu'à Paris, tout près de
lui, vivait M. de la Salle. Il s'était empressé d'aller
voir l'homme de Dieu à Vaugirard, et une sainte amitié s'était vite formée entre eux deux. M. de Charmel

disait volontiers, à la vue de ce qui se pratiquait dans le noviciat : « J'ai à ma porte la Trappe, moi qui allais la chercher si loin ! » M. de la Salle eut toujours une singulière estime pour lui, et il ne savait rien dire de plus élogieux à son endroit que ces mots : « C'est un homme d'une oraison continuelle. » De son côté, M. de Charmel vénérait le saint prêtre, et éprouvait un indicible bonheur à l'entendre parler de Dieu. Il lui fit présent d'un devant d'autel et d'une chasuble d'un grand prix.

CHAPITRE XIX

Nous voyons aux vacances de 1692 tous les Frères
de l'Institut réunis à Vaugirard, selon qu'ils se l'é-
taient proposé l'année précédente. Leur édification fut
grande au milieu de ces novices, qui ne vivaient que
de l'amour de Dieu ; mais ils ne cédèrent en rien à ces
pieux jeunes gens pour la mortification, l'humilité,
l'obéissance. La parole de M. de la Salle les éclaira
merveilleusement, et sa douceur les ravit. Ils purent
en outre étudier à loisir ce père vénéré, et le voir de
plus en plus appliqué à la pratique de l'abnégation
et de la mort à soi-même. Comme toujours le saint
fondateur se réservait les plus durs travaux, et jamais on ne le trouvait plus heureux, plus souriant,
que quand une occasion de s'humilier se présentait
à lui.

Durant leur retraite, un jour, les Frères furent à ce sujet profondément émus. Pour épargner la fatigue à un Frère indisposé, M. de la Salle s'était chargé momentanément d'éveiller la communauté. Ayant passé toute la nuit en prières, le sommeil le prit au moment où le réveil-matin, placé avec grande précaution pourtant à son oreille, se mit à sonner. Le pauvre père ne l'entendit pas et ne put appeler les Frères à l'heure précise. Une pareille faute à ses yeux était digne de châtiment. Le moment du dîner arrivé, le saint fondateur s'avance au milieu du réfectoire, s'accuse humblement à genoux, demande une pénitence, et se met à manger à terre un morceau de pain sec. Les novices avaient déjà vu plus d'une fois leur père s'humilier ainsi; mais, pour les Frères, c'était un spectacle nouveau qui leur tira des larmes des yeux. Cet exemple eut dans le suite de nombreux imitateurs. En tout cas, il était de nature à produire de merveilleux effets; car dans une maison où des fautes de ce genre avaient de si touchantes expiations, des manquements graves ne se pouvaient commettre. Par là aussi toute raideur d'orgueil se trouvait brisée, et les pieux instituteurs, avec leur âme ainsi adoucie et assouplie, pouvaient aller offrir au prochain leurs charitables services; ils avaient à la fois toutes les délicatesses et tout le courage qui assurent le succès dans une œuvre où il ne faut craindre ni les rebuts, ni les humiliations, ni rien de ce qui exerce la patience.

Dans le courant de l'année 1693, M. de la Salle apprit la mort de Mme de Maillefer à Rouen. L'épidémie du pourpre régnait alors dans cette ville, où l'on ne voyait que malades et mourants. Mme de Maillefer se dépensa la nuit et le jour auprès d'eux. Après les avoir assistés avec la plus tendre charité, elle les ensevelissait sans s'occuper du danger qu'elle-même courait en vaquant à ces soins. Un jour, elle se sentit atteinte du mal. Prenant congé de ses chers pauvres : « Adieu, leur dit-elle, je n'aurai plus la consolation de vous soulager. » — « Peu de jours après, raconte M. Blain, elle mourut au milieu d'une extase d'amour, retirée dans sa chambre, à terre sur de la paille, les bras étendus et les yeux levés au ciel, en s'écriant : « Mon Dieu, je vais à vous ! » Le curé qui l'assista fut si consolé, « qu'il ne pouvait s'exprimer, continue le biographe, que par des transports : « O la belle mort ! ô l'heureuse mort ! » M. de la Salle fut touché comme lui en apprenant ces détails, et il dut prier sa sainte parente, qui s'était si vivement intéressée à l'éducation du pauvre peuple, de l'aider auprès de Dieu dans l'œuvre à laquelle elle-même, unie au P. Barré, à M. Rolland et à M. Nyel, avait en quelque sorte donné naissance.

En même temps que la contagion du pourpre, la famine désolait la France. M. de la Salle partagea avec les pauvres les misérables repas que l'on continuait d'apporter au noviciat dans une hotte, chaque jour. Bientôt, toute nourriture manquant, il dut rentrer pour quelque temps à Paris, avec ses chers enfants. Là les pauvres Frères mendièrent plus d'une fois leur pain. Un jour on vint dire au saint prêtre : « Il n'y a absolument rien à manger. » M. de la Salle, sans s'émouvoir, appela les Frères, et leur annonça la chose. Aucun d'eux, racontent les biographes, « n'eut le courage de s'en affliger en voyant la sérénité de l'homme de Dieu. » Lorsqu'ainsi la nourriture faisait totalement défaut, l'heure du repas venue, on disait tranquillement le bénédicité, puis immédiatement les grâces, et on quittait le réfectoire le cœur content, puisque Dieu permettait qu'il en fût ainsi.

Une fois, entrant au réfectoire avec la pensée qu'il n'y avait rien sur les tables, les frères furent agréablement surpris d'y trouver un petit morceau de pain noir. Mais y en avait-il seulement une bouchée pour chacun d'eux? M. de la Salle, empressé, le partagea en parcelles et le leur donna, sans en vouloir prendre pour lui. Mais aucun ne toucha à son morceau; ce qui obligea le bon père à s'en réserver une petite part. Alors les Frères firent comme lui, n'en prirent qu'un peu, et il y eut du pain de reste. Durant ces deux malheureuses années (1693-1694), M. de la Salle eut beaucoup de peine à soutenir les écoles de la rue Princesse et de la rue du Bac; car la charité, qui venait ordinairement à son aide, se tarit, et ce ne fut qu'avec des difficultés inouïes et des prodiges d'abnégation de la part des Frères, que les enfants purent y être reçus sans interruption.

Au printemps de l'année 1694, on eut l'espérance que la famine allait cesser; et M. de la Salle retourna avec ses disciples à Vaugirard, cette maison qui « avait pour lui, nous dit Blain, des agréments célestes ». Il y tomba bientôt malade. On se rappelle que, afin d'obtenir de Dieu la grâce d'ouvrir un noviciat pour l'Institut, il avait passé une année entière dans des pénitences extraordinaires. Toutes les nuits plongé dans l'oraison, il n'avait pris son sommeil que sur la terre nue. Il gagna à cela une cruelle affection rhumatismale, qui lui causa des douleurs aiguës et d'affreux tourments. D'abord il put aller et venir avec ce mal, en s'aidant difficilement de ses bras et de ses jambes; mais il finit par devenir perclus de tout le corps. Les biographes recontent que, demeurant toute la semaine dans une complète immobilité, les dimanches, ses membres reprenaient quelques heures de vie; avec l'aide des Frères, le saint prêtre parvenait à se traîner à la chapelle pour dire la messe, non sans ressentir les plus vives souffrances, car il lui semblait alors marcher sur un chemin semé d'épines. Après être descendu de l'autel, il retournait content sur son lit de douleur. Cette attention de Dieu à ménager ainsi à son serviteur, une fois chaque semaine, le bonheur de célébrer, a été pieusement remarquée par les historiens, et ils la mentionnent tous comme « une chose admirable ».

M. de la Salle dut se résoudre à subir pour guérir cette maladie un dur traitement. « On voulut produire, nous dit Blain, la transpiration des sérosités rhumatismales ou les consommer en fortifiant les nerfs et les autres parties du corps. » La pauvreté des Frères n'avait pu se procurer les appareils nécessaires, et leur habileté pour ces sortes d'opérations, malgré leurs bons désirs, ne pouvait pas être bien grande. M. de la Salle eut à souffrir d'atroces douleurs. On l'avait étendu sur des chaises en forme de gril; dessous se trouvaient deux poêles de fer remplis de charbon ardent. Sur ce feu on jetait du genièvre dont la fumée brûlante s'insinuait dans les pores, et opérait ainsi la transpiration. Le malade étouffait et se sentait brûler le corps; mais il ne perdait rien de sa douceur accoutumée et disait: « Mon Dieu ! » ou encore : « Dieu soit béni! » Et cependant on voyait qu'il était torturé. A un moment le Frère qui était près de lui, voulant se rendre compte si les chaises où le malade était étendu ne brûlaient point, y mit la main; il fut obligé de la retirer aussitôt, ne pouvant supporter la chaleur.

M. de la Salle fut momentanément guéri; mais il fallut bien des fois encore renouveler la douloureuse opération.

Le saint fondateur, en cette même année 1694, commença pour la première fois la visite générale de toutes ses écoles, et il put voir de ses yeux les résultats magnifiques de l'éducation donnée par son Institut.

CHAPITRE XX

Depuis longtemps les Frères exprimaient à leur supérieur le désir de se lier à l'Institut par des vœux perpétuels. « Nous ne lui appartenons qu'à demi, disaient-ils, tant que la liberté nous reste de briser les liens qui nous y attachent. Quand nous sera-t-il donné de voir ces liens pour nous à jamais indissolubles? » M. de la Salle les entendit fréquemment lui demander cette grâce de la manière la plus pressante. C'est que ces hommes aimaient leur œuvre admirable, et que le courage en eux était grand. A la fin, le saint prêtre, qui avait simulé une certaine indifférence afin d'éprouver la solidité de leurs désirs, crut le moment arrivé de s'occuper de cette grave question.

Au commencement de l'année où nous sommes, il avait dit aux douze Frères qu'il jugeait dignes de prendre cet engagement : « Réfléchissez avec soin et priez jusqu'à l'époque de la Trinité. Alors nous verrons ensemble à quel parti il faudra s'arrêter. » Lui-même s'était mis en prières, comme il avait toujours coutume de le faire dans les grandes circonstances. Prenant ensuite les Frères les uns après les autres, il les avait fait entrer en retraite chacun en particulier. Rien n'avait donc été négligé pour obtenir que Dieu laissât lire en quelque sorte dans sa pensée, et inspirât la résolution qui était selon son cœur. Il est frappant de voir avec quelle délicatesse le saint prêtre s'efforça toujours de se dépouiller de sa volonté propre et de ses vues personnelles pour rechercher avec une pureté d'intention admirable les vues de Dieu et les embrasser. C'est la principale chose qu'il inculquait à tous ceux qu'il dirigeait.

Au jour de la Pentecôte, les Frères de Paris et ceux de la province qui étaient appelés à se prononcer relativement aux vœux perpétuels se trouvaient réunis à Vaugirard. Ils firent ensemble une retraite générale, et délibérèrent sur le sujet important qui les rassemblait. Tout fut pesé avec maturité, et on ne laissa rien à l'inspiration d'une ferveur indiscrète. Les Frères s'arrêtèrent définitivement aux deux vœux d'obéissance et de stabilité ; ils avaient compris, avec M. de la Salle, qu'on devait aller pas à pas, et que l'humilité dans les engagements pris avec Dieu était de nature à attirer sa grâce.

Un acte fut rédigé en conséquence par le saint fondateur. La pièce portait que M. de la Salle « se consacrait à Dieu pour procurer sa gloire autant que possible, et que, dans ce but, il s'unissait à tels et tels, nommant les douze Frères, pour tenir ensemble et par association les écoles gratuites; qu'il faisait le vœu d'obéissance tant au corps de la société qu'au supérieur, et le vœu de stabilité dans la société pendant toute sa vie. » Cet acte était signé : « J.-B. de la Salle, prêtre romain. » Chacun des Frères écrivit et signa de son propre nom un engagement semblable.

Le jour de la Trinité, dans un lieu écarté de la maison, afin d'accomplir plus facilement la sainte cérémonie qui devait demeurer secrète, les douze Frères étaient réunis avec M. de la Salle. Le saint fondateur prononça le premier ses vœux, et fit fondre en larmes tous les Frères par la dévotion avec laquelle il accomplit cet acte pieux. Chacun de ses douze disciples l'imita à son tour, et on se retira de ce petit cénacle l'âme remplie de consolation et de courage.

Mais M. de la Salle voulait autre chose encore. Le commandement pesait extrêmement à son humilité; et il n'avait pas oublié les délices dont il avait joui autrefois, quand, usant pieusement de son prestige sur les Frères et de la tendresse que ceux-ci lui portaient, il les avait amenés à le décharger du poids de la supériorité. Son dessein était de tenter ce coup encore une fois. Il sut, on n'en doute pas, trouver des motifs pour décider les Frères à nommer un autre supérieur; mais, nous dit Blain, ceux-ci, « éblouis une première fois par l'éclat de ses raisons, ne le furent pas une seconde. » M. de la Salle s'aperçut que ses discours ne faisaient pas d'impression. Alors ce furent de nouveaux traits d'éloquence; et il parla, remarque Blain, « avec tant de force et de chaleur, qu'il suait à grosses gouttes. » Les Frères consentirent à procéder à une nouvelle élection. Le saint prêtre fut ravi : on allait donc le décharger de la supériorité. Mais ses disciples se disaient : « Notre père n'y gagnera rien, si ce n'est de se faire confirmer dans sa charge par des suffrages unanimes. » C'est ce qui arriva. M. de la Salle, déconcerté, parut au premier moment fort ému. Le calme lui revint peu à peu, et il put, avec force et douceur, faire de nouvelles remontrances aux Frères. Quand il leur eut dit tout ce que lui dictait son cœur, il termina par ces mots : « Je vous en prie, recommencez l'élection, et priez avec ferveur Dieu de vous inspirer. »

On est étonné de voir un homme si sage dans tout ce qu'il faisait insister encore, après le vote des Frères, et leur demander ainsi une nouvelle délibération. Quand un jour Dieu nous découvrira ce qu'il y avait de beau à être sur la terre, comme son divin Fils, à la dernière place, cet acte de son pieux serviteur nous semblera admirable; et, en attendant, nous pouvons l'accueillir du moins avec une aimable indulgence, ne fût-ce que par égard pour la naïve humilité qui l'inspira.

Du second scrutin, M. de la Salle sortit encore une fois supérieur à l'unanimité. Il dut se soumettre; mais ne voulant pas qu'on s'autorisât de cela pour placer, quand il serait mort, à la tête de l'Institut un supérieur prêtre, il fit ajouter à l'acte de son élection une clause réglant que l'Institut ne serait jamais gouverné par des ecclésiastiques. Cet acte porte la date du 7 juin 1694.

Le serviteur de Dieu ne laissa pas partir ses disciples sans les entretenir du dessein qu'il avait de rattacher l'Institut au Saint-Siège par les liens les plus étroits. A cet effet, dès que cela serait possible, des Frères iraient s'établir à Rome. Tous les Frères, à qui M. de la Salle avait inspiré un profond amour pour l'Église et son Chef suprême, applaudirent à ce projet, et l'on fit des prières pour hâter l'heureux moment où l'on pourrait enfin le réaliser.

C'est alors que, tout étant terminé, les Frères, sauf quelques-uns, se dispersèrent dans les cinq maisons de l'Institut.

La congrégation des Frères des Écoles chrétiennes n'avait pas encore de règles écrites. Depuis quinze ans, elle était simplement régie par des pratiques introduites peu à peu. M. de la Salle avait voulu qu'il en fût ainsi, on se le rappelle, afin que ce qui devait plus tard former les Constitutions eût été auparavant fidèlement pratiqué par ses disciples.

En 1695, le saint fondateur crut le moment arrivé d'écrire la règle de son Institut, et il consacra toute l'année à cette grande œuvre. Il avait à réunir tous les règlements établis, et à peser avec soin ce que de longues années d'expérience lui conseillaient d'y ajouter ou d'en retrancher.

C'est par les jeûnes et les austérités qu'il se prépara, selon sa coutume, à recevoir les lumières du ciel, et il passa beaucoup de temps en oraison. Sentant enfin son cœur s'ouvrir à l'inspiration de Dieu, il prit la plume et commença le recueil des règles. A mesure qu'il établissait un point, il en parlait aux Frères pour avoir leur avis; et jusqu'à ce qu'il eût terminé, c'est ainsi qu'il voulut agir. On le vit, au reste, s'entourer de toutes les précautions délicates que demande un travail de cette nature.

Les vénérables Sulpiciens avaient leur maison de campagne tout près du noviciat de M. de la Salle, et M. Baüyn, le saint prêtre qui autrefois l'avait dirigé au séminaire, habitait là. M. de la Salle vint souvent le consulter. M. Baüyn lui rendait pieusement ses visites, et l'on raconte que, en se présentant à Vaugirard, il avait soin de demander tout de suite si M. de la Salle n'était pas en oraison; car à aucun prix il n'eût voulu l'obliger à quitter la présence de Dieu pour s'entretenir avec lui. M. de la Salle vit souvent aussi M. Tronson et les autres directeurs de Saint-Sulpice, tandis qu'il s'occupait des règles.

Cette année, au reste, mit le saint prêtre en relation avec plus d'un homme illustre. On sait qu'en 1695 se tinrent à Issy les conférences sur les écrits de Mme Guyon, entre Bossuet, Mgr Godet des Marais, Mgr de Noailles et M. Tronson. Fénelon prenait part naturellement aux débats. M. de la Salle put converser avec eux, et Mgr des Marais surtout se fit une douce habitude de l'aller voir. Le prélat l'aimait et désirait vivement posséder des Frères dans sa ville épiscopale.

Mais celui que M. de la Salle fréquentait davantage était M. Baüyn. Les séminaristes, qui connaissaient les rapports étroits entre ces deux hommes de Dieu, avaient l'habitude de dire quand ils voyaient entrer M. de la Salle chez M. Baüyn : « C'est un saint qui va consulter un autre saint. »

Un jour les deux prêtres célébrèrent la messe l'un après l'autre. C'était à la paroisse de Vaugirard, le jour de saint Lambert. M. Baüyn y avait amené les ecclésiastiques du séminaire, et M. de la Salle les Frères. Ce fut, raconte-t-on, un ravissant spectacle. M. Baüyn monta le premier à l'autel. Recueilli profondément, anéanti en présence de l'adorable mystère, il inspirait à tous de vifs sentiments de dévotion. On n'eût pas pu croire qu'il fût possible de mettre plus de sainteté dans la célébration du divin sacrifice.

Ce fut bientôt le tour de M. de la Salle. La majesté

de son attitude imposa tout à coup je ne sais quel
respect inaccoutumé; et bientôt l'éclat céleste de sa
figure pâle et radieuse, empreinte d'une suave humilité, attendrit tous les assistants. Puis on oublia
l'homme complètement, et on ne pensa plus qu'à
Jésus-Christ, rendu en quelque sorte visible par la
manière angélique dont son prêtre le traitait. Les
Frères étaient habitués à ce spectacle; mais les séminaristes, que la vue de M. Baüyn remplissait pourtant
de ferveur, furent hors d'eux-mêmes, et remportèrent
de cette messe une impression qui ne s'effaça jamais.

C'est ici le lieu de mentionner un incident qui se
produisit alors, et qui montre à quel point la communauté de M. de la Salle était, pour la paroisse de
Saint-Lambert, un sujet d'édification. Mgr de Noailles,
ayant succédé à Mgr de Harley, crut devoir diminuer
le nombre des chapelles particulières, qu'il jugeait
trop considérable. Or l'oratoire privé où M. de la Salle
conduisait chaque jour ses Frères pour leur dire la
messe fut de ceux que l'archevêque supprima. La joie
de M. le curé de Saint-Lambert fut grande, car de
cette façon le pieux fondateur et ses enfants se trouvaient forcés de venir dans son église pour le saint
sacrifice. Mais M. de la Salle obtint du nouveau prélat une chapelle pour le noviciat. Le vénérable curé,
frustré dans ses espérances, travailla de toutes ses
forces afin de faire revenir l'archevêque sur sa permission. Mais les démarches qu'il tenta pour empêcher l'érection de la chapelle montrèrent le cas qu'il
faisait des Frères. « Jamais je ne pourrai, disait-il,
me séparer de religieux qui sont pour mes autres
paroissiens un modèle d'angélique piété[1]. » M. de la .

---

[1] Fr. Lucard.

Salle lui promit qu'à différents jours les Frères se rendraient dans son église; il lui parla constamment avec toute la douceur possible, mais il ne réussit jamais à bien fermer la plaie faite à ce cœur zélé par le regret de n'avoir pu posséder sa communauté. Le digne pasteur néanmoins, sur la demande de M. de la Salle, bénit la chapelle, le 27 mars 1697.

Cependant le saint fondateur avait terminé la rédaction des constitutions. Ayant rassemblé les plus anciens Frères, il leur en fit la lecture, et leur remit entre les mains son recueil, les priant de lui indiquer avec franchise ce qu'ils trouveraient bon de modifier. Les Frères, touchés de son humilité, examinèrent tout avec soin ; et bientôt, « persuadés, nous dit Blain, que leur père avait à lui seul plus de lumières qu'eux tous ensemble, et qu'il n'y avait rien d'écrit de sa main dans la règle que ce que le Saint-Esprit avait inspiré et ce que l'usage avait autorisé, ils la reçurent avec respect et soumission, et en approuvèrent tous les articles en unité d'esprit et de cœur. »

Depuis quelque temps déjà la maison de Vaugirard se trouvait trop petite pour recevoir les novices, dont le nombre augmentait chaque jour. D'un autre côté, son éloignement de Paris avait plus d'un inconvénient. On se rappelle avec quelle peine, au commencement, un pauvre Frère chaque jour apportait dans une hotte, à la communauté, les vivres qu'il allait demander à la charité publique. Aucune amélioration n'avait pu être faite à cet état de choses; et le pénible transport de la nourriture s'effectuait chaque jour de la même manière, et avec des péripéties semblables à celles dont il a été déjà parlé. C'est ce qui fit résoudre M. de la Salle à louer une autre maison. Il s'en trouvait une, autrefois occupée par les religieuses de

Notre-Dame-des-Dix-Vertus, « au-dessous, nous dit, Blain, de la barrière des Carmes, dans la grande rue qui conduit à Vaugirard. » Vaste, retirée, dans un site où l'on respirait le meilleur air, cette maison, avec ses belles cours et ses jardins, plaisait à M. de la Salle; mais il fallait seize cents livres pour la payer. Une communauté assez pauvre pour ne pas savoir si elle aurait du pain le lendemain pouvait-elle songer à un loyer de ce prix?

M. de la Salle pensa d'abord qu'on se moquerait de lui s'il osait demander cette habitation considérable. Mais bientôt il se dit à lui-même : « Dieu ne se refusera pas à me servir de caution. » Il parla donc de son dessein à M. de la Chétardie, qui venait de succéder à M. Baudrand. Le nouveau curé de Saint-Sulpice s'intéressait vivement aux écoles chrétiennes. Il accueillit avec bienveillance l'ouverture de M. de la Salle, l'encouragea à prendre la maison de Notre-Dame-des-Dix-Vertus : « Oui, comptez sur la Providence, lui dit-il, et je vous aiderai de mon côté. » M. de la Salle put conclure tout de suite le bail, et au mois d'avril il prenait possession, avec sa communauté, de la nouvelle habitation. Le curé de Saint-Sulpice ne voulut pas qu'on y transportât les misérables meubles de la pauvre maison de Vaugirard. Il obtint d'une personne charitable fort riche, Mme Voisin, la somme de sept mille livres, qui servirent à acheter des lits, des rideaux, des matelas, du linge et les autres choses nécessaires. Il ne faudrait pas croire que pour cela le bien-être entra dans la maison. La nourriture demeura la même qu'à Vaugirard, et les austérités de toute sorte y fleurirent plus que jamais. C'est Mgr des Marais qui fit la bénédiction de la chapelle, le 16 juin 1698.

M. de la Salle, durant cette année, ouvrit deux écoles;

grâce au zèle de M. de la Chétardie, l'une rue Saint-

Placide, l'autre rue des Fossés-Monsieur-le-Prince,
près de la porte Saint-Michel. Les maîtres d'école

de Paris s'émurent alors de nouveau. Ils commencèrent par se faire justice eux-mêmes, enlevant dans l'école de la rue Saint-Placide tout ce qui était à l'usage des Frères et des enfants. Il est rapporté dans les mémoires qu'au moment où se faisait cette saisie, M. de la Salle entra et dit aux maîtres écrivains avec une douceur touchante : « Tenez, prenez-moi aussi. » Ces hommes, non sans quelque embarras, lui répondirent : « Ce n'est pas à vous, mais aux Frères que nous en voulons. » Les Frères, assignés, parurent devant les magistrats, et gagnèrent leur procès.

Malgré ces contradictions, l'œuvre de M. de la Salle ne demandait qu'à s'étendre, et nous voyons à cette époque s'établir une nouvelle école gratuite sur la paroisse Saint-Hippolyte, en même temps qu'un séminaire de maîtres d'école pour la campagne. A ces succès vint se joindre un haut témoignage de la confiance de Louis XIV envers le saint fondateur, que le roi chargea de l'éducation de cinquante jeunes Irlandais venus en France partager l'exil de Jacques II, leur infortuné souverain. L'archevêque de Paris, voulant faire jouir Jacques II du charmant spectacle d'une classe de M. de la Salle, l'amena un jour avec sa suite au milieu des enfants. Le monarque en éprouva une vive satisfaction.

CHAPITRE XXI

Nous avons vu que M. de la Salle, comme tous les
saints, avait un profond attachement pour l'Église.
Dès la fondation de l'Institut, il eût désiré envoyer
dans la capitale du monde catholique quelques-uns
de ses Frères. Leur présence là eût témoigné que son
œuvre tenait par toutes ses racines au Saint-Siège.
Des obstacles à ce dessein s'étant présentés, il avait
du moins tenu à marquer que s'il travaillait à la régénération des pauvres, c'était dans une union étroite
avec le souverain Pontife ; et, à cause de cela, il ne
signait jamais que par ces mots : J.-B. de la Salle,
prêtre romain. Le moment étant venu où il allait pouvoir enfin faire partir deux de ses disciples pour Rome,
sa joie fut grande. C'était quelques années avant 1700.
Le frère Gabriel Drolin, une des colonnes de l'Institut, lui parut propre à remplir cette mission délicate,

et c'est lui qu'il envoya avec un autre Frère qu'il lui choisit pour son compagnon.

Tandis que les deux Frères s'acheminaient vers l'Italie, comme si le ciel eût voulu répondre par une bénédiction à cette démarche qu'une foi si vive inspirait, de tous côtés en France on demandait des écoles à M. de la Salle. Il est vrai que son nom commençait à répandre de l'éclat dans Paris et dans toute l'étendue du royaume. Nous voyons Chartres, Calais, Troyes, Avignon, Marseille, écrire au saint fondateur pour avoir des Frères.

La ville de Chartres fut la première satisfaite. C'était justice, car depuis longtemps elle réclamait les fils du vénérable de la Salle. Une lettre collective écrite dès 1696 à l'évêque de Chartres par tous les curés de la cité mérite d'être rapportée ici :

« Nous avons appris qu'à Paris il y a un prêtre de grande piété qui prend soin d'élever et de former des jeunes gens pour être instituteurs, et qu'il leur fait acquérir toutes les qualités nécessaires pour bien exercer leur état. C'est pour nous, Monseigneur, une obligation d'avoir recours à Votre Grandeur et de la supplier très humblement d'employer son crédit et même ses aumônes pour procurer à cette ville un secours si puissant pour aider à la réformation des mœurs de son peuple. »

Le prélat ainsi sollicité réitéra aussitôt ses instances déjà faites auparavant auprès de M. de la Salle ; mais les Frères n'arrivèrent à Chartres que l'année où en est présentement cette histoire, c'est-à-dire en 1699. Ils étaient au nombre de sept. Un accueil empressé leur fut fait par l'évêque. « Oubliant ce qu'il était, il leur fit amitié, dit Blain ; car il n'était pas de ces hommes qui ne descendent jamais de leur place, et qui ne veulent être aperçus que dans l'éclat de leur dignité. » Aimant par vertu et par caractère à se faire accessible aux petits, Monseigneur céda à ce noble attrait avec un bonheur particulier, à cause de sa tendre amitié pour M. de la Salle.

Tandis qu'il s'occupait de la fondation de Chartres, M. de la Salle reçut une lettre du duc de Béthune, gouverneur de la ville de Calais, qui était à Paris. M. de Béthune exprimait au saint prêtre le désir de l'entretenir. Dès le lendemain, M. de la Salle se dirigeait de bon matin vers son hôtel. Passant devant une église où l'on disait la messe, il y entra selon sa coutume, et remarqua parmi ceux qui communiaient un seigneur portant le cordon bleu des commandants de l'ordre du Saint-Esprit. Après avoir donné quelque temps à la prière, il continua sa route et arriva à l'hôtel du gouverneur de Calais. M. de Béthune se présenta. O surprise ! c'était justement le seigneur que M. de la Salle venait de voir à la table sainte. En le reconnaissant, l'homme de Dieu fut ému. M. de Béthune lui demanda des Frères pour Calais : « Je ne puis vous en donner que deux pour commencer, dit-il au gouverneur ; je vous les enverrai prochainement. » Ce qui fut fait. L'école s'ouvrait en cette ville le 19 juillet 1700.

Quand M. de la Salle fit cette année sa visite des écoles, à Chartres, l'évêque le reçut « comme un ange du ciel », nous dit M. Blain. Il voulut l'avoir à sa table ; mais l'homme de Dieu se retrancha modestement dans la règle qui défendait aux Frères de prendre leurs repas en dehors de la maison. Le bon prélat, voyant que toutes ses meilleures instances ne réussissaient pas à le gagner, s'imagina de le faire revenir quelque temps avant l'heure du dîner. Aussitôt qu'il eut avec lui son saint ami, il ordonna aux domestiques de fermer les portes ; et quand M. de la Salle voulut sortir, l'aimable prélat lui dit : « Vous êtes mon prisonnier. » M. de la Salle sourit avec la meilleure grâce, se mit à table, et contenta ainsi l'évêque.

Dans le cours de la conversation, Mgr des Marais et M. d'Aubigné, son vicaire général, qui devint archevêque de Rouen, exhortèrent le saint prêtre à adoucir la vie si dure qu'il menait. Touchés profondément de son extrême pauvreté, ils auraient aussi voulu qu'il pratiquât avec moins de rigueur cette vertu. M. de la Salle apprécia la bonté du cœur qui dictait à ces hommes vénérables tant de paroles bienveillantes, et dans ses réponses il le leur fit voir ; mais il leur fit mieux comprendre encore que, pour la grande œuvre qu'il fondait, ces austères et mâles vertus étaient nécessaires ; de sorte que le prélat et son grand vicaire sortirent pleins d'admiration de cet entretien.

Il s'éleva pourtant après un petit nuage passager dans l'esprit de ce grand évêque. Jusqu'ici la coutume avait prévalu d'enseigner d'abord aux enfants la lecture du latin ; on leur apprenait ensuite à lire en français. M. de la Salle, à qui cette méthode ne semblait pas rationnelle, cessa le premier de la suivre. Tout le monde connaît la tyrannie de l'habitude ; les meilleurs esprits involontairement la subissent. L'évêque de Chartres trouva donc mauvaise cette innovation pourtant si heureuse de M. de la Salle, et voulut le faire revenir au latin comme base de la lecture. Le saint fondateur, avec les formes les plus aimables, supplia le prélat de souffrir qu'il suivît en cela sa propre inspiration, et après quelque temps d'expérience Mgr des Marais le laissa faire.

Au mois d'octobre suivant, ayant terminé la visite

des maisons de l'Institut, M. de la Salle s'occupa d'établir à Saint-Sulpice les écoles dominicales. C'étaient des cours qui se faisaient le dimanche de midi à trois heures, et où l'on enseignait la géographie, la comptabilité, l'architecture, la géométrie et le dessin, indépendamment des spécialités professées alors aux écoles élémentaires [1]. C'est ainsi que, après avoir inauguré les écoles normales en France, M. de la Salle instituait pour le peuple des cours publics de mathématiques et de dessin.

La vie si active que menait l'homme de Dieu pour faire face à ces créations de toute sorte ne l'empêchait pas de prendre le plus grand soin des Frères et des jeunes gens du noviciat. Il avait dû, pour le temps de ses absences, mettre quelqu'un à la tête de la maison ; mais dans la communauté et dans tout l'Institut, depuis le plus grand jusqu'au plus petit, tous se sentaient irrésistiblement attirés vers lui et réclamaient sa direction. Il serait difficile de dire de quelle affection on l'entourait. Cette grâce que le saint prêtre avait reçue du ciel de faire goûter aux âmes l'abnégation et le sacrifice tenait ces hommes comme sous un charme, au milieu des effrayantes austérités qu'ils pratiquaient, pour se préparer en vaillants soldats, par un régime dur, à cette grande vie de l'enseignement des pauvres : vie que rien de terrestre ne vient soutenir, et qui a tout son appui dans les éternelles espérances, dans la noble satisfaction de travailler pour Dieu seul. Sous sa conduite, les Frères fussent allés gaiement au martyre ; et si l'on eût voulu ravir à leur tendresse ce père bien-aimé, ils eussent tout souffert plutôt que d'y consentir.

[1] Fr. Lucard.

Un incident vint mettre ceci en relief d'une manière admirable. Et il faut bénir Dieu, qui l'a permis, non pas seulement pour éprouver son serviteur, et lui donner par là une de ces marques d'attention que son cœur a toujours à l'égard de ceux qu'il aime, mais encore pour faire hautement connaître tout ce qu'il y avait d'attachant dans M. de la Salle, pour faire toucher du doigt, en quelque sorte, le prestige vraiment extraordinaire exercé par son caractère et sa vertu, que les plus grandes austérités ne cessèrent jamais de rendre aimable jusqu'à la séduction.

On trompa M. de la Chétardie, comme autrefois M. de la Barmondière. La croix la plus pesante que les hommes revêtus d'une haute autorité sont susceptibles de porter est celle-là. Quoi qu'ils fassent, il est rare qu'elle ne se présente pas à eux, et les plus saints en sont chargés comme les autres, par le fait de gens insinuants qui parviennent à prévenir leur esprit.

Il est inutile de mentionner ici ceux qui indisposèrent momentanément le curé et l'archevêque contre M. de la Salle. Le récit de leurs intrigues est sans grand intérêt ; c'est la vulgaire et monotone histoire de tout ce qui s'accomplit de bas en ce triste monde. Le fait est qu'un jour un ecclésiastique fut nommé pour remplacer, dans le gouvernement des Frères, M. de la Salle, déclaré désormais incapable.

Le serviteur de Dieu, qui avait fait une absence, vit dans sa maison, quand il rentra, un vicaire général installé ; c'était M. Pirot, que l'archevêque y avait envoyé, et qui depuis plusieurs jours faisait une enquête auprès des Frères. Le vicaire général ne dit pas un mot à M. de la Salle de la mission qu'il remplissait dans sa communauté, et poursuivit son interrogatoire. Le saint prêtre, si pénétrant, se douta qu'on tramait quelque chose contre lui. Mais M. Blain raconte qu'il « ne fit pas le moindre mouvement pour connaître ce que c'était ». Le pieux biographe, qu'il faut consulter pour voir dans toute sa beauté l'héroïsme de M. de la Salle en cette circonstance, nous dit : « L'amour-propre, mort en lui, n'excita en son âme ni curiosité, ni murmure, ni inquiétude sur ce qu'il voyait. Il lisait sur le visage de ses enfants un mécontentement profond contre les manœuvres dont ils étaient témoins ; mais il ne parla à aucun d'eux de ce qui se passait sous ses yeux ; il ne demanda à aucun de qui il s'agissait. Son silence, dit toujours M. Blain, fermait même la bouche à ses enfants, et sa retenue ne leur permettait pas de s'ouvrir à leur père, et de lui découvrir qu'il était lui-même l'objet de l'inquisition, et qu'on lui préparait sans doute quelque humiliante catastrophe. »

Le vicaire général ne put tirer de la bouche des Frères rien que de très édifiant, et la vue de l'ordre qui régnait dans la maison le ravit. Néanmoins son rapport ne parvint pas à dissiper la calomnie, et, au mois de novembre 1702, M. de la Salle étant allé faire visite à l'archevêque, entendit le prélat lui dire ces paroles : « Monsieur, vous n'êtes plus supérieur ; j'ai pourvu votre communauté d'un autre chef. »

Le saint prêtre s'inclina sans demander le motif de cette décision, sans articuler un seul mot de défense. « Il ne rompit le silence, raconte encore M. Blain, que pour rendre grâces à l'archevêque, et après l'avoir fait avec une jubilation de cœur peinte sur sa face, il se retira de sa présence, plus tranquille et plus content qu'il ne s'y était présenté. »

De retour à la maison, M. de la Salle alla se pros-

terner devant le saint Sacrement ; puis, comme si rien
n'était arrivé, reprit doucement ses occupations, en
attendant son successeur. Il ne dit pas aux Frères
un seul mot de cette affaire. Quelques jours après, le
vicaire général lui écrivit un billet pour l'informer du
jour où, selon l'ordre de l'archevêque, il viendrait
présenter le nouveau supérieur aux Frères, et pour
lui prescrire de se trouver présent à l'installation.
M. de la Salle fit tout préparer pour recevoir avec
honneur le grand vicaire et l'ecclésiastique que celui-
ci devait amener avec lui. Les Frères qui se trouvaient à Paris furent avertis par le saint fondateur de
se trouver tous au noviciat après les vêpres.

C'était le premier dimanche de l'Avent. Vers quatre
heures, le bruit d'un carrosse se fit entendre dans la
cour, et M. Pirot, accompagné d'un prêtre, descen-
dit. M. de la Salle vint à leur rencontre, et les introduisit au milieu des Frères, qui tous ignoraient le
sujet de cette visite. Le vicaire général, pour s'insinuer dans leur cœur, combla d'éloges le saint instituteur. « Dieu l'avait choisi pour commencer une
œuvre si utile, et il lui était glorieux de l'avoir conduite avec sagesse. » Les Frères écoutaient M. Pirot
avec une sympathie marquée. C'est alors que prenant,
nous dit M. Blain, « la couronne de louanges qu'il
venait de mettre sur la tête de l'instituteur, le vénérable ecclésiastique la transporta sur celle du prêtre
placé à ses côtés. » Les Frères ne savaient où il voulait en venir. Alors le vicaire général leur dit :
« M. Bricot, le prêtre que je vous présente, est choisi
par l'archevêque pour remplacer M. de la Salle. »

Un Frère aussitôt s'approcha respectueusement de
M. Pirot, et lui dit avec modestie : « Nous avons un
supérieur ; nous vous en prions, ne nous l'enlevez

pas ! » Mais, le repoussant doucement de la main, le vicaire général continua de parler, et donna l'ordre à la communauté d'obéir à M. Bricot comme à M. de la Salle. C'est alors que les Frères, se sentant arracher leur Père d'entre les bras, fondent en larmes, éclatent en sanglots et font entendre ce cri : « Nous n'avons point d'autres supérieurs que l'archevêque et M. de la Salle. »

De leur côté les novices sanglotaient, et élevaient leurs voix avec celles des Frères. Le vicaire général et M. Bricot étaient visiblement déconcertés au milieu de ces cris déchirants. Ceux des Frères qui étaient plus maîtres de leur émotion disaient : « Nous en appelons à l'archevêque, qui a été mal informé ; et si ce prélat si bon, si doux, si équitable, veut nous écouter, il nous rendra justice conformément à l'inclination de son cœur, et il ne nous prendra pas notre père ! »

M. de la Salle, présent à cette scène, souffrait cruellement. Pour y mettre fin, il essaya d'imposer silence aux Frères et les engagea vivement à obéir. Mais il ne put rien gagner. C'est alors que le vicaire général montra aux Frères et lut tout haut l'arrêté de l'archevêque signé de sa propre main. Aussitôt les Frères de répondre : « Monseigneur serait désolé et inconsolable, si nous lui obéissions en cette circonstance. Il a été trompé ; sa volonté ne sera jamais qu'on persécute un saint. »

Cependant l'ecclésiastique appelé à remplacer M. de la Salle était fort mal à l'aise en entendant tout cela. Il avait assez d'esprit pour comprendre le rôle qu'on allait lui faire jouer. Impatienté, il dit au vicaire général : « Que voulez-vous que je devienne ici ? Laissons à ces Frères leur supérieur ! » M. Pirot n'était pas de cet avis. « Je ne puis quitter la communauté, répondit-il, avant de lui avoir fait accepter la sentence de l'archevêque. » De leur côté, les Frères s'efforçaient de persuader au vicaire général de suspendre l'affaire, et de leur donner le temps de détromper le prélat. Près d'une demi-heure se passa ainsi. M. de la Salle, ne se laissant pas impressionner par la fidélité de ses enfants, ouvrait de temps en temps la bouche pour appuyer ce que disait le vicaire général. Il aurait voulu que les Frères se soumissent. Mais, dit Blain, des hommes « liés par les nœuds de leur vocation et les attraits de la grâce à leur Père, avaient pour lui un cœur d'enfant ; et ces disciples, qui ne croyaient pas que leur maître spirituel eût son semblable sur la terre, n'étaient pas disposés à accorder leur confiance à un inconnu ».

C'est ce que finit par sentir le vicaire général. Il se retira, épuisé, avec M. Bricot ; et M. de la Salle, en les reconduisant, les pria d'attendre tout du temps. « Je saurai, leur dit-il, ranger les Frères à leur devoir, et les amener à la soumission. » Les Frères, entendant leur Père bien-aimé parler ainsi, lui dirent : « Vous ne devez pas faire cette promesse ; notre résolution est liée à notre vœu, l'une dépend de l'autre, et l'une est comme l'autre une exclusion pour le nouveau supérieur. Si, malgré notre résistance, on l'introduit dans la maison, il y pourra amener de nouveaux sujets qui lui promettront obéissance : il la trouvera libre ; quant à nous, nous sortirons avec celui à qui nous l'avons promise [1]. »

Le vicaire général vit qu'il n'y avait rien à espérer « d'enfants dont le père possédait les cœurs [2] ». Ra-

[1] Blain.
[2] *Ibid.*

contant aussitôt l'affaire à l'archevêque, il lui dit : « Si tous les inférieurs étaient aussi attachés à leur supérieur que les Frères le sont à M. de la Salle, les communautés seraient un paradis, et on n'y verrait plus que des saints. »

Cependant M. de la Salle n'avait pas perdu de temps, et s'était rendu de son côté auprès de l'archevêque. Introduit aussitôt, il se jeta à ses pieds, fondant en larmes, et lui fit réparation d'honneur de la répugnance que les Frères avaient témoignée pour le nouveau supérieur. « Je n'ai rien négligé, dit-il, pour vous faire rendre une obéissance prompte et aveugle ; ces messieurs que vous avez envoyés peuvent l'attester. » Le cardinal ne lui répondit pas. Il était trop attendri de le voir ainsi à ses pieds, et il ressentait beaucoup de peine de ce qui venait d'arriver. Il restait donc là dans le silence, M. de la Salle étant toujours prosterné. Les témoins de cette scène n'y tenaient plus. Enfin le cardinal, ne pouvant prendre sur son émotion, s'éloigna brusquement, et l'humble prêtre quitta l'archevêché. Mgr de Noailles finit par voir clairement la vérité, et il ne voulut plus entendre parler de cette malheureuse affaire.

Malgré cet incident douloureux, les écoles se propageaient toujours dans la France. Nous voyons s'ouvrir celle de Troyes en 1702, celle d'Avignon en 1703.

CHAPITRE XXII

Dans le courant de l'année 1703, M. de la Salle se
vit en face d'une difficulté considérable. Le propriétaire de Notre-Dame-des-Dix-Vertus, qui le pressait
depuis longtemps déjà d'acheter sa maison, vint lui
dire : « Je suis décidé à vendre cet immeuble, et je
vous le laisse pour quarante-cinq mille livres, bien
qu'il en vaille plus de cent mille. Si vous ne le prenez
pas, il sera pour le premier acquéreur que je vais
rencontrer. »

M. de la Salle, n'ayant pas d'argent, dut songer à
quitter la maison. Avec assez de peine, il en trouva
une autre peu commode, dans le faubourg Saint-
Antoine, rue Charonne, non loin du couvent des reli-

gieuses dominicaines de la Croix. Le serviteur de Dieu y entra avec les novices, le 20 août 1703. Faute de chapelle, il dut se résigner à dire la messe dans l'église de cette communauté. On raconte que quand les religieuses le virent à l'autel, avec ce rayonnement céleste qui lui était ordinaire durant la célébration des saints mystères, elles furent saisies d'admiration. « Il était pour elles, nous disent les biographes, tous les jours un spectacle nouveau de dévotion qui rallumait la leur, et elles croyaient voir un ange dans l'exercice de ses fonctions saintes. » Les dominicaines le supplièrent de les diriger ; ce qu'il n'accepta qu'à grand'peine. Mais il en fut généreusement récompensé, et les mémoires disent à ce propos : « Cette charitable communauté a été, on peut le dire, la mère nourrice du nouvel Institut, et sa principale ressource depuis 1703 jusqu'à 1711. »

Installé au faubourg Saint-Antoine, M. de la Salle y convoqua les jeunes gens qui fréquentaient l'école dominicale de la maison des Dix-Vertus, et continua de les instruire. Mais il eut aussitôt à subir une nouvelle persécution de la part des maîtres écrivains. Au mois de janvier 1704, une requête étant présentée par eux au lieutenant de police, les Frères furent injustement condamnés, et la sentence affichée, sur la demande de leurs implacables adversaires, dans tous les carrefours. Le population, profondément blessée, déchira aussitôt les affiches. L'inscription qui se trouvait au-dessus de la maison : « Frères des Écoles chrétiennes, » fut effacée, encore à l'instigation des maîtres écrivains. Ces hommes, dont rien ne pouvait apaiser le courroux, exigèrent les amendes avec une extrême rigueur. On les vit se rendre à la maison du faubourg Saint-Antoine et la faire investir par des gens armés d'échelles. Les bancs, les tables, les livres, tout ce qui servait à enseigner, à dessiner, à lire, à écrire à plus de deux cents jeunes garçons, les dimanches et fêtes après midi, fut enlevé dans des charrettes. « Les gens de bien, nous disent les mémoires, en gémirent; les pauvres, qui y étaient si intéressés, sentirent assez que c'étaient eux et non les Frères qu'on dépouillait; mais leurs gémissements et leurs plaintes n'osèrent éclater. »

M. de la Salle n'était pas encore sorti de ces tribulations, quand, au mois de septembre, on le pria de donner des Frères pour la direction de l'école de Darnétal, gros bourg aux portes de Rouen. Cette localité rappelle le nom de Mme de Maillefer, qui y avait fondé autrefois une école de filles. Le saint prêtre avait le plus grand désir de s'établir à Rouen. Pour ce motif, il se contenta de la modique somme de cinquante écus, et envoya aussitôt deux Frères. Dans le même temps, il ouvrait à Dijon une école florissante.

Tandis que les négociations pour ces œuvres absorbaient ses soins, le saint prêtre se vit tourmenté par une autre sollicitude. Il ne pouvait plus rester dans la maison de la rue de Charonne. Le procès et la saisie des maîtres écrivains l'avaient mis dans la nécessité de chercher un autre asile. Où allait-il encore transporter son petit troupeau? Dieu vint à son aide au moment opportun en inspirant à M. Louis Coignet, curé de Saint-Roch, la pensée d'établir une école sur sa paroisse. M. de la Salle fit alors passer le noviciat dans la maison des Frères de Saint-Sulpice, et il se retira avec trois Frères à l'école de Saint-Roch.

Vers ce temps, Dieu accorda une joie bien grande à M. de la Salle. Le frère Drolin était à Rome, on se le rappelle, depuis plus de cinq ans. A peine arrivé dans la capitale du monde catholique, il avait vu repartir pour la France son compagnon et était demeuré seul. Des difficultés n'avaient cessé d'entraver son projet d'établir une école, et il avait dû vivre dans la pauvreté et l'abandon, attendant l'heure de Dieu. Avec quelle tendre sollicitude M. de la Salle ne l'avait-il pas suivi pendant ce temps d'épreuves ! Les nombreuses lettres qu'il lui écrivait en portent des traces profondes. Il encourageait son disciple, le reprenait avec douceur des fautes dont celui-ci s'accusait. Il ne lui conseillait pas d'ailleurs de se presser pour arriver au but désiré. « Pour moi, lui écrivit-il un jour, je n'aime pas à m'avancer en aucune chose, et je ne m'avancerai pas à Rome, non plus qu'ailleurs; il faut que la Providence s'avance la première. Je suis content quand il paraît que je n'agis que par ses ordres; je n'ai point de reproches à me faire; au lieu que, quand j'entreprends, c'est toujours moi, et je n'en attends pas de fort bonnes suites, ni que Dieu y donne une grande bénédiction. »

M. de la Salle avait donc envoyé mille encouragements et une foule de sages conseils à ce Frère. Et voilà que Dieu venait couronner tant de peines et de patience par l'établissement définitif de la congrégation à Rome. Le pape avait daigné confier au frère Drolin la direction de l'école régionnaire située auprès de la place Barberini.

En apprenant cette nouvelle, M. de la Salle bénit Dieu de toute son âme, et il écrivit au frère Drolin : « Votre lettre m'a procuré bien de la joie, parce que vous m'avez appris que vous exercez enfin la fonction de votre état. Que j'ai de consolation d'apprendre que vous avez bon nombre d'écoliers ! » Dans une autre lettre, il lui dit: « Je vous prie, mon cher Frère, de vous rendre souvent à Saint-Pierre et de vous montrer toujours bien soumis à l'Église. » Sachant le Frère dans la pauvreté, il lui dit : « Présentement je suis bien loin d'avoir de l'argent ; je ferai cependant pour vous tout ce que je pourrai, car j'ai de la peine de vous voir vivre aussi pauvrement que vous le faites. Dites-moi, je vous prie, ce que je pourrais faire pour y remédier. » Dans d'autres lettres, l'excellent Père lui fait connaître par de charmants détails tout ce qui concerne l'Institut.

Cependant l'éducation donnée par les Frères aux enfants de Darnétal attirait vivement l'attention de l'archevêque de Rouen. Étonné des succès obtenus en quelques mois seulement, Mgr Colbert vint féliciter les pieux instituteurs. S'étant informé auprès d'eux avec soin de M. de la Salle et de son Institut, il en conçut une haute idée. Le prélat dit aux zélés instituteurs : « Mon désir serait de posséder des Frères à Rouen. »

Les Frères l'assurèrent que M. de la Salle lui en accorderait volontiers : Sa Grandeur n'avait qu'à adresser une demande au vénérable fondateur.

Mgr Colbert fit aussitôt prier M. de la Salle de se rendre à Rouen avant Pâques, afin de conférer avec lui sur l'établissement des Frères dans sa ville archiépiscopale. Cette fois le saint prêtre vint en poste. L'affaire fut promptement arrangée entre le prélat et lui ; et tandis qu'il retournait à Paris, afin de choisir les Frères qui devaient conduire les écoles de Rouen, l'archevêque s'entendait avec le premier président du parlement, M. de Pontcarré, pour prendre les mesures nécessaires. M. de Pontcarré était un homme de beaucoup d'esprit, éloquent, et d'une piété éminente. La pensée de voir les écoles de Rouen entre les mains des Frères lui avait tout de suite souri. Il promit dès le commencement tout son concours à l'archevêque, et, grâce à son intervention, les Frères entraient en exercice dans la ville vers le 15 mai 1705. Tout cela avait été conduit rapidement, puisque l'établissement des disciples de M. de la Salle à Darnétal ne datait que du commencement de l'année. On donna aux Frères successivement les écoles de Saint-Maclou, de Saint-Godard, de Saint-Vivien, de Saint-Éloi. Quelques-unes de ces écoles, on se le rappelle, avaient été fondées par M. Nyel.

Il paraît que les pieux maîtres firent, selon leur coutume, des prodiges dans les écoles de Rouen. « Frappés des résultats extraordinaires que toute la ville pouvait constater, nous dit un biographe, Mgr Colbert, M. de Pontcarré et quelques autres des premiers magistrats de Rouen, voulant en connaître la cause, visitèrent ensemble les écoles de charité. Non contents d'interroger eux-mêmes les enfants, ils virent agir les maîtres et assistèrent à une partie de leurs leçons. M. de la Salle les accompagnait. Il leur expliqua sa méthode pédagogique, et en fit faire dans chaque classe l'application en leur présence. L'impression qu'ils en reçurent fut des plus heureuses ; ils se retirèrent étonnés et charmés. Pour eux, le génie de M. de la Salle avait enfin résolu le problème toujours si difficile d'inspirer aux enfants du peuple le respect de la discipline et le goût des études utiles. »

Cependant le saint fondateur pensait à établir à Rouen son noviciat. Constamment persécutés à Paris, les Frères ne jouissaient plus là de cette tranquillité nécessaire à la préparation de la vie religieuse ; et dès le jour que des Frères lui avaient été demandés pour Darnétal, M. de la Salle s'était dit que Rouen serait le lieu de repos de sa communauté. Jugeant le moment venu, il s'ouvrit de son dessein à l'archevêque de Rouen et à M. de Pontcarré. Rien ne pouvait être plus agréable à ces deux illustres personnages, qui s'empressèrent de lui promettre leur protection. M. de la Salle alors s'occupa aussitôt de. chercher une maison.

A l'extrémité du faubourg Saint-Sever, il y avait une très ancienne habitation, autrefois appelée le manoir de Haute-Ville. Un vaste enclos l'entourait. M. de Saint-Yon, qui posséda cette propriété jusqu'en 1615, lui a laissé son nom. Saint-Yon, devenu l'héritage de Mme de Louvois, étant à louer, M. de la Salle s'adressa à cette dame, qui lui donna sa propriété moyennant quatre cents livres, pour un bail de six ans. Mme de Louvois était ravie de faire ce plaisir à un homme qu'elle tenait en grande estime, ayant entendu parler bien des fois de lui comme d'un saint par Mgr Le Tellier.

Les novices entrèrent à Saint-Yon à la fin d'août 1705. Ce fut le frère Barthélemy, homme sage et d'un caractère fort doux, que M. de la Salle mit à la tête de la maison, tout en conservant, comme toujours, la haute direction de sa chère communauté. Le serviteur de Dieu eut la consolation de recevoir différents postulants qui se présentèrent, et, aux vacances, tous les Frères de l'Institut se virent réunis autour de lui dans la ville de Rouen. Les pieux instituteurs retrouvèrent là toute la ferveur, toutes les joies saintes et austères de Vaugirard, et ils s'en retournèrent pleins de courage.

Pendant que M. de la Salle inaugurait ainsi à Rouen des jours de sérénité pour son Institut, il reçut une lettre désolante de ses Frères de Paris. Au mois d'août, les maîtres écrivains étaient venus dans les écoles de Saint-Sulpice insulter les maîtres, chasser les élèves, emporter le mobilier des classes. « Dieu soit béni ! » s'écria M. de la Salle après avoir lu cette lettre : « Si notre Institut vient des hommes, il tombera de lui-même ; si, au contraire, il est l'œuvre de Dieu, les hommes se ligueront en vain pour le détruire[1]. » Il crut devoir se rendre tout de suite à Paris. Hélas ! à peine arrivé, il comprit que ses écoles n'avaient pour se défendre que « l'affection des élèves et la confiance des familles : armes glorieuses, mais impuissantes[2] ». M. de la Salle prit le parti de fermer les écoles de Saint-Sulpice ; mais M. de la Chétardie ayant supplié le Fondateur de les ouvrir de nouveau, le serviteur de Dieu, après avoir stipulé des conditions qui assuraient la paix aux Frères, y consentit.

Au milieu de tout cela, de nouvelles communautés ne cessaient d'éclore : nous voyons s'établir à cette époque celles de Marseille, de Mende, d'Alais, de Grenoble, de Valréas, de Saint-Denis-en-France.

Cependant la confiance que M. de la Salle inspirait porta bientôt différentes familles riches de Rouen à le supplier de se charger de l'éducation de leurs enfants. La vaste propriété de Mme de Louvois était favorable à l'établissement d'un pensionnat. M. de la Salle accueillit la demande qui lui était faite ; et des élèves vinrent non seulement de la Normandie, mais de Paris et de tous les points de l'Ile-de-France. Dans cette école, les jeunes gens furent préparés, par des études sérieuses, aux carrières pour lesquelles la connaissance du latin n'était pas rigoureusement exigée. Et c'est ainsi que l'enseignement désigné sous le nom de secondaire spécial fut fondé en France.

[1] Fr. Lucard.
[2] *Ibid.*

Le pensionnat fleurit à côté du noviciat dans la belle solitude de Saint-Yon, et fut un bienfait pour la contrée. Au bout de quelques années, un troisième établissement vint s'y joindre en faveur des enfants

difficiles, que l'on confiait à M. de la Salle pour les mettre dans le sentier du bien.

En 1707, le saint prêtre eut le regret de perdre Mgr Colbert, son éminent ami. Mais M. de Pontcarré demeurait pour le consoler. Plutôt père que protecteur de l'Institut, ce magistrat, nous disent les biographes, allait souvent à Saint-Yon. On le trouvait méditant dans les jardins, se promenant dans les vastes allées où jouaient les enfants, causant parfois familièrement avec l'un d'eux, en compagnie de M. de la Salle. Il était réellement heureux dans cette maison, et les Frères l'y voyaient avec joie.

En l'année 1709, la famine désola de nouveau la France. Malgré ce que fit Louis XIV pour en adoucir les rigueurs, il y eut partout des souffrances navrantes. M. de la Salle vit à Rouen le peuple s'ameuter devant l'hôtel de l'intendant. L'archevêque et M. de Pontcarré durent se porter au milieu de la foule irritée; leur ascendant ramena le calme, mais la misère était au comble. Voyant son noviciat en proie à la faim, au froid, aux privations, M. de la Salle était cruellement affligé. La pensée lui vint que, en raison des ressources plus grandes à Paris qu'ailleurs, ses chers enfants souffriraient moins dans cette ville; il prit donc le parti de les y faire venir en attendant la fin de la crise.

Les Frères de Saint-Sulpice habitaient une maison plus vaste que celle de la rue Princesse, où ils étaient restés dix-huit ans. Cet établissement pouvait recevoir le noviciat. Cependant, lorsque les quarante nouveaux hôtes y furent entrés, on vit que c'était plus qu'il ne fallait pour remplir l'habitation. Blain nous donne une idée de l'encombrement dans un petit tableau qu'il fait des dortoirs qu'on dut improviser : « De pauvres paillasses, dit-il, avec une aussi pauvre couverture et des draps qui ne valaient pas mieux, étendus par terre, mais avec ordre, dans les chambres, derrière les portes, et partout où l'on pouvait, servaient de lits. » Mais le plus difficile était de nourrir tout ce monde. Le pieux biographe nous dit : « La confiance que M. de la Salle avait en Dieu ne le mit pas à l'abri,

lui et son troupeau, de toutes les calamités du temps ;
mais le Seigneur ne lui a jamais manqué dans l'extrémité, et, après avoir pris plaisir à le laisser souffrir, il
prenait plaisir à le secourir à temps. » Il est certain
que le pain manqua plus d'une fois. Un jour que le
boulanger en avait refusé à la communauté, M. de la
Salle, se rendant à l'église pour dire la messe, rencontra quelqu'un qui lui demanda où il allait. « Je m'en
vais célébrer la sainte messe, dit-il, et supplier Dieu
qu'il envoie ce qui est nécessaire pour vivre aujour-
d'hui à notre communauté, qui est dépourvue de
nourriture, et n'a pas de quoi en avoir. » Son interlo-
cuteur, qui n'était pas du tout dans l'intention de lui
faire la charité, fut soudain attendri, et lui dit : « Allez
en paix, je vais y pourvoir moi-même. » Sur-le-champ
il porta dix écus aux Frères.

M. de la Salle, dans ces temps si durs, se préoccupa
beaucoup de tous les Frères éloignés de lui. On ne
saura jamais avec quels gémissements et quelles ar-
dentes prières il demanda au Père céleste de prendre
soin d'eux, « de leur donner le pain de chaque jour,
et la grâce de faire un saint usage de leur pauvreté[1]. »
Il écrivait souvent à ses chers enfants, cherchant à
les consoler, et leur montrant combien on peut être
riche devant Dieu quand, manquant de tout, on a la
patience et on sait reconnaître le prix des épreuves.

Lorsque la famine fut passée, la gratitude des
Frères envers Dieu fut bien vive, car ils sentirent
qu'ils avaient été constamment l'objet de sa sollicitude. Un pieux évêque aimait souvent à leur dire à
ce sujet : « Comment s'est-il pu faire que vous ayez
conservé la vie qui a été ôtée à tant d'autres, morts

____
[1] Blain.

de faim? Qui était plus pauvre que vous, et qui a trouvé dans la pauvreté plus de secours? Combien de misérables la divine Providence semblait-elle avoir oubliés pour ne se souvenir que de vous! Sans biens, sans revenus, sans fonds vous avez subsisté, alors que des communautés riches se sont ruinées, ou se trouvent chargées de dettes. Pour vous, vous voilà ce que vous étiez. Si vous n'avez rien, vous ne devez rien, et votre nombre s'est même multiplié dans ces jours malheureux. » Ces pensées exprimées par le pieux évêque, les Frères les avaient déjà dans leur cœur, et tant de bonté de la part de Dieu faisant couler leurs larmes, ils attribuaient, pleins de joie, toutes ces faveurs aux prières de leur saint Fondateur.

En face d'une nouvelle affliction qui vint bientôt les atteindre, on ne les vit point interrompre leur pieux concert de bénédictions. Six d'entre eux tombèrent malades tout à coup, et toute la maison fut bientôt menacée. M. de la Salle, toujours admirable dans ces occasions, empressé mais sans trouble, établit une infirmerie, et sépara les malades des autres Frères, afin d'arrêter la contagion. M. Helvétius, le médecin célèbre dont il a déjà été parlé, vint soigner la communauté si éprouvée. « Avis, médecines, remèdes, visites, nous dit un historien, les Frères trouvaient tout chez lui gratis, avec un accueil favorable et un visage gracieux. » Dans tous les temps, qui ne l'a remarqué avec émotion! ces hommes de la science à qui le Ciel a donné le talent de soulager et de guérir ont aimé à prodiguer leurs soins aux pauvres, et à compter parmi leur clientèle privilégiée les serviteurs de Dieu. Nobles âmes que rendent heureuses, plus que ne le fait l'or, les bénédictions de ceux qui n'ont rien ici-bas, mais dont Dieu prend à son compte les dettes avec l'intention de les payer royalement tôt ou tard.

Tous les malades de la pieuse communauté étaient guéris depuis quelque temps déjà, quand le frère Barthélemy, le directeur des novices, prit leur place. Sa santé, sérieusement compromise, jeta M. de la Salle dans de vives inquiétudes. C'était à ses yeux la plus grande perte que pouvait faire l'Institut.

On partagera ses craintes quand on saura ce qu'était le frère Barthélemy. Joseph Truffet, né en 1678 à Sin, département du Nord, fit ses études au collège des Jésuites. Il avait reçu la tonsure, achevé son cours de philosophie, commencé même avec succès sa théologie, quand, saisi du désir de la vie religieuse, il s'arracha à sa famille pour entrer à la Trappe. La délicatesse de son tempérament ne put se faire aux austérités qu'on y pratiquait. L'abbé de Rancé lui dit : « Dieu ne veut pas que vous soyez trappiste; cela ne doit point vous attrister, car sa Providence a des vues particulières sur vous. »

Un jour, le jeune homme entendit une voix intérieure qui lui disait : « Tu dois te joindre aux Frères des Écoles chrétiennes; c'est dans leur héroïque famille que Dieu a marqué ta place. » Joseph Truffet obéit. Il paraît qu'en frappant à la porte du noviciat il fut saisi d'un sentiment indéfinissable d'appréhension et de terreur[1]. Voici comment il raconte lui-même ses impressions : « La vie que j'allais embrasser, et qui m'avait paru si belle, me sembla tout à coup insupportable. Ce dénuement entier de toutes choses, cette parfaite dépendance, cette profession publique

____
[1] Fr. Lucard.

d'abnégation et de dévouement dont on m'avait fait la peinture, me frappèrent si fort l'imagination, que je me crus incapable de pareils sacrifices. » Il faut dire que ces sortes de tentations ne sont pas rares, et sainte Thérèse aussi en fut là quand elle mit le pied sur le seuil du Carmel. Elle-même raconte que, à ce moment, elle se sentit mourir.

Le jeune homme courageux passa outre et entra en 1703 au noviciat. Après avoir été employé quelque temps à Chartres, M. de la Salle l'avait mis, comme on l'a vu, à la tête de la maison de Saint-Yon. Il dut suivre les novices à Paris. C'est là que, après avoir soigné les Frères le jour et la nuit, il fut atteint de la maladie qui causait en ce moment tant de peine à M. de la Salle.

Le frère Barthélemy se rétablit quelque peu; mais l'affection scrofuleuse dont il était atteint fit craindre qu'il ne pût demeurer dans la congrégation. Sur ces entrefaites son père, qui était instituteur à Douai, mourut. Les magistrats de la ville pensèrent au fils pour remplacer le père, et lui en firent la proposition. Les Frères de Saint-Sulpice représentèrent à M. de la Salle que s'il fallait perdre le frère Barthélemy, on ne trouverait pas une occasion meilleure de lui ouvrir les portes de la communauté; qu'il serait peut-être bon de lui conseiller d'accepter, d'autant plus que le médecin était d'avis qu'il se retirât.

La décision du médecin fit la plus grande impression sur M. de la Salle. L'homme de Dieu se résolut courageusement à ce dur sacrifice. Mais, la veille du départ de ce cher Frère tant regretté, il se sentit troublé. « Ces craintes qui vont me séparer de mon fils, se dit-il, ne sont-elles pas exagérées? » Toute la nuit se passa pour lui dans la prière. Et le matin, faisant venir le Frère, il l'interrogea sur les dispositions de son âme. Voyant le profond attachement de cet enfant à l'Institut, il se dit : « J'ai le cœur navré de le laisser partir. Non, je n'y consentirai jamais; » et ouvrant ses bras, il dit au Frère : « Ce n'est pas un adieu que je vous fais, c'est une invitation à prendre définitivement votre place ici. » Voyant le Frère verser des larmes de bonheur, il ajouta : « Oui, mon cher enfant, restez avec nous, vous nous serez utile. Le Ciel veut que vous soyez Frère des Écoles chrétiennes. »

En le confirmant dans sa vocation, M. de la Salle lui rendit-il la santé? C'est ce que nous n'oserions dire; mais tous les biographes s'accordent sur ce point que jamais le frère Barthélemy ne se ressentit de la grave infirmité dont il avait été atteint.

M. de la Salle, à qui Dieu laissait un fils si cher, eut la douleur de perdre un ami tendrement dévoué, l'évêque de Chartres. Ce prélat mourut le 26 septembre 1709. Ce fut une grande perte pour les Frères, qui bientôt, n'étant plus soutenus, tombèrent dans une grande misère. On raconte que le frère Hubert, leur directeur, étant venu exposer à M. de la Salle cette détresse, l'homme de Dieu lui dit : « Croyez-vous à l'Évangile ? — Je donnerais ma vie, répond le Frère, pour attester ma foi à cette parole révélée. — Eh bien ! reprit M. de la Salle, dans l'Évangile il est dit : Ne vous inquiétez pas du lendemain. Cherchez le royaume de Dieu, et le reste vous sera donné par surcroît. » Un biographe [1] ajoute ici : « Le frère Hubert savait par expérience que de pareilles paroles sur les lèvres vénérées de son supérieur présageaient un secours de

____
[1] Fr. Lucard.

la Providence ; il repartit donc plein de confiance pour Chartres. Depuis il avoua que jamais le nécessaire ne lui avait manqué. »

M. Blain nous fait observer qu'il en eût beaucoup coûté à M. de la Salle de retirer ses Frères de Chartres. « La grande dévotion à la Mère de Dieu qui distingue cette ville, et qui la rend illustre dans le royaume, est un des puissants motifs qui le porta à les y laisser. Il eût eu trop de peine à quitter un lieu si favorisé de la Reine du ciel. »

M. de la Salle, apprenant à Saint-Yon quelques difficultés survenues à Chartres après la mort de Mgr des Marais, jugea à propos de mettre à la tête de la maison un Frère capable d'y faire face. Il alla trouver à l'infirmerie le frère Timothée, auquel le médecin venait d'ouvrir une loupe d'une grosseur extraordinaire au genou. Les chairs offrant des symptômes alarmants, le médecin, peu sûr de la guérison, avait prescrit un repos absolu. Le voyant dans cet état, M. de la Salle lui dit : « Je regrette que votre état souffrant ne puisse vous permettre de voyager ; sans cela, je vous enverrais à Chartres pour y faire l'obéissance. » Le Frère répond : « Ma plaie ne m'empêchera pas d'obéir. » Et aussitôt il se lève. « Votre bénédiction, dit-il, mon Père. » M. de la Salle, ému, lui reproche doucement son imprudence. « Je veux partir, mon Père, je veux partir. » Alors M. de la Salle, posant sa main sur la plaie, y forme un signe de croix et fait une courte prière ; puis il dit au frère Timothée : « Que Dieu vous récompense de votre obéissance ! » Et après une pause : « Partez, allez à Chartres ; vous y suivrez les ordres que je vous donnerai. Je prierai Dieu pour vous ! » Les Frères qui étaient là admiraient dans un silence plein d'attendrissement la confiance du malade, et la foi humble et fervente de leur père. Ils se jettent dans les bras du pauvre infirme, et quelque temps après celui-ci, un bâton à la main, s'achemine vers Chartres à pied. C'était une sublime imprudence; mais il fit la route tout entière; et à son arrivée, voulant panser sa plaie, il enleva les linges et ne la trouva plus. Son genou gauche était aussi sain que son genou droit. « Ce fut alors, raconte le frère Timothée, que je fus convaincu que Dieu m'avait guéri par l'attouchement, la bénédiction et les prières de mon digne supérieur. »

C'est à cette époque qu'il faut rapporter les fondations de Versailles, de Moulins et de Boulogne.

CHAPITRE XXIII

La visite des communautés du Midi durant les années 1711 et 1712. — Sollicitude de l'archevêque d'Avignon pour les Frères. — Dangers que court M. de la Salle. — Accueil qui lui est fait à Marseille. — Établissement d'un noviciat. — La secte janséniste. — Admirable attitude de M. de la Salle. — Souvenirs laissés par le serviteur de Dieu.

Au mois de juin 1711, M. de la Salle visita les communautés du midi de la France. Il eut la consolation de voir les bénédictions du ciel répandues abondamment sur les travaux des Frères, et partout un accueil enthousiaste lui fut fait.

A Avignon, l'archevêque ne savait comment lui témoigner sa reconnaissance. Les écoles des Frères inspiraient au vénérable prélat un si vif intérêt, qu'il les visitait fréquemment, et passait des heures entières à écouter les leçons que les Frères faisaient aux enfants, goûtant une joie sensible à voir tout ce petit monde, vif et recueilli à la fois, étudier avec un sérieux que leur âge rendait aimable. De temps en temps il mandait ces enfants dans son palais, pour le bonheur de les entendre réciter le catéchisme et de constater leurs progrès.

Au mois de mai de l'année suivante, le vénérable Fondateur voulut se mettre en route de nouveau pour le Midi, malgré les dangers qu'il avait courus dans son dernier voyage, au milieu des montagnes des Cévennes, où les huguenots connus sous le nom de Camisards continuaient à se cacher, et se faisaient une fête d'égorger les prêtres. A ses Frères qui cherchaient à l'en détourner, il répondit : « Dieu soit béni ! Celui qui m'a sauvé de leurs mains l'année précédente bénira encore mon voyage cette année ; c'est lui qui me conduira sain et sauf vers nos Frères d'Alais, des Vans et de Mende [1]. »

Après avoir visité Alais, il se dirigea vers la vallée de Chasserac, s'arrêta à Gravières, où il fut accueilli par le prieur du couvent comme un ange du ciel. Celui-ci voulut le servir lui-même à l'autel, et ne le vit partir qu'avec les plus pieux regrets. Bientôt M. de la Salle fut aux Vans. Mais il était extrêmement fatigué par une longue marche à travers ces pays montagneux, et avait les pieds gonflés et ensanglantés. Les frères Remi et Maximin le reçurent avec une effusion de tendresse, et contribuèrent par la ferveur qu'il remarqua en eux à son prompt rétablissement. Quand M. de la Salle voyait l'amour de Dieu quelque part, la joie qu'il en ressentait donnait à son corps affaibli comme de nouvelles forces. L'évêque d'Uzès avait les Vans sous sa juridiction. Le saint Fondateur lui ayant fait visite, ce prélat lui témoigna sa satisfaction de posséder dans cette localité les Écoles chrétiennes. On raconte que l'évêque, appréciant, comme tout le monde, l'éducation donnée par les Frères, pria M. de la Salle d'aider de ses conseils l'ecclésias-

[1] Fr. Lucard.

tique qui tenait l'école de sa ville épiscopale. Le saint Fondateur consentit à y faire la classe plusieurs jours, et la ville d'Uzès a toujours conservé précieusement ce souvenir.

M. de la Salle se rendit ensuite à Mende. Durant le voyage il faillit plusieurs fois perdre la vie en passant aux bords d'affreux précipices, et un froid piquant et rigoureux l'incommoda extrêmement. Cette ville était profondément attachée aux Frères. Le défunt évêque, Mgr de Piencourt, avait, au nom des habitants, solennellement déclaré que « les maîtres formés par M. de la Salle étaient les plus fameux et sous lesquels les enfants faisaient le plus de progrès dans la vertu ». Le successeur de Mgr de Piencourt avait les mêmes pensées, et on le vit avec le clergé, les magistrats et les parents des élèves faire à M. de la Salle un accueil enthousiaste. Le saint prêtre fut obligé de quitter Mende sans bruit, parce qu'on ne voulait pas le laisser partir. On venait de partout pour le voir. « Charmé de la grâce de ses paroles, nous dit Blain, et de cet air de sainteté qu'il portait sur sa figure, » on aurait voulu être toujours avec lui et ne le quitter jamais.

A quelque temps de là, nous trouvons enfin le saint Fondateur à Marseille. Là il se vit entouré par une foule d'ecclésiastiques distingués, désireux de se lier avec lui et de l'aider à établir tout autour de Marseille des Écoles chrétiennes. L'évêque plus que tous lui témoignait la plus vive sympathie. Le serviteur de Dieu crut qu'il était peut-être bon de profiter de ces circonstances favorables pour tenter la fondation d'un noviciat dans cette ville ; car tôt ou tard il deviendrait nécessaire d'en établir un pour les provinces du Midi. Ce projet le préoccupait déjà depuis quelques années. Il en parla à Mgr de Belzunce, et à ceux qui lui promettaient leur appui. On accueillit avec joie son dessein ; presque tous les curés de Marseille y applaudirent ; des personnes riches s'empressèrent de louer une maison dans ce but et de la faire meubler à leurs frais. Ce fut à qui procurerait des jeunes gens pour la remplir. Le jour de l'Assomption 1712, le noviciat fut ouvert, et on vit le saint Fondateur conduire ses nouveaux disciples en pèlerinage à Notre-Dame-de-la Garde. C'était toujours entre les mains de la sainte Vierge que ce prêtre si pieux voulait mettre ses œuvres.

On raconte que M. de la Salle, à la vue d'un succès si facilement obtenu, ne donna aucun signe de joie. C'est que, nous disent les biographes, réellement le contentement n'était pas dans son cœur. La croix n'avait pas marqué de son empreinte la création de ce noviciat. Il n'osait, à cause de cela, ouvrir son âme à l'espérance.

Quoi qu'il en soit, l'homme de Dieu fit aussitôt fleurir dans sa nouvelle maison de Marseille les admirables vertus du noviciat de Vaugirard et de Saint-Yon. « Les jeunes gens, nous dit Blain, comme de tendres arbrisseaux, prenaient les plis que sa main leur donnait. » L'homme de Dieu produisait dans leurs âmes ouvertes à la grâce les impressions qu'il voulait. Fidèle à ses saintes habitudes, il ne faisait pas d'ailleurs de longs discours. L'exemple était son grand argument ; puis il priait. Enfin dans de courtes et fortes méditations il exposait les principes de la vie spirituelle. A l'exemple de saint Ignace, il laissait la grande chose de la sanctification se traiter entre l'âme et Dieu, n'intervenant que pour jeter rapidement une vive lumière, empêcher qu'on ne s'égarât, et aider l'action divine.

De plus en plus pénétré de l'importance extrême de la formation des novices, il résolut de s'adjoindre un homme de valeur sur lequel il pût compter. On se rappelle sans doute le frère Timothée, cet héroïque jeune homme qui, souffrant d'une infirmité cruelle, était parti si vaillamment à Chartres pour faire l'obéissance, et y avait trouvé sa guérison. C'est sur lui que M. de la Salle jeta les yeux. Étant mandé, ce Frère, remarquable d'ailleurs par son talent pour l'éducation de la jeunesse et son profond attachement à l'Institut, vint aussitôt à Marseille faire encore l'obéissance et se dévouer aux novices.

Aux vacances de 1712, les Frères des résidences rapprochées de Marseille vinrent faire leur retraite au noviciat. Ce furent des jours de grandes bénédictions. M. de la Salle, comme à l'ordinaire, fortifia et consola ses chers disciples, mettant ainsi dans leurs cœurs avec les plus douces joies un invincible courage. Le saint prêtre eut après cela quelque temps de tranquillité qu'il consacra à travailler à différents ouvrages, tels que les Règles communes, la conduite des Écoles, le Traité sur les obligations des Frères, Méditations, etc.; et, comme Mgr de Belzunce, qui voyait en lui un grand ouvrier évangélique, l'avait supplié de ne point refuser son ministère aux âmes qui auraient recours à lui, nous le voyons à cette époque ouvrir le ciel à un grand nombre de pécheurs.

Cependant le sens si profondément chrétien de M. de la Salle, qui lui faisait croire à la nécessité de la souffrance pour le succès d'une œuvre, ne l'avait pas trompé. On était à peine arrivé au début de l'année 1713, et déjà des symptômes de la ruine du noviciat et des autres établissements des Frères à Marseille se manifestaient. Leurs protecteurs ne montraient plus le même zèle pour les soutenir de leur argent et de leur influence.

Malgré les efforts énergiques de Mgr de Belzunce, le jansénisme infectait la Provence. Bon nombre de ceux qui s'étaient déclarés les amis de M. de la Salle appartenaient secrètement à cette secte. Ils ne s'étaient montrés ainsi empressés autour du saint Fondateur que dans le but de l'amener à partager leurs vues, et à lui faire semer à pleines mains, au moyen de l'influence considérable qu'il exerçait sur le peuple par les écoles, leur doctrine perverse.

Ce qui refroidissait donc leur zèle, c'est que, ayant fini par découvrir, à leur grand désespoir, en M. de la Salle un saint, ils sentaient instinctivement qu'on se brise contre la droiture de ces hommes-là, et contre leur attachement à l'Église.

Cependant, avant de se retirer de lui, ils firent plus d'une tentative pour le gagner. Ils l'emmenèrent d'abord à une conférence, avec la pensée de s'insinuer dans son esprit, et de lui faire accepter insidieusement leur doctrine. M. de la Salle frémit de surprise et de douleur en les entendant. Lui, toujours si modeste, crut devoir prendre la parole. Sa logique serrée et lumineuse ne laissa rien subsister des arguments qui lui furent proposés. Ces jansénistes étaient stupéfaits. En sortant, ils se disaient tout consternés : « Nous n'arriverons jamais à le détacher de Rome ; et, au besoin, il se fera contre nous un redoutable athlète. »

Ils essayèrent ensuite de le prendre par l'appât des honneurs : « Venez avec nous, lui dirent-ils, et sous peu vous serez évêque. » C'était vouloir entamer le diamant. Ils perdirent leur temps.

Ils se dirent enfin : « M. de la Salle dépend de nous ;

ses établissements crouleront le jour où nous cesserons de les soutenir. Déclarons-lui que nous nous retirons, et que d'amis nous devenons des ennemis implacables s'il ne fait pas ce qui lui est demandé. » M. de la Salle accueillit leur menace avec humilité et dignité, et se reposa de tout sur Dieu.

Dans la crainte de se voir accusés d'inconstance et de légèreté, ces hommes n'osèrent renverser tout d'un coup l'œuvre. Mais ils firent tout pour la miner sourdement, employant même la calomnie. Toutes les folies débitées contre M. de la Salle à Reims et à Paris y étaient répétées. On allait même jusqu'à mettre en suspicion la sincérité de sa foi. Ce saint prêtre, comme à l'ordinaire, inclinait pour le silence. De pieux amis le supplièrent de faire une réponse. Il obéit, et, sans dire le moindre mot contre ses persécuteurs, il établit la vérité d'une manière triomphante. Mais l'œuvre, qu'il avait toujours regardée comme éphémère, ne fit que se précipiter vers sa ruine.

Nous terminerons ce chapitre en enregistrant quelques-uns des souvenirs laissés par le saint prêtre durant les voyages qu'il fit dans le Midi.

Un Frère chargé des plus jeunes enfants étant tombé malade, le saint fondateur voulut le remplacer. « Reposez-vous, cher fils, lui dit-il, je ferai votre classe jusqu'à ce que vous soyez guéri. » Le lendemain matin, le saint prêtre conduisit ces tout petits garçons en rang à l'église, puis alla prendre ses vêtements sacerdotaux, et leur dit la messe. Un personnage de distinction, n'étant pas accoutumé à l'émotion dont M. de la Salle était toujours saisi à l'autel, et à l'espèce de transfiguration que produisait invariablement en lui la célébration des saints mystères, demanda tout saisi au Frère qui se trouvait près des

enfants : « Quel est cet ecclésiastique ? — C'est notre supérieur, répondit le Frère, c'est le fondateur des Écoles chrétiennes. — Ah ! je n'en suis pas surpris, reprit l'étranger, qui ne pouvait détourner ses yeux de M. de la Salle, sa physionomie seule dit ce qu'il est. »

M. de la Salle était heureux quand il pouvait dérober à ses nombreuses occupations quelques instants pour aller visiter les prisonniers. Étant entré un jour dans un cachot, il vit un malheureux prêtre, qui gémissait là depuis bien des années, accourir d'aussi loin que ses fers le lui permettaient pour se jeter à ses pieds. « Veuillez, je vous en conjure, lui dit-il, entendre ma confession. » Cet homme avait appris, on ne sait comment, que le serviteur de Dieu était dans la maison. M. de la Salle l'embrassa et lui donna le pardon consolant du sacrement ; puis, le voyant couvert de vêtements en lambeaux et pleins de vermine, il quitta ses propres habits, l'obligea à s'en vêtir, et prit lui-même les haillons du prisonnier ; et ainsi, tandis qu'à ce prodigue les anges au ciel faisaient fête, revêtant son âme de la blanche tunique de l'innocence recouvrée, le saint prêtre donnait à son corps un vêtement convenable, se dépouillant lui-même par une inspiration sublime de charité.

Il faut dire toutefois que M. de la Salle n'était pas toujours consolé dans ses voyages par des conversions de ce genre. Un jour, deux voleurs, l'apercevant seul sur le grand chemin, se précipitèrent sur lui, leur épée à la main. « Tuez-moi, leur dit-il sans s'émouvoir ; tuez-moi si le bon Dieu vous a permis de le faire. » L'un d'eux le tirant violemment par son habit, M. de la Salle lui dit : « C'est mon manteau qui vous fait envie ? Tenez, je vous l'abandonne ; prenez-le, s'il peut vous servir. » Ce vêtement était usé et d'une étoffe très commune ; les bandits, après l'avoir pris, le lui jetèrent avec pitié.

CHAPITRE XXIV

Mgr de Belzunce retient M. de la Salle sur le point de partir
pour Rome. — Pèlerinage à la Sainte-Beaume. — Services rendus à une pieuse institution. — Chute du noviciat de Marseille.
— Arrivée de M. de la Salle à Grenoble. — Sa vie tout en
Dieu. — La Grande-Chartreuse. — Nouvelle maladie de M. de
la Salle. — Son séjour à Parménie.

Nous retrouvons M. de la Salle à Marseille après la
fête de Paques de l'année 1713. Son dessein était
d'aller à Rome, où l'appelaient, comme l'on sait, ses
plus ardents désirs. Il était déjà sur le navire, quand
il vit accourir vers lui Mgr de Belzunce : « Ne partez
pas, lui dit le prélat; quelqu'un voudrait fonder une
école et vous en donner la direction. Je désire que
vous demeuriez pour diriger les travaux et placer de
bons maîtres à la tête des élèves. » C'était pour le
saint prêtre un immense sacrifice. Il le fit avec son
grand cœur, et, de retour à la communauté de Marseille, il dit : « Dieu soit béni ! me voilà revenu de
Rome. Ce n'est pas la volonté de Dieu que j'y aille,
puisqu'il m'emploie à autre chose. » Le frère qui
devait l'accompagner à Rome partit seul sur le vais-
seau.

Le mois de mai qui approchait fournit au saint fondateur l'occasion de visiter, pour la troisième fois, ses communautés du Midi. C'était l'époque la plus favorable pour de longs voyages à pied dans ces contrées où les chemins, à peine frayés, s'étendaient dans les montagnes et le long des précipices. Avant de partir, il voulut aller à la Sainte-Beaume et prier dans la grotte où Madeleine, l'illustre pénitente, passa les dernières années de sa vie. M. de la Salle demeura là environ quarante jours, vivant dans la plus extrême pauvreté, au sein d'une paix et d'un calme ineffable. Il aurait voulu mourir dans ce lieu tout parfumé de l'amour de Dieu.

Les jansénistes, toujours acharnés contre M. de la Salle, dans le but de ruiner plus vite ce qui restait de son œuvre à Marseille, profitèrent de cette absence pour répandre le bruit qu'il avait quitté l'Institut. « Il a déserté lâchement, disaient-ils, et il a trahi la confiance des instituteurs modestes et simples qui ont placé entre ses mains infidèles leurs intérêts les plus sacrés [1]. » Le mal que l'on dit, même d'un saint, trouve créance auprès des hommes avec une extrême facilité. On parlait beaucoup de cet incident à Marseille. Mais des pèlerins qui revenaient de la Sainte-Beaume affirmèrent qu'il n'en était rien, ayant vu le serviteur de Dieu en prière dans ce lieu saint. M. de la Salle, reparaissant bientôt dans la ville, acheva de dissiper ces bruits mensongers.

Le saint prêtre, après s'être ainsi préparé par la prière à la visite de ses communautés, se mit en chemin. Peu s'en fallut qu'avant son départ il ne retirât ses Frères de Marseille, à cause des difficultés

----

[1] Fr. Lucard.

que ses ennemis leur suscitaient à plaisir. Il ne le fit pas parce que, fidèle à prendre conseil en toute chose de son directeur, celui-ci le conjura de les y laisser. M. de la Salle alla d'abord à Mende, où il resta depuis le dernier jour de juin jusque vers la fin de juillet. Là il rendit les plus grands services à une société de personnes pieuses qui se dévouaient à l'éducation des jeunes protestantes converties. Mlle de Saint-Denis, la supérieure, ayant entendu parler de lui, lui demanda ses conseils. Bientôt, « ravie d'avoir ce flambeau auprès d'elle, nous dit M. Blain, elle ne pensa qu'à profiter de ses lumières. Tout le temps qu'elle pouvait dérober à l'homme de Dieu lui paraissait court, et, comme Madeleine aux pieds du Sauveur, elle ne se lassait point d'écouter sa parole. » A la prière de cette supérieure aussi pieuse que distinguée, M. de la Salle fit un règlement pour la maison. L'évêque, à qui ce règlement fut présenté, en admira la grande sagesse, et le consacra par son approbation. Par ce moyen les institutrices firent fleurir autour d'elles, parmi les jeunes filles confiées à leurs soins, la science et les plus pures vertus.

M. de la Salle était encore occupé à ce travail important, quand un jour le frère Timothée, toujours chargé des novices de Marseille, arriva à Mende. Le saint prêtre, lui voyant un air triste et affligé, lui dit : « Où sont donc nos novices? Notre œuvre subsiste-t-elle encore? — Les hommes que vous connaissez, répondit le Frère, ont arrêté au seuil du noviciat les jeunes gens qui venaient à nous avec une vocation sincère. Entraînés par le mauvais exemple, découragés par leur petit nombre, mais surtout séduits par leurs protecteurs, avec lesquels je ne pouvais leur interdire tout rapport, ceux que vous m'avez laissés ne sont plus de vos disciples. Je viens me mettre de nouveau à votre disposition et vous demander une obédience. » M. de la Salle leva les mains au ciel et dit : « Dieu soit béni ! » Puis tout à coup le saint prêtre, par un mouvement de profonde humilité, ajouta : « Tout ce mal arrive à l'Institut à cause de mes péchés ! » Et, poursuivant, il dit : « Hélas ! cher frère Timothée, à quoi pensez-vous de vous adresser à moi ? Ne connaissez-vous point mon insuffisance à commander aux autres ? » Le Frère tomba à ses pieds : « Je resterai là, lui dit-il, tant que vous ne m'aurez pas donné votre bénédiction et une obédience. » M. de la Salle le releva, l'embrassa, et bientôt il l'envoya à Avignon.

Le saint fondateur partit de Mende pour se rendre à Alais et aux Vans. Cette fois il se servit pour voyager d'un cheval que lui offrit Mlle de Saint-Denis. On raconte que, s'étant arrêté dans la campagne pour dire son office, sa monture, qu'il avait oublié d'attacher, entra dans un jardin. La pauvre bête ne toucha pas même à un brin d'herbe ; mais le propriétaire, qui l'aperçut, devint tout à coup furieux, et courant à M. de la Salle, profondément occupé avec Dieu dans la prière, il lui donna un violent soufflet. Le saint prêtre interrompit alors son oraison pour demander humblement pardon à cet homme. « Je vous en conjure, lui dit-il à genoux, oubliez la peine que je viens de vous causer. » L'homme irascible, surpris et ému, s'excusa de son côté comme il put, et se retira tout honteux de sa brutalité.

M. de la Salle arriva à Grenoble au commencement d'octobre 1713. Les Frères, ravis de le posséder, firent tout pour le retenir au milieu d'eux le plus longtemps possible. Dans cette résidence, tout embaumée de charité, le saint fondateur se livra complètement à la prière et à la pénitence. Il passait même une partie des nuits à ces saints exercices; et le jour, quand on voulait lui parler, c'était toujours aux pieds de Dieu qu'il fallait le chercher. Fidèle d'ailleurs aux moindres prescriptions de l'Institut, il était pour toute la maison un exemple de parfaite régularité. Chaque jour il consacrait quelque temps à écrire les ouvrages commencés à Marseille. Mais jamais sa joie n'était plus grande que quand, quelque Frère se trouvant empêché, il lui était donné de faire à sa place l'école aux enfants. La chaire où il s'est assis en exerçant ces humbles fonctions a été précieusement conservée.

Durant son séjour à Grenoble, un témoignage touchant d'affection lui vint de Rouen. Les amis qu'il avait dans cette ville, et surtout les Frères, souffraient à la pensée qu'il devait s'imposer de grandes privations dans son voyage; car les communautés que visitait le saint fondateur étaient très pauvres. Ils lui envoyèrent donc une somme assez considérable. M. de la Salle fut profondément touché de cette attention, mais il ne voulut pas se servir de l'argent. « Il le fit placer sur l'octroi de Rouen, nous dit un biographe [1], pour le retrouver avec les intérêts dans une occasion plus opportune. »

On comprend par là que, à Rouen, le saint prêtre était l'objet de tendres préoccupations. M. de Pontcarré lui gardait toujours une place de choix dans son cœur, et l'archevêque, Mgr d'Aubigné, ne lui était pas indifférent. On le vit bien dans le choix que ce prélat fit de M. Blain comme aumônier de la communauté. Ce chanoine, aussi distingué par sa piété et sa dou-

----

[1] Fr. Lucard.

ceur que par son talent pour la prédication, devait
être un jour le biographe de M. de la Salle.

Cependant le saint fondateur, à Grenoble, était inquiet au sujet des maisons de Paris. Le frère Barthélemy, chargé de les diriger en son absence, se

trouvait en face de grandes difficultés. Ceux qui, dès
le principe, avaient voulu renverser M. de la Salle et
altérer les règles, étaient toujours là et faisaient de
continuels efforts dans ce but. Le frère Barthélemy
craignait de les voir entraîner les Frères dans leurs
desseins. Ne se sentant pas assez fort pour arrêter le
mal, il avait écrit plusieurs fois à M. de la Salle, l'in-
vitant de la manière la plus pressante à venir. Le

11*

saint prêtre ne jugeait pas encore le moment opportun pour faire ce voyage ; mais ne voulant pas plus longtemps laisser le frère Barthélemy dans un si cruel embarras, il lui fit porter ses instructions par le Frère directeur de Grenoble, un homme intelligent et fort discret. Le frère Barthélemy et les autres firent avec bonheur tout ce qui leur était demandé, et, grâce à leur docilité aussi bien qu'au tact du Frère et à la sagesse de M. de la Salle, tout sujet d'inquiétude disparut de ce côté.

Quand le Frère directeur de Grenoble, ayant heureusement rempli sa mission à Paris, fut de retour, M. de la Salle se rendit à la Grande-Chartreuse. Depuis longtemps il souhaitait d'aller goûter Dieu dans cette solitude profonde, voisine au reste de la ville qu'il habitait. « Il vit avec admiration, nous dit Blain, ces rochers escarpés, qui entretiennent un hiver presque perpétuel, en se cachant le plus souvent sous la neige et les glaces, et où ceux qui les habitent semblent être ensevelis tout vivants. Édifié du silence et du recueillement qui règnent parmi ces solitaires, son inclination pour la retraite s'enflammait, et il souhaitait finir ses jours au milieu d'eux. »

M. de la Salle avait tenu à ne pas se faire connaître aux Chartreux ; mais, quoique caché sous des habits pauvres et vils, sa modestie et son insigne piété frappèrent le prieur. Les religieux s'aperçurent bien vite qu'il y avait au milieu d'eux un grand serviteur de Dieu. Quoi qu'on fît pour le retenir, se voyant découvert, il ne resta que trois jours, et partit embaumé du parfum des vertus qu'on respire sur ces sommets bénis. C'est ainsi que deux grands hommes, l'un et l'autre de Reims, l'un et l'autre chanoines, Bruno et

de la Salle, foulèrent de leurs pieds la montagne
sacrée, chacun avec l'auréole des fondateurs d'ordres.

Quand M. de la Salle revint au milieu de ses disciples, il fut repris des douleurs rhumatismales dont
il souffrait de temps en temps, depuis l'époque de la
fondation du noviciat de Vaugirard; mais cette fois
les crises augmentèrent notablement d'intensité, et
une fièvre de présage funeste vint s'y joindre. Au
milieu d'atroces tourments, on l'entendait dire avec
sa douceur ordinaire : « Dieu soit béni! » On renouvela pour le soulager le supplice qu'il avait déjà
enduré, alors que, allumant sous lui des brasiers, on
y jetait des herbes aromatiques dont la fumée devait
amener dans tout son corps une transpiration salutaire. Mais rien cette fois ne put le soulager; les remèdes, au contraire, aigrissaient le mal. On craignit
un moment pour ses jours. C'est alors que la ville
de Grenoble tout entière s'émut. Sa guérison était
demandée à Dieu[1] comme « un bienfait public ». La
foule ne cessa d'encombrer la maison des Frères,
s'enquérant avec anxiété des nouvelles du saint prêtre.
Enfin peu à peu les douleurs disparurent, la fièvre
céda; et quand, convalescent, il sortit la première
fois pour célébrer la messe dans la chapelle des Chartreux de la rue Saint-Laurent, les enfants de l'école
avec leurs parents, ainsi que de nombreux amis, se
trouvèrent sur son passage, et l'accompagnèrent à
l'église afin de remercier Dieu, qui l'avait conservé à
leur amour. On assure que bien des larmes coulèrent
des yeux quand il parut à l'autel. C'est ainsi que
M. de la Salle, en peu de temps, s'était concilié l'affection et la vénération de toute une cité.

[1] Fr. Lucard.

Aussitôt qu'il eut recouvré la santé, M. de la Salle, pour réparer, comme il le disait, l'omission de ses pratiques de dévotion, se retira dans la solitude de Parménie, à sept lieues environ de Grenoble. Là, près d'un antique sanctuaire, il passa le mois de février, conversant avec le Ciel. Dieu lui amena en cet endroit M. Dulac de Montisambert, qui devint le frère Irénée. Cet épisode de la vie de M. de la Salle à Parménie demanderait un volume, qui certainement aurait toute la grâce et la fraîcheur des légendes de saints.

M. de la Salle, de retour à Grenoble, donna un nouveau témoignage de son attachement à l'Église. La Constitution *Unigenitus* venait d'être publiée en France, et, par elle, l'hérésie janséniste se trouvait écrasée. Cette erreur captieuse, on le sait, avait eu des adhérents nombreux et puissants. La parole pontificale, en répandant l'incomparable bienfait de sa lumière infaillible, ne pouvait du premier coup guérir tant d'âmes atteintes par la contagion de cette erreur. Il appartenait aux enfants dévoués de l'Église de travailler à cette œuvre charitable par l'exemple d'une soumission empressée au Saint-Siège, et par tous les moyens capables de faire goûter sa doctrine.

M. de la Salle lut à ses disciples la bulle de Clément XI, leur montra avec quelle sagesse les *cent une* propositions y étaient condamnées, et, avec ses explications, les Frères purent toucher du doigt le venin renfermé dans le jansénisme. Cela fait, M. de la Salle écrivit plusieurs lettres destinées au public, dans lesquelles il prenait la défense de la bulle pontificale. Il éleva en même temps la voix dans la ville de Grenoble, et on put voir quelle charité inspirait tant ses écrits que ses discours. Jamais il ne lui échappa rien d'aigre ni d'offensant. Plein de respect pour les personnes, il ne combattait que leurs sentiments, et son soin était surtout de mettre les âmes en défiance contre leurs livres et contre leurs paroles. Il insistait surtout sur le danger de se laisser séduire par eux. Les biographes font observer qu'il pria le Ciel avec une grande ferveur dans cette circonstance, afin d'attirer les grâces de conversion sur tous ceux que l'erreur funeste retenait dans ses lacets. Les supplications pressantes et le zèle éclairé de l'homme de Dieu produisirent dans la ville un effet prodigieux.

CHAPITRE XXV

A Paris, à Rouen, à Saint-Yon, les Frères avaient constamment les yeux tournés vers leur père bien-aimé. La nouvelle de sa dernière maladie les avait jetés dans une grande inquiétude. Apprenant sa guérison, ils éprouvaient le plus vif désir de le revoir après une absence si longue.

Le frère Barthélemy sentait plus que tous le besoin de sa présence. Afin de donner plus de poids aux lettres fréquentes qu'il lui écrivait pour le supplier de venir, il demanda aux principaux Frères de Paris, de Versailles, de Saint-Denis, de se joindre à lui. Une lettre signée d'eux tous fut donc envoyée au saint fondateur, lui prescrivant au nom de l'obéissance de se rendre à la capitale. Cette injonction simple et naïve fit impression sur l'esprit de M. de la Salle. Le serviteur de Dieu dit : « Je dois obéir. » Et il quitta les Frères de Grenoble, désolés de le perdre.

On fut profondément attristé dans la ville ; mais il ferma la bouche à ceux qui voulaient le retenir, par ces mots : « Après avoir si longtemps enseigné l'obéissance par paroles, il est juste que je commence à l'enseigner par pratique. »

M. de la Salle voulut visiter Marseille et Avignon, passa par Lyon, puis se rendit au tombeau de saint François de Sales, où il pria longtemps pour son Institut, et alla ensuite à Dijon. Peu de temps après, le saint fondateur était à Reims. Que de pensées durent se presser dans son cœur en cette ville, où il rentrait à l'âge de soixante-trois ans, après une si grande œuvre accomplie ! Ses anciens amis furent saisis en le revoyant, car il portait dans toute sa personne les nobles cicatrices de la pénitence, des épreuves, de la lutte enfin victorieuse. M. de la Salle reçut de sa famille un accueil gracieux, et se montra pour elle plein d'affection et de prévenance comme toujours.

Ayant quitté Reims, il visita les autres communautés de la Champagne, s'arrêta à Laon, et passa par le château de Charmel, où le comte son ami se mourait. Le malade fut heureux de l'embrasser une dernière fois et de recevoir ses consolations. Enfin, le 10 août 1714, M. de la Salle était à Paris. Rien ne saurait peindre le bonheur de la communauté en le revoyant ; le frère Barthélemy surtout ne pouvait contenir sa joie. « Me voici arrivé, dit l'humble prêtre, que désirez-vous de moi ? » Ses pieux disciples le prièrent de comprendre qu'il était leur père, et que son absence prolongée avait produit au milieu d'eux un vide dont ils ne pouvaient se consoler.

M. de la Salle, préoccupé plus que jamais de l'avenir de l'Institut, songea aussitôt à se décharger de ses fonctions. Suivant lui, le temps était venu de prendre les mesures nécessaires pour fixer définitivement la forme du gouvernement; et le point capital était de mettre à la tête de la société un Frère, afin de consacrer par là solidement ce principe fondamental que le supérieur ne pourrait jamais être un ecclésiastique. Il voulait, avant de mourir, voir fonctionner la grande œuvre dans les conditions d'après lesquelles il l'avait conçue. Il proposa donc à ses disciples de mettre à sa place le frère Barthélemy. On lui fit facilement comprendre qu'il ne pouvait, de sa propre autorité, introduire ce changement. Obligé d'attendre qu'un chapitre général vînt trancher la question, il prépara insensiblement la voie pour cette importante affaire; et, tout en conservant son titre, il eut soin de mettre constamment en avant le frère Barthélemy.

Dans le courant de l'année 1715, les vivres furent à Paris d'une cherté extrême, et la souffrance entra de nouveau dans la maison des Frères. M. de la Salle pensa qu'en Normandie, où se trouvaient en ce moment de précieuses ressources, le noviciat serait un peu plus à l'abri des privations; il se décida donc à le transporter de nouveau à Saint-Yon. Le frère Barthélemy accompagna les novices à Rouen, et M. de la Salle vint le rejoindre un mois après.

A son arrivée, on voulut faire accepter au saint fondateur une cellule plus convenable que celle qu'il avait autrefois habitée. M. de la Salle refusa humblement, et rentra dans le pauvre réduit dont il faisait, disait-il, ses délices. On ne saurait dire combien il fut heureux de voir dans l'état le plus florissant le pensionnat de Saint-Yon. Il retrouva à Rouen M. Blain, toujours dévoué de cœur à l'Institut, et M. de Pont-carré, qui s'attachait de plus en plus à la grande œuvre. Nous voyons le saint fondateur à cette époque, grâce à la protection de ce noble magistrat, améliorer la position des Frères dans les diverses écoles, et ouvrir, sur ses instances, une maison de correction sous le nom de pensionnat de force. Bientôt des ateliers de travail y furent attachés, et on donna dans cet établissement l'enseignement technique et l'enseignement commercial.

En dehors de ces circonstances, où son intervention directe était nécessaire, M. de la Salle s'effaça à Saint-Yon, comme il l'avait fait à Paris depuis son retour de Grenoble. Tous ceux qui s'adressaient à lui par lettres ou de vive voix, il les renvoyait au frère Barthélemy; mais c'était en vain, car on revenait, et il se sentait dans la nécessité de se faire obéissant et de répondre à ce qui lui était demandé. « Ayant élevé les Frères, nous dit M. Blain, dans la pratique détaillée de l'obéissance, et leur ayant appris à ne rien faire sans permission, en son absence comme en sa présence, il était juste qu'il fût la victime de ses propres maximes. »

Cependant M. de la Salle insistait de plus en plus auprès des Frères pour obtenir l'élection d'un nouveau supérieur. « Je vous resterai d'ailleurs tout entier, leur disait-il; je serai pour vous ce que j'ai été jusqu'à présent; je vous porterai dans mon cœur comme je l'ai toujours fait, je vous écouterai, et vous trouverez en moi toujours un père. » La communauté dut se rendre à ses désirs, et on pensa à une assemblée générale. « Avant de convoquer les Frères, dit le saint fondateur aux disciples qu'il avait près de lui, il convient de préparer les esprits. Il faut faire entrer suavement les communautés dans l'idée que, l'Institut devant être à perpétuité gouverné par l'un d'entre eux, le moment est venu de procéder à une élection qui consacre ce principe. » Il ajouta : « Envoyez dans toutes les maisons un d'entre vous, agréable aux Frères ; il leur fera comprendre cette mesure, et tout le monde sera heureux de venir à Saint-Yon dans ce but. »

Le frère Barthélemy, ayant paru très propre à remplir cette mission, en fut chargé et partit au mois d'octobre 1716. Son succès fut complet. Tous les directeurs des maisons, au nombre de seize, se trouvèrent à Saint-Yon l'année suivante pour la fête de l'Ascension de Notre-Seigneur.

M. de la Salle ouvrit ce jour-là la retraite ; mais il refusa de présider les exercices et demeura tout le temps dans sa pauvre cellule, élevant les mains vers le ciel pour attirer sur ses enfants les bénédictions de Dieu. Il leur parla néanmoins plusieurs fois sur la manière dont il fallait se conduire dans cette élection, s'inspirant de ce que prescrivent les Constitutions et les Règles de saint Ignace en cette circonstance. « Comme ce n'est pas vous qui devez choisir, leur disait-il, mais Dieu en vous et par vous, tenez votre esprit toujours élevé vers lui. Tenez vos cœurs dans une entière indifférence… ; réservez votre suffrage à celui que le plus grand mérite distingue, à celui que vous choisiriez à l'heure de la mort. Donnez votre voix à celui qui possède le plus parfaitement ces six qualités si nécessaires pour conduire la famille de Dieu : la prudence, la douceur, la vigilance, la fermeté, la piété, le zèle et la charité. »

Les Frères eurent la dévotion de réciter chaque jour, à plusieurs reprises, la prière que leur saint fondateur avait composée pour cette circonstance, afin d'appeler sur leur assemblée les lumières de l'Esprit-Saint.

Le 8 mai 1717, après bien des supplications adressées à Dieu, les Frères ayant procédé à l'élection, le frère Barthélemy réunit tous les suffrages. La nouvelle en étant portée à M. de la Salle, il n'en fut pas surpris. Le serviteur de Dieu était au comble de ses vœux. Le frère Barthélemy fut le seul affligé; mais ses larmes ne purent décider les Frères à lui ôter ce fardeau qui lui semblait trop lourd. On consentit au reste à lui donner, sur sa demande expresse, deux Frères en qualité d'assistants, pour partager avec lui les nombreuses sollicitudes qu'allait lui imposer sa qualité de chef de l'Institut.

Après la retraite, le saint fondateur pria les Frères de faire un nouvel examen des Règles. « Ajoutez, leur dit-il, retranchez tout ce que vous jugerez convenable. » Les Frères firent leurs observations, mais ne voulurent toucher à quoi que ce fût. D'un commun accord, ils dirent à M. de la Salle : « C'est à vous que nous nous en remettons sur le soin de perfectionner nos Règles. Agissez selon votre inspiration. » Le serviteur de Dieu acquiesça à leur désir, et il ajouta les chapitres de la modestie et du bon gouvernement, tirés en grande partie des Constitutions de saint Ignace. La Règle, étant mise par le saint instituteur dans l'état où elle est aujourd'hui, et signée du frère Barthélemy, fut envoyée à toutes les maisons, qui la reçurent avec la plus parfaite soumission.

M. de la Salle, rendu à lui-même et déchargé de tout soin, se montra humble, obéissant et simple. Il n'accepta aucune marque de distinction, « ne voulant, dit son biographe, pour récompense des services qu'il avait rendus aux Frères, que la soumission et la dépendance. »

L'humble et intelligent fondateur, avec une délicatesse extrême, fit tout pour reporter sur le nouveau supérieur la confiance qu'on avait eue en lui. Quand ses enfants, habitués à ne voir que lui et à ne penser que par lui, venaient le consulter, il répondait : « Je ne suis rien; allez au Frère supérieur. » Lui écrivait-on pour avoir son avis, il ne voulait pas même lire les lettres qui lui étaient adressées. « La sainte obéissance vous oblige de les lire, » disait le frère Barthélemy; alors il obéissait, mais il avait soin de terminer ses réponses par des lignes comme celles-ci : « Donnez-vous bien de garde de vous adresser à moi à l'avenir pour de pareilles choses. Vous avez un supérieur, c'est à lui que vous devez exposer vos difficultés. Pour moi, je ne veux plus que penser à la mort et pleurer mes péchés. »

Au mois d'octobre 1717, M. de la Salle dut se rendre à Paris pour prendre possession d'un legs. Quelqu'un qui lui avait injustement ravi une somme d'argent, pressé par le remords de la lui restituer avant de mourir, venait de l'inscrire sur son testament. Le saint fondateur, qui ne voulait que s'effacer afin de voir l'autorité du supérieur s'affermir de plus en plus, évita de descendre chez les Frères de Saint-Sulpice, et, se dérobant à leur tendresse, il alla demander l'hospitalité au séminaire de Saint-Nicolas-du-Chardonnet.

On raconte que, quand l'article du testament qui le concernait lui fut lu, il fut grandement affligé de se voir appelé, dans cette pièce, supérieur des Frères des Écoles chrétiennes. C'était, en effet, sous ce titre qu'il était désigné. Nous avons vu déjà que le saint homme, dont l'esprit était si grand, avait une sublime et naïve simplicité dès qu'il s'agissait de la vertu d'humilité. « Je ne puis donner ma décharge, dit-il au notaire, en m'appropriant un titre que je n'ai pas. Je ne suis pas supérieur des Frères des Écoles chrétiennes. — Cela est sans conséquence, lui dit le notaire; il faut bien que la décharge soit conçue dans les termes que porte le testament. » M. de la Salle laissa entrevoir au notaire qu'il aimerait mieux renoncer au legs que de joindre à sa signature une qualité qu'il n'avait plus. Trois mois se passèrent, et la somme restait toujours entre les mains du notaire, qui, de son côté, persistait à s'en tenir aux termes du testament. Enfin la résistance du serviteur de Dieu l'émut, et il se dit à lui-même : « Il ne peut y avoir un grand inconvénient à ce que je consente à la suppression du mot supérieur; l'exemple que donne ici M. de la Salle ne sera pas contagieux; et si j'ai vu un homme refuser de l'argent et un titre d'honneur, et refuser l'un à cause de l'autre, je n'en verrai pas un second. » Et il délivra le legs au serviteur de Dieu, en acceptant la quittance dans les termes que celui-ci voulut.

Cet incident, en retenant M. de la Salle quatre mois à Paris, permit au séminaire de Saint-Nicolas d'être embaumé du parfum de ses vertus. « Là, nous dit Blain, plus petit, plus soumis, plus docile qu'un jeune tonsuré qui vient avec ardeur puiser dans le séminaire, comme dans sa source, l'esprit ecclésiastique, et se former sous les plus grands maîtres de la piété, il prétendait renouveler dans le séminaire de Saint-Nicolas les pratiques de ferveur qu'il avait apprises dans celui de Saint-Sulpice. »

Son retour à la communauté de Saint-Yon fut pour les Frères un accroissement de joie et de grâces; il put dire à ses enfants : « Le petit coin de terre où

repose le berceau de l'Institut est désormais à vous. »
En effet, avant de quitter Paris, de concert avec le
frère Barthélemy, il avait acheté la propriété de
Mme de Louvois en partie avec de l'argent qu'il fit
demander à Dieu par de ferventes prières, en partie
avec la somme qui lui avait été léguée.

CHAPITRE XXVI

La dernière année que M. de la Salle passe sur la terre. — L'humilité est plus que jamais sa vertu de prédilection. — Le doux prestige qu'il exerce sur les enfants du pensionnat. — Consolation que trouvent auprès de lui les Frères au tribunal de la pénitence. — La fête de saint Joseph. — Scène attendrissante de la réception des derniers sacrements. — Un article du testament de M. de la Salle. — La prière des agonisants. — Dernières paroles du saint fondateur. — Il meurt le vendredi saint. — Les Frères admirables dans leur douleur.

M. de la Salle voyait son œuvre achevée. Pensant qu'il n'avait plus rien à faire sur la terre, il ne se privait pas de soupirer après le moment où la mort le mettrait définitivement en possession du Dieu qu'il avait tant aimé toute sa vie. « O mon Dieu ! disait-il souvent, hâtez-vous, car je vous désire. »

Le Seigneur n'avait pas épuisé envers lui toutes ses miséricordes, et il le retint une année encore dans l'exil. Son union avec Dieu frappa plus que jamais les Frères, et il les ravit tous par son esprit d'humilité et d'obéissance, qui devint de plus en plus admirable. En le voyant, qui donc eût pu dire que le noble vieillard avait exercé seulement une heure de sa vie l'autorité ? Rien dans ses manières n'annonçait autre chose qu'un humble Frère, le dernier de tous. Nous nous trompons : sa couronne sacerdotale disait que c'était un prêtre, et une impression pénétrante de sainteté appelait les respects. Qui pouvait s'empêcher de se dire à sa vue : « C'est donc dans ce prodige d'humilité que s'étaient venues fondre sa noblesse, sa fortune, sa haute dignité ecclésiastique, sa qualité de patriarche d'un Institut glorieux ! »

M. de la Salle ne quittait les pieds de Dieu que pour aller répandre, avec une grâce et une amabilité toutes célestes, la consolation autour de lui. Les pauvres enfants de la maison de correction eurent ses visites. Il leur laissait chaque fois une si forte impression, que ceux-ci éprouvaient le besoin de devenir meilleurs. Avant de mourir, il transforma cet établissement ; et l'on dit qu'une fois sortis, ces enfants vécurent dans le monde avec honneur, et plusieurs mêmes se donnèrent à Dieu dans le cloître. C'est à cette douce tâche qu'il employa les restes de cet admirable talent que Dieu lui avait donné de convertir les pécheurs.

Les jeunes gens du pensionnat eurent aussi ses dernières tendresses. « Il les confessait tous avec une grande bonté, sans que leur nombre et leur importunité parussent le lasser ou l'ennuyer. » Ces enfants l'aimaient profondément, et Blain ne nous étonne point quand il dit : « Ils étaient ravis de le voir, et le mettaient au milieu d'eux en l'environnant, pour joindre au plaisir de l'entendre et de le considérer celui de lui marquer leur affection. » Enfin il confessait tous les Frères. Dans ce ministère sacré, il mettait tant d'onction et de sainteté, qu'il consolait et fortifiait les âmes d'une manière merveilleuse. « Les Frères, nous dit Blain, ne peuvent s'en ressouvenir sans être attendris. » Nous ne parlons pas du noviciat, qui avait plus que jamais la meilleure place dans son cœur.

C'est au milieu de ces saintes occupations que se passa, pour M. de la Salle, la plus grande partie de l'année 1718.

Quand l'année 1719 s'ouvrit, il ne lui restait plus que quelques mois à vivre.

M. de la Salle voulut faire le carême dans toute sa rigueur. Les Frères, voyant avec quelle peine il respirait, oppressé par son asthme, le conjurèrent de prendre quelque soulagement et d'adoucir un régime si sévère. « La victime est près d'être immolée, leur dit-il, il faut travailler à la purifier. » Le frère Barthélemy arrivait de Paris. Désolé de voir le saint vieillard si fatigué, il le pria de renoncer à une abstinence capable de mettre sa précieuse vie en danger. Tout fut inutile, et le saint prêtre ne se rendit que sur un ordre exprès qui lui fut donné.

A quelque temps de là, passant près d'une porte mal assujettie, M. de la Salle reçut un coup violent à la tête. La douleur persistante qu'il en ressentit, jointe à un point de côté, le mit dans l'impossibilité de dire la messe. Le médecin, aussitôt appelé, ne dissimula point qu'il n'y avait pas de guérison à espérer. « Ah ! l'heureuse nouvelle que j'attendais chaque jour ! » dit aussitôt le serviteur de Dieu. Son pieux biographe ici s'écrie : « Son désir était de quitter la terre et d'être réuni à Jésus-Christ. Un homme depuis si longtemps attaché à la croix du Sauveur et crucifié avec lui ne pouvait regarder qu'avec joie son dernier soupir, qui devait commencer son bonheur. »

Le médecin cependant prescrivit des remèdes. A ce soin il épuisa toute sa science, et fit cruellement souffrir le saint vieillard, sans pouvoir néanmoins arrêter les progrès du mal. Voyant l'inutilité de ces remèdes, le vénérable fondateur finit par dire aux Frères : « L'art ne peut plus rien pour moi ; laissons tous ces médicaments, qui occasionnent des dépenses sans amener de résultats. Mon dernier jour approche, recourons plutôt à Dieu ; c'est lui dont j'ai besoin. » Les Frères consentirent à ce qu'on suspendît un traitement évidemment inutile, et, à leur grand étonnement, M. de la Salle put quitter le lit et reprendre ses occupations ordinaires. Pendant quinze jours, déployant une incroyable énergie, il entendit les confessions et célébra chaque matin la sainte messe ; mais, dans la quatrième semaine de carême, c'est-à-dire le 15 mars, il dut regagner le lit.

A mesure qu'il sentait ses forces l'abandonner, le pieux malade se livrait à de plus vifs sentiments de joie. « J'espère, disait-il, que je serai bientôt délivré de l'Égypte, pour être introduit dans la véritable terre promise. » Il croyait passer sur son lit de douleur la fête de saint Joseph. Mais ce saint, qu'il avait choisi pour patron et protecteur de l'Institut, ménagea à lui et à ses disciples une consolation inattendue : la veille au soir, à dix heures, M. de la Salle sentit ses souffrances diminuer et ses forces revenir. Croyant rêver, il ne parla à personne de cette amélioration qui se manifestait dans son état. Mais, le matin, il vit que ce n'était pas du tout un songe. Demandant ses vêtements, il s'habilla et se rendit à la chapelle. Les Frères n'en pouvaient croire leurs yeux. Il dit la messe avec sa majesté accoutumée, et accomplit toutes les cérémonies avec une noble aisance. On l'eût cru revenu aux plus belles années de sa jeunesse. L'éclat mystérieux qu'on était habitué à voir autour de sa

personne, durant cette fonction sainte, brilla vivement encore une fois avant de s'éteindre pour toujours, car c'était sa dernière messe.

Quand il eut quitté l'autel, les Frères vinrent près
de lui pour recevoir ses avis ; et lorsqu'il eut satisfait
tout le monde, repris aussitôt de son mal, il regagna
péniblement sa cellule.

Les premiers jours de la semaine sainte, une nouvelle cruelle pour son cœur lui fut apportée. On était
parvenu à prévenir encore une fois contre lui l'autorité. Le curé de Saint-Sever, qui aurait voulu voir
assister à tous ses offices les Frères et les élèves de
Saint-Yon, n'ayant pu l'obtenir jusqu'ici, croyait arriver à ses fins en faisant retirer au saint fondateur
ses pouvoirs ecclésiastiques. Il venait d'arracher à
l'archevêché son interdiction, et c'est ce qu'on signi-
fia à l'homme de Dieu le lundi saint. « Le saint fondateur, nous dit son biographe, reçut cette ignominie,
qui fut la dernière, sans rien perdre de sa paix et de
sa tranquillité. Il en parla d'un air gai et content,
sans paraître en avoir le moindre chagrin ni le moindre ressentiment. »

Le lendemain, 4 avril, M. du Jarrier-Bresnard, le
curé de Saint-Sever, vint visiter M. de la Salle. Il le
croyait triste, à cause de ce qui s'était passé la veille.
M. de la Salle était calme et souriant, ce qui le décon-
certa. Si cette épreuve le laisse dans la joie, se dit-il
à lui-même, au moins la pensée qu'il va mourir devrait jeter quelque ombre dans son âme ; sans doute
il ne sait pas qu'il est si près d'être cité au divin tribunal. Le curé crut donc devoir lui dire ces paroles :
« Sachez que vous allez mourir, et qu'il vous faudra
ensuite comparaître devant Dieu. » M. de la Salle lui
répondit : « Je le sais, et je suis très soumis à ses

ordres. Mon sort est entre ses mains. Sa volonté soit faite ! »

Ces paroles impressionnèrent vivement le curé ; sentant les larmes lui venir à la pensée qu'il avait fait interdire le saint homme, il changea d'attitude et lui exprima son vif repentir. « Il ne m'arrive, dit simplement M. de la Salle, que ce que Dieu veut ; je suis content, je me soumets entièrement à sa volonté sainte. Que son nom soit béni ! »

Depuis ce moment, toutes ses pensées se fixèrent dans le ciel. Il demanda au curé le saint Viatique. « Je ne crois pas le danger prochain, dit M. du Jarrier-Bresnard ; mais vos vœux seront remplis, et je viendrai demain. » M. de la Salle passa le reste de la journée et la nuit entière en oraison. De grand matin il pria les Frères d'orner sa chambre et les corridors par où devait passer le Dieu de l'Eucharistie : la grande pensée de toute sa vie avait été de voir le divin Sacrement entouré d'éclat et de magnificence. Quand tout fut prêt, l'allégresse et l'immense respect qu'il avait pour Notre-Seigneur lui faisant oublier qu'il avait perdu toutes ses forces, il supplia les Frères de l'aider à s'habiller et à descendre du lit, afin de recevoir la sainte hostie dans une attitude plus digne. Ses pieux disciples ne pouvaient lui refuser cette consolation. Ils firent donc ce qui leur était demandé ; ils revêtirent leur Père vénéré d'un surplis et d'une étole, et le firent asseoir dans un fauteuil. C'est là qu'il attendait l'Hôte divin, quand tout à coup il entendit sonner la cloche qui annonçait sa venue. Cédant alors à un transport de ferveur, hors de lui-même, le mourant alla au-devant du Sauveur et se prosterna en le voyant. Quand il eut reçu le pain des anges, sa figure amaigrie se mit encore à briller, comme la dernière fois au saint autel. Ce n'était plus un mourant : c'était un homme dans l'extase.

Dans la journée, à plusieurs reprises, il demanda le sacrement d'extrême-onction. Le jeudi saint, cette

grâce si précieuse lui fut accordée ; durant la cérémonie, il eut toute sa présence d'esprit, et répondit avec piété aux prières. Les Frères durent le laisser témoigner à Dieu sa reconnaissance dans une action de grâces qui dura sept heures. Après quoi, souriant à ceux qui environnaient son lit, le saint fondateur parla à chacun gracieusement, et donna tous les avis qui lui furent demandés. A quelques-uns il découvrit les pensées qu'ils avaient dans le cœur. Un homme du monde, que cette connaissance de choses si cachées étonnait, osa lui dire : « Que pensez-vous de moi ? » M. de la Salle répondit : « Il ne tient qu'à vous de vous sauver, car Dieu vous comble de ses grâces ; mais vous n'en profitez pas. Vous n'allez pas à lui comme vous devriez. Vous enfouissez les talents qui vous sont donnés. » A ces mots, qui révélaient le fond de son âme, cet homme demeura interdit.

Peu auparavant le saint fondateur avait fait son testament, dont la première partie est consacrée au bien spirituel des Frères. Voici dans quels termes est conçu le premier article : « Je recommande premièrement mon âme à Dieu, ensuite tous les Frères des Écoles chrétiennes, auxquels il m'a uni, et leur recommande sur toutes choses d'avoir toujours une entière soumission à l'Église, et surtout dans ces temps fâcheux ; et, pour en donner des marques, de ne se désunir en rien de notre Saint-Père le Pape et de l'Église de Rome, se souvenant toujours que j'ai envoyé deux frères à Rome pour demander à Dieu la grâce que leur société y fût toujours entièrement soumise. Je leur recommande aussi d'avoir une grande dévotion pour Notre-Seigneur, d'aimer beaucoup la sainte communion et l'exercice de l'oraison, d'avoir une particulière dévotion envers la très sainte Vierge et envers saint Joseph, patron et protecteur de leur société, de s'acquitter de leur emploi avec zèle et désintéressement, et d'avoir entre eux une union intime et une obéissance aveugle envers leurs supérieurs, qui est le fondement et le soutien de toute la perfection dans une communauté. »

Cependant la voix du malade s'affaiblissait, sa parole devenait embarrassée. On voyait l'agonie venir. Les Frères ne voulant pas qu'il les quittât sans leur donner sa bénédiction, tous se mirent à genoux autour de son lit, et le frère Barthélemy lui dit : « Nous vous demandons votre bénédiction pour nous qui sommes ici et pour les autres Frères de l'Institut. » Cet homme humble souffrait toujours quand on lui demandait sa bénédiction. Il s'excusa, selon sa coutume ; mais les instances qu'on lui fit furent si pressantes, qu'il consentit enfin. Levant donc les yeux et les mains vers le ciel, il dit : « Que le Seigneur vous bénisse tous ! » Les Frères fondirent en larmes à cet adieu suprême de leur fondateur. Bientôt le malade sembla perdre connaissance, et on pensa qu'il fallait commencer les prières des agonisants. Les pieux Frères lui dirent donc cette hymne, à la fois douce et triomphante, du départ : « Partez, âme chrétienne... Que Jésus vous apparaisse avec un visage de fête et respirant la mansuétude... » M. de la Salle n'exhala pas son âme au milieu du doux concert ; c'est sans doute qu'il avait encore une recommandation à faire à ses enfants. Les prières terminées, on l'entendit, en effet, prononcer ces paroles : « Chers Frères, si vous voulez vous conserver et mourir dans votre état, n'ayez jamais de commerce avec les gens du monde ; car peu à peu vous prendrez goût à leur manière d'agir, et vous entrerez si avant dans leurs conversations, que vous ne pourrez vous défendre, par politique, d'applaudir à leurs discours, quoique très pernicieux ; ce qui sera cause que vous tomberez dans l'infidélité, et, n'étant plus fidèles à observer vos Règles, vous vous dégoûterez de votre état, et enfin vous l'abandonnerez. » Ayant achevé ce qu'il avait à dire avant de quitter ses enfants, il fut aussitôt pris d'une sueur froide, perdit la parole, et tomba dans une cruelle agonie. Minuit venait de sonner. A deux heures et demie, le frère Barthélemy, qui ne le quittait pas, le voyant reprendre connaissance, lui parla de la sainte Vierge. Le pieux malade éprouva un bonheur indicible à entendre ces mots que le Frère lui suggéra : *Maria, Mater gratiæ.* C'était le salut de prédilection que toute sa vie il avait adressé chaque soir à la Reine des anges. Avant de s'endormir pour la dernière fois, il lui était doux de dire à celle qu'il aimait tant : « *Maria, Mater gratiæ*, Marie, mère de la grâce, mère de la miséricorde, protégez-nous contre notre ennemi, et recevez-nous à l'heure de la mort ! » Marie allait l'exaucer. « N'acceptez-vous pas avec joie toutes vos souffrances ? lui demanda bientôt après le frère Barthélemy. — Oui, répondit-il, j'adore en toutes choses la conduite de Dieu à mon égard. » Ce furent ses dernières paroles. A trois heures, il retomba dans l'agonie. Au milieu d'horribles crises, son air tranquille et assuré ne l'abandonna pas un seul instant. Enfin, vers quatre heures, faisant un effort comme pour se lever et aller au-devant de quelqu'un, il joignit les mains, leva les yeux au ciel, et expira. C'était le vendredi saint 7 avril 1719. Il avait soixante-huit ans.

Après avoir répandu leurs premières larmes autour de ce père tant regretté, les Frères prirent les dispositions que ces circonstances douloureuses réclament. L'un d'eux alla annoncer sa mort à l'archevêché. « C'est un saint !... Le saint est mort ! » s'écria, en proie à une vive émotion, le vicaire général qui s'était joint au curé de Saint-Sever pour lui faire boire son dernier calice d'amertume. Bien des pleurs furent répandus dans la ville de Rouen quand on apprit la triste nouvelle. Enfin la lettre que le frère Barthélemy écrivit aussitôt à toutes les maisons de l'Institut y porta un deuil inexprimable.

Le corps de M. de la Salle, revêtu des ornements sacerdotaux, fut exposé dans la chapelle de Saint-Yon depuis le soir du vendredi jusqu'au lendemain vers l'après-midi. Ses disciples ne le quittèrent pas, et la

Tombeau du bienheureux de la Salle.

ville accourut pendant tout ce temps le voir une dernière fois. Son visage, aussi beau et aussi serein que durant la vie, inspirait la dévotion, et portait en même temps dans l'âme une consolation extrêmement suave. Les funérailles, qui furent très simples, eurent lieu le samedi soir en présence d'une foule immense. Des religieux de différents ordres et des ecclésiastiques se joignirent aux prêtres de la paroisse. Un tombeau lui avait été préparé dans la chapelle de Sainte-Susanne de l'église de Saint-Sever. « Il y fut porté par six

Frères, suivis de tous les autres, qui arrosaient de leurs larmes la terre où ils passaient, et mêlaient leurs soupirs au chant des psaumes [1]. » On célébra le service funèbre après l'octave de Pâques. Tous croyaient son âme en paradis, nous disent les biographes ; mais, par précaution et pour une plus grande sûreté, les Frères dispersés de tous les côtés firent dire bien des messes ; et leur « bon cœur ne consola pas peu le frère Barthélemy ». Plusieurs curés, de leur propre mouvement, en firent chanter de solennelles.

Ainsi vécut et mourut un des plus grands serviteurs de Dieu que le XVIIe siècle ait vus en France.

Les Frères, plus que qui que ce fût, surent apprécier cet homme admirable. Attachés à sa personne, tandis qu'il vivait, avec une affection dont il est bien difficile de donner une idée, ils ne se firent jamais au chagrin de ne plus le voir, quand il les quitta pour aller à Dieu. Le temps, nous dit le pieux Blain, qui est de tous les remèdes le plus efficace contre l'affliction, ne put soulager la leur, et ils n'en espérèrent la fin que dans celle de leur vie. Le frère Barthélemy, qui ne pouvait se consoler lui-même, était obligé de consoler les autres et d'essuyer de leurs yeux des larmes qu'il ne pouvait défendre aux siens. C'est que ce père les avait tous engendrés à Jésus-Christ, nourris du lait de sa doctrine, animés par la force de ses exemples, soutenus par la vertu de ses prières, défendus par sa patience et par un admirable courage contre les persécutions du monde et de l'enfer, pendant près de quarante ans ! Aussi conservèrent-ils avec un soin pieux, comme des reliques, une foule

[1] Blain.

d'objets qui lui avaient appartenu ; c'est ainsi qu'ac-

tuellement ses enfants peuvent montrer son manteau,
son étole, une chasuble, un manteau de cérémo-

nie, une soutane, des disciplines, une portion de son cilice [1].

M. de la Salle, « providentiellement suscité de Dieu pour établir une œuvre qui égale les plus belles conceptions du zèle catholique, » laissait donc en mourant « une nouvelle famille religieuse dans l'Église, comme l'ordre des dominicains, des enfants de saint François, des fils de saint Ignace [2] » ; et entre les mains de cette famille il remettait « une des portions les plus intéressantes, comme les plus considérables [3] », du troupeau de Jésus-Christ. Est-ce que les plus touchantes bénédictions ne sont pas à jamais dues à « à ce prêtre qui, noble et riche par sa naissance », à l'exemple du Fils de Dieu, « se fit pauvre et petit, afin de pouvoir plus librement, étant dépouillé de tout, apprendre à lire » à l'enfance, et l'initier en même temps à la vie chrétienne, « former des maîtres capables de marcher sur ses traces héroïques, et fonder une société dont les membres portent partout, avec les parfums de l'amour de Dieu et les bienfaits de l'enseignement, le nom et la langue de la France [4] ! »

[1] Le calice et les burettes du bienheureux de la Salle, dont nous reproduisons le dessin, sont conservés dans le trésor de la cathédrale de Reims.

[2] Mgr Duquesnay.

[3] Mgr Pie.

[4] Mgr Langénieux.

CHAPITRE XXVII

La réputation de sainteté de M. de la Salle se répand partout. —
Les effets de sa puissance auprès de Dieu se font sentir. —
M. le chanoine Blain écrit sa vie. — On transporte ses restes
mortels de l'église Saint-Sever dans la chapelle de Saint-Yon
nouvellement construite. — Le convoi funèbre est un triomphe.
— Quelques mots du curé de Saint-Sever. — On pense à faire
des enquêtes dans le but de la béatification. — Le tombeau de
M. de la Salle est profané, mais le précieux corps demeure intact. — La tempête révolutionnaire apaisée, on reprend la cause
du serviteur de Dieu. — Le pape Grégoire XVI en signe l'introduction, et confère à M. de la Salle le titre de Vénérable. —
Les précieux restes du serviteur de Dieu sont transférés dans
la chapelle des Frères de la rue Saint-Lô.

Le 7 avril 1719, à Rouen, s'était donc éteint un
des hommes les plus remarquables que l'Europe ait vu
naître [1], une gloire de la France et de l'Église, un des
types les plus admirables de la sainteté [2]; c'est ce que
l'on comprit merveilleusement dans cette cité, aussi
bien qu'à Reims, à Paris, et dans toutes les villes où
M. de la Salle était connu. Ses ennemis eux-mêmes,
qui l'avaient persécuté de son vivant, publièrent que

---

[1] Droz.
[2] M𝓐𝓇 Richard, archevêque de Paris.

c'était un juste, un saint, en même temps qu'un bienfaiteur insigne de l'enfance et de la jeunesse. Le peuple, dont le cœur avait été gagné par la bonté si connue du serviteur de Dieu, tandis qu'il était sur la terre, se prit à implorer son assistance, convaincu qu'il était maintenant au ciel, et pouvait lui être ainsi plus facilement secourable. A ces appels faits sans bruit à la compassion du saint, des faveurs discrètement répondirent, et la popularité acheva par là de venir au fondateur des Écoles chrétiennes.

Pendant que ceci se passait, un homme de Dieu, docteur en théologie et chanoine de la cathédrale de Reims, se livrait à une étude profonde de la vie de M. de la Salle: c'était le chanoine Blain, le meilleur ami du serviteur de Dieu, celui qui était entré le plus avant dans son âme. A l'aide de Mémoires très précieux qu'il recevait des Frères, et que la connaissance intime qu'il avait du saint lui permettait de compléter, il avait le dessein d'écrire l'histoire du fondateur des Écoles chrétiennes. Ayant conscience de la responsabilité de cette tâche, il employa quatorze années à l'accomplir, et nous laissa un ouvrage de grand prix, où la science théologique et l'expérience des choses de Dieu s'allient à une admirable sincérité et à une véritable beauté de forme. Cette histoire est la plus authentique qui existe; elle est la source de toutes celles qui ont été écrites et qui le seront désormais.

Le livre de l'abbé Blain répondit à l'attente de l'opinion publique; et dès lors les témoins encore vivants des choses racontées pouvaient se lever, en confirmer la vérité, et faciliter l'enquête dont tout le monde souhaitait voir l'Église prendre l'initiative au sujet des vertus et de la sainteté du serviteur de Dieu.

Sur ces entrefaites eut lieu la translation des restes vénérés du fondateur des Écoles chrétiennes dans la chapelle de Saint-Yon, que les Frères venaient d'achever de construire. Le précieux corps, qui reposait dans l'église de Saint-Sever, fut trouvé intact. On le retira de la bière, qui était détériorée; on l'enveloppa avec précaution d'un drap blanc, et on le remit dans un cercueil de plomb, qui lui-même fut placé dans un coffre de bois bien fermé et bien scellé. Pendant que cette opération s'accomplissait, des mains pieuses dépeçaient sans bruit l'ancien cercueil, et les morceaux, considérés comme des reliques, furent emportés avec un saint empressement en même temps que quelques fragments qui restaient encore de la soutane, des souliers et de la barrette du Bienheureux.

Trente mille personnes accompagnèrent le corps saint à la chapelle de Saint-Yon. A la première place se tenaient les membres les plus éminents du clergé, de la magistrature et de l'armée; venaient ensuite les familles des élèves des Frères, enfin suivait une foule compacte, recueillie, émue. C'était un triomphe plutôt qu'un convoi funèbre. « Seize ecclésiastiques en surplis et en étole, nous disent les relations du temps, eurent la dévotion de porter les précieux restes d'un homme qu'ils honoraient comme un des plus grands serviteurs de Dieu du dernier siècle. Quatre autres se firent honneur de porter les quatre coins du drap. » Le curé de Saint-Sever, avant qu'on descendît dans la tombe les précieux restes, prononça ces paroles :

« Ce serait ici le lieu, suivant le cérémonial ordinaire, de dire quelque chose de la noblesse de son extraction; mais le généreux mépris qu'il fit des espérances que lui pouvait donner une naissance distinguée m'apprend à me taire.

« Je ne relèverai point non plus les qualités éminentes de son esprit et de son cœur, et l'avantage de son extérieur, qui rendait sa piété vénérable à tous ceux qui le voyaient; mais je ne pourrai m'empêcher de préconiser ici sa charité, son zèle et son humilité, sources fécondes de toutes les vertus chrétiennes et apostoliques, qui, l'élevant au-dessus de toutes les choses visibles et périssables, ne le firent vivre que pour adorer son Dieu, ne penser que pour le prier, ne parler que pour le louer, ne travailler et ne souffrir que pour le mériter.

« Ce sont là les témoignages que je me sens obligé de rendre à la mémoire d'un si grand prêtre, dont j'ai reçu les derniers moments. »

Le tombeau placé dans le chœur, derrière l'autel, à la grande consolation des Frères, commença à être pieusement visité, et bientôt en maintes circonstances l'attention fut attirée par des faits extraordinaires, attestant le pouvoir du Saint auprès de Dieu.

Cependant, à mesure que les années s'écoulaient, le prestige du serviteur de Dieu allait toujours grandissant. Le peuple canonisait Jean-Baptiste de la Salle. L'autorité ecclésiastique, qui suivait ce mouvement avec un vif intérêt, vit enfin que le moment était venu d'instruire juridiquement une cause si noble. C'était vers 1760 ou 1770. Les premières démarches furent donc faites dans ce sens. Mais la tourmente révolutionnaire arrêta la procédure. La tombe sacrée du serviteur de Dieu, comme celles de tant de saints, fut violée. Toutefois la main rapace des révolutionnaires de 93, qui n'en voulait qu'au plomb du cercueil, vola ce plomb, laissant à peu près intacts les restes précieux.

Quand la paix fut rendue à l'Église, et que les premiers Frères purent reprendre à Lyon la vie religieuse, sous la bénédiction du pape Pie VII, qui passait alors par cette ville, la pensée de voir le serviteur de Dieu sur les autels ne quitta plus l'esprit et le cœur des hommes dévoués au bien. S'il était urgent de restaurer les ruines de toutes parts amoncelées, on ne pouvait rester plus longtemps sans s'occuper efficacement de la gloire d'un saint à qui la société était redevable de si grands bienfaits. Les archevêques de Reims, de Rouen et de Paris furent sollicités par les supérieurs de l'Institut des Frères, par des personnages influents et par les pieux fidèles d'ouvrir des enquêtes canoniques sur la vie, les vertus, les miracles de Jean-Baptiste de la Salle.

Quelques lignes écrites, en 1833, par Joseph Droz, de l'Institut, montreront quelle idée on avait à cette époque du serviteur de Dieu.

« Les Frères des Écoles chrétiennes sont les disciples de l'un des hommes les plus remarquables que l'Europe ait vu naître. L'abbé de la Salle est à mes yeux le type du grand homme modeste : l'utilité de son but, l'enchaînement de ses idées, la persévérance de son dévouement, tout concourt à le rendre un des plus dignes modèles à présenter à l'humanité... Sa statue devrait être érigée par la France reconnaissante. »

L'autorité ecclésiastique à Rouen, à Reims, à Paris, ainsi sollicitée, jugea enfin le temps d'agir arrivé, et en 1835 elle posa les préliminaires de l'enquête. C'est cette année-là que les restes mortels du fondateur des Écoles chrétiennes furent retirés du tombeau où ils reposaient depuis quarante ans, et transportés de la chapelle de Saint-Yon dans la communauté des Frères, rue Saint-Lô. On était presque à l'aurore de la béatification, et le corps saint devenait sacré comme une relique insigne.

Cependant l'enquête des Ordinaires se poursuivait. Il faut savoir que, avant d'examiner si le personnage désigné à son attention mérite d'être placé sur les autels, l'Église exige des preuves solides de la réputation constante et universelle de sa sainteté. C'est donc sur ce point que portaient les témoignages provoqués et reçus par les trois archevêques. Le résultat de cette enquête fut envoyé à Rome, et soigneusement examiné, selon les règles. Le 8 mai 1839, le pape Grégoire XVI signait de sa main le permis de l'introduction de la cause, et le serviteur de Dieu était décoré du titre de Vénérable. C'est alors que les archevêques de Paris, de Reims, de Rouen reçurent les pouvoirs nécessaires pour prendre, au nom du saint-siège, de nouvelles informations sur la renommée de sainteté, sur les vertus et sur les miracles du vénérable Jean-Baptiste de la Salle. Le 12 septembre 1845, la sacrée Congrégation des Rites rendait son jugement sur la validité de l'enquête et du procès que les prélats venaient d'accomplir, conformément à leur mandat.

CHAPITRE XXVIII

A mesure que l'Église, avec cette maturité d'examen
qui lui est propre, consacrait la vérité des preuves
attestant la sainteté du vénérable serviteur de Dieu,
l'importance de son élévation à l'honneur des autels
éclatait davantage à tous les yeux. Le cardinal Pitra,
en acceptant d'être le promoteur de la béatification,
écrivait ces lignes au frère Philippe : « Ma conviction
profonde est que, dans la crise suprême où nous
sommes, il ne peut y avoir un intérêt plus grand et
plus opportun. »

La sacrée Congrégation des Rites, étant saisie du
procès fait par les Ordinaires au nom du saint-siège,
doit se prononcer sur l'héroïcité des vertus du serviteur de Dieu dont il s'agit, et sur la vérité des trois
miracles au moins qui lui sont attribués, ceux-là
seuls pouvant être inscrits au catalogue des saints,

qui sont des héros et qui ont accompli des miracles. Les vertus du vénérable de la Salle furent donc examinées dans deux réunions de la Congrégation des Rites. Une assemblée générale eut lieu ensuite en présence du Souverain Pontife Pie IX, le 10 juillet 1873, et la question ordinaire fut posée : « Conste-t-il des vertus théologales, foi, espérance et charité, envers Dieu et envers le prochain, ainsi que des vertus cardinales, prudence, justice, force, tempérance et leurs connexes, dans un degré héroïque? » Après le vote favorable tant des cardinaux préposés à la conservation des rites sacrés que des Pères consulteurs, le Pape différa de manifester son sentiment, et invita l'assemblée à solliciter les lumières du ciel.

Trois mois plus tard, le jour de la Toussaint, devant la cour pontificale et en présence des cardinaux Patrizi et Pitra, du P. Laurent Salvati, de Mgr Bartolini et du frère Philippe, supérieur général de l'Institut, Pie IX, après avoir célébré le saint sacrifice, prononçait son jugement suprême :

« Il conste des vertus théologales, foi, espérance et charité envers Dieu et envers le prochain, ainsi que des vertus cardinales, prudence, force, justice, tempérance et leurs connexes, du vénérable serviteur de Dieu Jean-Baptiste de la Salle, dans un degré héroïque, de sorte que l'on peut procéder à l'examen des miracles. »

Le frère Philippe, profondément ému, s'avança alors vers le Souverain Pontife et lui adressa à genoux des remerciements respectueux, où éclatait l'expression d'un dévouement à toute épreuve au saint-siège.

Pie IX lui répondit par un admirable discours, autant à l'honneur de la France qu'à la gloire de Jean-Baptiste de la Salle. Comme le frère Philippe venait de lui exprimer le vœu ardent de contempler bientôt l'auréole de Bienheureux autour du front du vénéré fondateur, le Pape lui dit : « Quant à la marche rapide de cette sainte cause, dont vous manifestez le pieux désir, très cher fils Frère Philippe, cela dépend tout entier de Dieu et des miracles qu'il doit opérer par le moyen de son serviteur. Un miracle très grand et très utile sera celui que le Tout-Puissant fera opérer aux quatre anges par l'intercession des saints, en empêchant que le vent impétueux de l'impiété ne vienne troubler et détruire votre œuvre, consacrée à l'instruction et à l'éducation morale des cœurs de la jeunesse qui m'est si chère. »

Le décret du Pape fut reçu avec une vive satisfaction. Tout l'épiscopat, tout le peuple catholique se rencontrait dans le désir unanime de voir honoré le vénérable serviteur de Dieu publiquement dans les temples et placé sur les autels. Une preuve éclatante en fut bientôt donnée.

A peine le Pape s'était-il prononcé, que surgit le projet d'un monument à élever à Rouen en l'honneur de Jean-Baptiste de la Salle. Une souscription à cet effet ayant été ouverte, on voulut y prendre part non seulement en France, mais en Europe et dans le monde entier. « L'universalité des offrandes donnait à la souscription un caractère vraiment catholique, et l'humanité payait sa dette à l'un de ses plus grands bienfaiteurs [1]. »

Une statue en bronze due au ciseau de M. Falguière, avec un piédestal monumental exécuté par M. Perthes, fut donc élevée à Rouen, sur la place Saint-Sever, au vénérable de la Salle.

[1] M. Poujoulat.

Le Saint est debout, la main paternellement appuyée sur l'épaule d'un jeune enfant qui, par un geste charmant, regarde chaque parole sortir de la bouche du maître. De la Salle étend sa main droite vers le ciel, et la tête, spirituellement modelée, non seulement respire et pense, mais paraît véritablement inspirée. A ses pieds un autre enfant, assis, étudie.

Le piédestal forme une magnifique fontaine.

La ville de Rouen n'est pas près d'oublier le 2 juin 1875, jour de l'inauguration du monument. L'affluence fut immense; et, sans parler des députations d'enfants de tous les pays de la terre où les Frères donnent leur enseignement, et qui avec les drapeaux de leur nationalité respective faisaient cortège au Saint, on voyait représentées autour de sa statue l'armée, la magistrature, l'université, l'édilité, tous ces corps réunis dans une admirable unanimité de sentiments.

Mgr Besson a fait de l'assemblée une photographie vivante dans ces lignes remarquables :

« Mais quelle fête populaire, quelle couronne de gloire! C'est une couronne d'enfants où éclate le doux sourire de l'innocence; c'est une couronne de religieux où l'on compte plus de dix mille fleurons; c'est une couronne de capitaines, de magistrats, de députés, qui étalent ici tous les services rendus à la cité, à la province, à l'armée, à la France; c'est une couronne d'évêques. Deux métropolitains y mettent toutes les splendeurs de leur siège antique. »

Sur le piédestal monumental on a gravé ces mots du Pape Benoît XIII : « Le pieux serviteur de Dieu Jean-Baptiste de la Salle, touché de compassion en considérant les innombrables désordres qui proviennent de l'ignorance, fonda pour la gloire de Dieu et l'avantage des pauvres l'Institut des Frères des Écoles chrétiennes. »

L'année 1880 amena avec elle de nouvelles fêtes en l'honneur du vénérable de la Salle. Le 24 juin était le deux-centième anniversaire de la fondation de l'Institut des Écoles chrétiennes. Le frère Irlide, supérieur alors de la Congrégation, précisa dans plusieurs circulaires le caractère propre, selon lui, à cette solennité. Ce devait être une fête tout intime, à l'occasion de laquelle tous les membres de l'Institut se renouveleraient dans « l'esprit de foi, de zèle, d'humilité, de mortification, de charité, et de toutes les vertus religieuses, dont le vénérable de la Salle avait légué de si admirables exemples ». Nous désirons, disait-il, que l'on puisse appliquer à la fête du centenaire ces mots du livre sacré : *Toute sa gloire lui vient de l'intérieur.* Le frère Irlide ajoutait : « Il sera donc très convenable de célébrer la fête avec beaucoup de piété et de recueillement, sans faire aucune démonstration extérieure. Des prières et des communions bien ferventes, voilà ce qu'exige la situation actuelle de l'Institut. »

Les populations entrèrent bien dans cette pensée, et partout on s'unit aux Frères dans les saintes pratiques de la piété ; mais on ne crut pas devoir borner à cela les sentiments de la reconnaissance envers l'Institut et son vénérable Fondateur. La ville de Reims donna le signal de démonstrations imprévues et, on peut dire, inouïes, qui bientôt éclatèrent dans le monde entier. L'archevêque de cette ville, annonçant la fête, avait dit : « La cité choisie pour être le berceau de l'Institut aujourd'hui si illustre des Frères des Écoles chrétiennes, ne pouvait laisser passer un semblable anniversaire sans remercier Dieu de l'honneur qui en rejaillit sur elle. » Le 24 juin, une foule immense l'entourait dans sa basilique, qui vit sans doute « tant de solennités plus brillantes pour le couronnement des rois, mais qui n'offrit jamais de spectacles plus pieux et plus touchants que ces hommages rendus à la mémoire du serviteur des enfants du peuple [1] ».

Avec le chœur d'évêques qui l'entourait, le prélat entonna le *Te Deum;* et bientôt à ce chant « répondirent, comme un écho multiplié, les mêmes accents partis des diverses contrées de l'Europe, de l'Asie, de l'Afrique et des deux Amériques, de Québec et de New-York, d'Alexandrie et de Tunis, de Jérusalem et de Rome! Rome, où le Souverain Pontife, s'associant à cette majestueuse manifestation, lui donna une sanction suprême ». Le vicaire de Jésus-Christ écrivit ces mots : « Nous félicitons les habitants de la ville de Reims de la gratitude avec laquelle ils reconnaissent que la fondation des Frères est un bienfait de Dieu, et de l'allégresse avec laquelle ils en font remonter la gloire jusqu'à l'Auteur de tout bien. »

C'est ainsi que cet anniversaire qui, dans la pensée des Frères, devait avoir uniquement un caractère d'intimité et de piété, fut célébré par des hommages publics et solennels d'une extrémité du monde à l'autre, dans l'immense étendue de l'univers catholique.

[1] M. Carion.

CHAPITRE XXIX

Pendant ce temps, les archevêques de Paris et de
Rouen, et l'évêque d'Orléans, s'occupaient de l'enquête sur trois miracles éclatants attribués au vénérable de la Salle. Voici en quelques mots ces trois
miracles [1] :

Pour Paris : « Adelminien, frère des Écoles chrétiennes, étant directeur de l'école de Saint-Nicolas,
à Paris, avait tout le corps immobilisé, les pieds et
les mains raidis. Porté à force de bras au tombeau du
vénérable de la Salle, baigné de larmes, il prie, se
relève guéri, et d'un pas rapide revient à la maison. »

Pour Rouen : « Étienne de Suzanne, enfant de onze

---

[1] Nous les donnons tels qu'ils ont été résumés pour être men-
tionnés au bas des tableaux qui les représentaient à la cérémonie
de la béatification.

ans, allait rendre le dernier soupir. Une toux suffo-
cante le secouait; les membres repliés sur eux-mêmes
et contractés, du menton il touchait ses genoux. La
fièvre le brûlait. Ayant perdu tout espoir humain, ses
parents recoururent au vénérable de la Salle. A la fin
de la neuvaine, Étienne, guéri de tout mal, plein de
joie, se mit à marcher. »

Pour Orléans : « Marie-Madeleine-Victoire Ferry,
éprouvée depuis douze ans de plusieurs maladies
graves, vomissait le sang à pleine bouche. Tout le
corps tuméfié, les membres tout tremblants, attaquée
de douleurs au centre du cœur, elle était mourante.
Lui adressant une parole bienveillante, le vénérable
de la Salle lui annonce le jour et l'heure de sa guérison. L'événement confirma la prophétie. »

Le 13 février 1883, la sacrée Congrégation des
Rites, ayant reconnu la validité des procès faits sur
ces trois miracles à Paris, à Orléans et à Rouen, par
les Ordinaires respectifs, il lui restait à examiner elle-
même lesdits miracles. Cinq années encore devaient
s'écouler avant que l'Église se prononçât sur leur
authenticité, tant elle met de maturité dans ses pro-
cédures. Enfin le 1er novembre 1887, le Souverain Pontife Léon XIII promulguait la sentence qui approuvait
et reconnaissait l'authenticité des trois prodiges men-
tionnés plus haut. Un dernier décret pontifical, déclarant qu'on pouvait procéder à la béatification solennelle du vénérable de la Salle, était attendu. Au bout
de vingt-sept jours, ce décret qui couronnait la cause
fut rendu, et peu après des lettres pontificales fixèrent
au 19 février 1888 la célébration de la béatification
à Rome, et au 4 mai la fête annuelle du nouveau
Bienheureux.

La cérémonie de la béatification solennelle eut lieu

dans la vaste salle située au-dessus du portique de Saint-Pierre. Cette pièce, toute resplendissante de dorures, étincelait au feu de mille lumières. Elle était décorée de trois grands tableaux représentant les miracles du serviteur de Dieu. Derrière l'autel un autre tableau, qu'un rideau voilait, se voyait au centre d'une nuée aux rayons éclatants, avec ces mots au bas :

« Aux pieds du bienheureux Jean-Baptiste de la Salle, fondateur et père des Frères des Écoles chrétienne, élevé aux honneurs de la béatification, le monde catholique prie, supplie, mêle ses larmes, pour que l'éducation des enfants, mise en péril grave par l'impiété, ne s'écarte pas des lois saintes de la religion. »

Une foule d'élite occupait les tribunes, et à gauche de la salle étaient les cardinaux Pitra, Martinelli, Ledochowski, Serafini, Parocchi, Laurenzi, Melchers, Bianchi, Aloisi Masella, Ricci, Zigliara, Pallotta, Verga et Bausa, tous en *cappa magna* avec l'hermine blanche. Près d'eux se trouvaient les autres membres de la sacrée Congrégation des Rites. Presque deux cents Frères se tenaient groupés derrière. A droite, en face, on voyait vingt évêques, parmi lesquels les archevêques de Rouen et de Besançon, et les évêques d'Orléans et de Poitiers, puis les chanoines de Saint=Pierre. Derrière se tenaient les bénéficiers de Saint=Pierre et les élèves du séminaire du Vatican.

Un prélat belge, Mgr de Nekere, à qui était échu l'honneur de présider la solennité, était en chape, au bas de l'autel. Quand, sur la demande du frère Robustinien, postulateur de la cause, on eut lu le bref qui permet de donner au vénérable de la Salle le titre de Bienheureux, l'officiant entonna le *Te Deum.* Aussitôt le tableau voilé jusque-là apparut aux regards, et l'on vit le serviteur de Dieu porté par des anges et s'envolant dans la gloire. Cependant les cloches de Saint-Pierre sonnaient à toute volée, annonçant à la ville et au monde la bonne nouvelle, et le Frère postulateur, aidé par deux autres Frères soutenant de grands plateaux, offrait aux cardinaux une image du Bienheureux, roulée et entourée d'un ruban rouge, et deux volumes de sa vie richement reliés. D'autres Frères distribuaient également des images et des vies du Bienheureux à l'assistance.

L'hymne d'action de grâces terminée, un chantre entonna ce verset : *Ora pro nobis, beate Joannes Baptista ;* et tout le monde ayant répondu : *Ut digni efficiamur promissionibus Christi,* le pontife chanta l'oraison du Bienheureux, puis encensa ses reliques, et, déposant la chape, il revêtit la chasuble et célébra le saint sacrifice.

Le soir, vers quatre heures, la salle où s'était accomplie la cérémonie se remplit de nouveau, et l'on vit s'avancer le Saint-Père, qui venait prier devant les saintes reliques. Léon XIII demeura là en oraison plus d'une demi-heure, puis il se releva, et alors le Frère Joseph, supérieur général des Frères des Écoles chrétiennes, s'approchant, lui fit les présents d'usage : une relique du Bienheureux dans une petite châsse en filigrane ornée de pierres précieuses, puis une image et la vie de Jean-Baptiste de la Salle, enfin un bouquet de fleurs. Sa Sainteté, après avoir adressé les paroles les plus aimables au frère Joseph et au comte de la Salle, arrière-neveu du Bienheureux, retourna dans ses appartements.

L'acte qui venait d'être accompli dans la brillante salle au-dessus du parvis de Saint-Pierre, allait avoir

dans le monde entier un retentissement profond.
Attendue depuis de longues années par les populations, on pouvait juger, d'après les fêtes de Rouen
et celles du deuxième centenaire, que la béatification
produirait un effet immense. Mais toutes les prévisions
furent surpassées.

On peut dire que, aussitôt que le Pape eut donné le
titre de Bienheureux au vénérable de la Salle, tous
les échos de l'univers le recueillirent pour le répé-
ter et glorifier le fondateur des Écoles chrétiennes.
« Comme un écho du ciel, s'écrie l'éloquent évêque
de Coutances, le décret du Pontife suprême retentit
immédiatement de toutes parts dans les âmes. Rome
la première fêta le Bienheureux ; puis ce fut le tour
de la France. Paris, la grande cité, le salua dans l'enthousiasme ; Reims, Bordeaux, Rouen, Lyon, Chartres,
Tulle, Nantes, Blois, la plupart des villes célébrèrent
son triomphe. L'Espagne, l'Italie, toutes les vieilles
nations catholiques se levèrent tour à tour après la
France. Enfin l'Europe ne fut pas seule à élever la
voix. L'Amérique répondit aux acclamations de l'Asie
et de l'Afrique. Montréal et Jérusalem, Toronto et
Ceylan, les bords du Saint-Laurent et du Nil se con-
fondirent dans l'universalité des hommages rendus
au bienheureux de la Salle. Qui, dans les cinq parties
du monde, n'a pas jeté sa note d'harmonie dans le
concert catholique si pieusement exécuté à la louange
de cet apôtre ? »

A l'occasion de cette béatification, on vit donc tout
à coup, sur tous les points de la terre, les vieilles
cathédrales prendre leurs décorations des grands
jours, se rajeunir sous des guirlandes fleuries, sous
des tentures brillantes, sous des oriflammes d'or ou
sous des diadèmes de lumières, et ouvrir leurs nefs

devenues trop petites aux foules empressées. Leurs
voûtes retentirent des accents des orateurs chrétiens,
saluant le bienheureux de la Salle « comme un homme
envoyé de Dieu pour la régénération morale des
pauvres petits enfants [1] », comme l'un des plus grands
bienfaiteurs de l'enfance et de la jeunesse, comme
l'une des gloires les plus pures qu'on ait jamais eues
à acclamer. A ces discours prononcés dans toutes
les langues, discours qu'on sentait si vivement être
avant tout l'expression de la vérité, et qui établissaient
avec une évidence saisissante que Jean-Baptiste de
la Salle marche de pair avec les plus glorieux serviteurs non seulement du pays, mais de l'humanité,
à ces panégyriques dont l'éloquence était toute dans
les faits, les masses eussent applaudi chaleureusement si le respect dû au saint lieu l'eût permis.

Disons enfin que les fêtes empruntèrent partout
un majestueux éclat des évêques, qui officièrent pon-
tificalement dans leurs basiliques. A Paris, chaque
jour du *triduum*, les 13, 14 et 15 mars dans l'église
de Saint-Sulpice, on vit célébrer en grande pompe
le vénérable archevêque, l'évêque de Versailles et
l'évêque de Meaux. Dans les diocèses de France et
à l'étranger, les pontifes dirent la messe solennellement, avec les cérémonies brillantes que comporte
la liturgie sacrée, et au milieu de ravissantes harmonies.

Au caractère d'imposante magnificence que présentèrent partout ces fêtes, à l'élan, l'enthousiasme
avec lesquelles on les célébra, se mêlait une piété, un
recueillement admirables, et cette tranquille et sainte
allégresse a été partout la note dominante de la solen-

____

[1] Le cardinal Parocchi.

nité de la Béatification. Sans tumulte, les foules se pressaient dans les églises, s'agenouillaient devant les images, les statues, les reliques du Saint ornées de fleurs, d'arbustes, de lumière, de tapisseries, écoutaient les brillantes cantates, les chants de triomphe mêlés aux instruments dans une mélodie vraiment céleste, et tout le monde ravi avait peine à se décider à sortir des temples.

Il est vrai qu'à l'attraction suave et vraiment si sensible du Bienheureux se joignait un charme ravissant : c'était le spectacle des petits enfants. Rien de gracieux comme leurs réunions aux pieds du Bienheureux dans ces journées radieuses. On voyait qu'ils se sentaient les rois de la fête. Tous endimanchés, ils allaient par milliers s'asseoir au banquet eucharistique. C'était la scène de l'Évangile, agrandie et reproduite sur tous les points du monde : Jésus accueillant les enfants ; et ces enfants, qui savaient d'où leur venait cette grâce de connaître Jésus et de lui être présentés, saluaient de leurs doux sourires le Bienheureux, et leurs voix, fraîches et pures, s'élevaient vers le ciel pour l'acclamer.

A l'heure où nous écrivons, les fêtes sont passées ; mais le souvenir en reste profondément gravé dans les cœurs, et chacun se propose de ne cesser plus jamais d'invoquer avec confiance le bienheureux Jean-Baptiste de la Salle.

C'est ainsi que la gloire est venue à un homme qui ne rechercha que l'humble carrière du dévouement ignoré, et quelle gloire ! Il a illustré à jamais son pays. « Jean-Baptiste de la Salle a assuré à sa patrie cette gloire, que toutes les nations chrétiennes viennent apprendre d'elle les moyens d'élever les enfants du peuple, et lui demander pour cela des livres, des méthodes et des maîtres. Admirable suprématie de la France, qu'elle conserve au milieu de ses désastres et de ses humiliations, suprématie qui étend son influence dans toutes les parties du monde, qui la fait aimer de millions d'enfants qui seront bientôt des hommes, et qui la montre toujours l'instrument de Dieu pour la civilisation chrétienne et pour l'extension du règne de Jésus-Christ [1] ! » Mgr Mermillod a dit de ce grand homme et de ce saint, « qu'il a rappelé au monde par ses vertus que la France fournit à l'Église plus de lumières et de dévouements que tous les peuples, » et le cardinal Parocchi a pu prononcer ces mots qui resteront : « L'Institut du bienheureux de la Salle figure parmi les services immortels par lesquels la France a bien mérité de l'Église et du monde. »

A la gloire d'illustrer son pays, le Saint a joint celle d'être un des apôtres les plus populaires. « Sa fête a été une fête religieuse et nationale, dit l'évêque de Genève, puisqu'elle était en même temps la fête de la foi et la fête du peuple. »

[1] M. Chantrel.

FIN

TABLE

CHAPITRE IV

CHAPITRE V

CHAPITRE VI

CHAPITRE VII

CHAPITRE XII

CHAPITRE XIII

CHAPITRE XIV

CHAPITRE XV

CHAPITRE XVI

CHAPITRE XVII

CHAPITRE XVIII

CHAPITRE XIX

CHAPITRE XX

CHAPITRE XXI

CHAPITRE XXII

CHAPITRE XXIII

CHAPITRE XXIV

CHAPITRE XXV

CHAPITRE XXVI

CHAPITRE XXVII

CHAPITRE XXVIII

CHAPITRE XXIX

12238. — Tours, impr. MAME.

Le Bienheureux J.-B. de la Salle, par A.
Édition de luxe, in-4°, broché

Le même, relié, plats en toile avec riches orne[ments],
dos en chagrin, tranche dorée.

Vie du Bienheureux J.-B. de la Salle, par A.
Vélin, petite édition de luxe, gr. in-8° broché

Le même, relié, percaline, tranche jaspée

Le même, relié, percaline, tranche dorée.

Le Bienheureux J.-B. de la Salle, par A. Ravelet,
grand in-8°, illustré, broché. 3.50

Le même, in-8° non illustré. 2.25

**Béatification du Bienheureux J.-B. de la Salle.
Récits et documents.**
Première série, vol. gr. in-8°, illustré, broché.
Deuxième série, vol. gr. in-8°, illustré, broché.
Troisième série, vol. gr. in-8°, illustré, broché. 4
Quatrième série, vol. gr. in-8°, illustré, broché. Sous
presse.

Vie du Bienheureux J.-B. de la Salle, par le
chanoine Blain (1733), 4 vol. grand in-8° 6

**Esprit et vertus du Bienheureux J.-B. de la
Salle**, in-12, broché.

Tours, imprimerie Mame.

BIBLIOTHEQUE NATIONALE DE FRANCE
3 7502 00654729 3

www.ingramcontent.com/pod-product-compliance
Lightning Source LLC
LaVergne TN
LVHW050212030726
842520LV00002B/495